顿挫

英雄的顿挫学

王浩一 著

北京时代华文书局

图书在版编目（CIP）数据

英雄的顿挫学 / 王浩一著 . -- 北京 ：北京时代华
文书局，2017.10
（历史笔记）
ISBN 978-7-5699-1878-6

Ⅰ．①英… Ⅱ．①王… Ⅲ．①历史人物－人物研究－
中国－古代 Ⅳ．① K820.2

中国版本图书馆 CIP 数据核字（2017）第 263195 号
北京市版权局著作权合同登记号 图字：01-2017-6538

中文简体版通过成都天鸢文化传播有限公司代理，经漫游者文化事业股份有限公司授
权独家发行。非经书面同意，不得以任何形式，任意重制转载。本著作限于中国大陆
地区发行。

英 雄 的 顿 挫 学

YINGXIONG DE DUNCUOXUE

著　　者 | 王浩一

出 版 人 | 王训海
选题策划 | 梁明德　邵鹏军
责任编辑 | 周连杰
装帧设计 | 格林文化
责任印制 | 刘　银　訾　敬

出版发行 | 北京时代华文书局　http://www.bjsdsj.com.cn
　　　　　北京市东城区安定门外大街 136 号皇城国际大厦 A 座 8 楼
　　　　　邮编：100011　电话：010-64267955　64267677
印　　刷 | 山东泰安新华印务有限责任公司　0538-6119320
　　　　　（如发现印装质量问题，请与印刷厂联系调换）
开　　本 | 150mm×230mm　1/16　印　张 | 20.25　字　数 | 208.5千字
版　　次 | 2018 年 1 月第 1 版　印　次 | 2018 年 1 月第 1 次印刷
书　　号 | ISBN 978-7-5699-1878-6
定　　价 | 48.00 元

YING
XIONG

英雄的顿挫学

目　录

文在兹，魂也在兹

"文在兹"是孔子的话，"斯文在兹"则是光绪皇帝送给台南孔庙的匾额文字，其实，"斯"是发语词，说的是一个"文采在这"的道理。台南孔庙大成殿建筑，左右有东庑、西庑，里面神龛分别祀有先贤先儒八十位、七十九位，牌位一字排开颇为壮观，显得文采熠熠。下午三点半后，东庑牌位在夕阳穿过方矩窗棂，方方正正的光影下，更是庄严！有些人的牌位是我们认识的，更多是不认识的。根据我近年的爬梳，这一百五十九位先贤先儒，其中孔子门下六十六位、孟子门下四位、子夏门下一位，其他周朝四位、秦朝一位（伏胜）、汉朝十位、三国一位（诸葛亮）、晋朝一位（范宁）、隋朝一位（王通）、唐朝两位（韩愈、陆贽）、宋朝三十一位、元朝五位、明朝十七位、清朝四位，其他几位待查。

先贤先儒排列如林，在四本"易经与英雄"系列书籍中，目前仅写了其中的方孝孺、韩愈、文天祥与诸葛孔明，也有着墨不深的司马光、欧阳修。这个配祀系统并非台南自创，而是历朝历代所累积下来的传统，三百年来台南孔庙谨守分际，维系两千五百多年来的一炷馨香。每次我造访孔庙，总前去瞻仰，好奇他们的故事。当然，这些人的内心神龛又来自"孔子"的思想，盛哉斯人。我一直企图窥探孔子周游列国十四年之际，他的内心世界与能量，内心世界如九仞宫墙阻绝不得其门，但是"耳顺"之后的智慧能量，却有些想法：

有风，有雨，才是人生。

受高雄医学大学校长之邀，二〇一四年春天，我开始在每个星期三下午兼任一堂通识课，说的是"历史英雄与潜智慧"，一堂课一个卦，一位英雄一个智慧，也说一种"人生状态怎么办"，加上一些企业管理与职场竞争，也偶尔加上时局与观点。

其实，之所以台南高雄两地奔波，依然兴致勃勃，背后是有动力的。话说几年前，台湾数间卫生署立医院的院长因为贪渎，同时锒铛入狱，在等待判刑前，其中一位院长感慨地说："年轻时，学校没有教我如何抵抗诱惑。"我侠气地自忖，如果今天我去学校上课，面对那些年轻的无邪眼神，我有能力教学生如何抵抗诱惑？不能说教，要如何教？于是我想象，在上课内容的基础上讲述："贪"并非病态而是常态，就像是病毒，你无法长居在无菌室，要认识它，才能远离它，"子不语怪力、乱神"，不语，并不是"围堵，不去面对"，而是健康地防范。人的心智有时是脆弱的，有时是蒙昧的，有时是思虑欠周详的，因此"心灵肌肉"的锻炼是必要的。我的课，希望有抗体功效！

会有"顿挫"，那是因为有高度，也才会有风，有雨。这是上上下下的常态，人生本来就是如股票上下起伏的曲线，春风好，但需懂得它有时暗藏凶险；冬风寒，有时却是暗香浮动。福祸相倚，这道理大家都明白，可是春风得意，多数人却往往乐昏了头；倒霉透顶之际，却自怨自艾，自此沉沦下去。苏东坡对《蛊》说道：器皿久不用而生虫，谓之蛊；人们长乐久溺而生病，这也是蛊；国家久安而不治，也会生蛊。人生一世，真是无常，但却有迹可循，像是水流在地面走出蜿蜒河道，向左向右，自有一番理解。

有了"顿挫"，那是人生最佳的成长特效药，从轻狂少年的狂妄与轻浮，蜕变成一位谦卑、有包容力的强者。中间多了许多独立思考的东西，也多了阴阳圆缺的完整思维。像是对峙的棋局，当人们通盘考虑的时候，落下棋子时，思考自然多些层次，也更明白自己的极限，进退有节。于是我们借由宗教哲学的帮助，佛教养心，儒教养德，道教养寿，但是这些仅对疗愈有效，站在预防胜于治疗的概念，这些宗教哲学尚嫌不足。

《易经》的本质却是"养理"，这里的"理"即是逻辑——道理的归纳，有数学的理则学概念，也有人心的吉凶趋离与善恶通性，其中有人性里的劣根性与神圣性，彼此在拉扯，堕落与升华本来就同时存在。梁启超说他对于孔子所说的《易》道理，系统的哲学，有仔细探讨，那就是"易无体"：宇宙万物是没有本体的。易，就是宇宙万物。这种无体的易，究竟为何物？梁启超又说，经过分析，"易理"有五方面：无体、生活、运动、规律、法则。这种以现代话语说的"流动哲学"，有趣，易懂，也传神说出"养理"的"理"调和了"万有"，什么都是，什么都不是。原来"顿挫"，是生活，是运动（非静止，也非僵硬不动），是规律（像春夏秋冬四季轮替，有一定的步骤进展），是法则（如同物理现象，也像数学定理），当然，每个人的生命现象无法重复，即便相同条件，结果却不尽相同，这是"无体"。

然而本书"顿挫学"说的故事，即是九位英雄，不同的顿挫，九个卦，不同的貌相。理的是从"见几知微"到"背影优雅"，从"居高思危"到"淡泊汪洋"。过去，读历史人物总有许多"抑郁而终"的例子，总想他们应该也需要心理医师，然而真相是世间许多心理状态，心理医师至今也是束手无策，所以如何锻炼自己"心灵肌肉"，成了重要的自我体悟，是豁达，是云淡风轻，也是心灵弹性调整。如果这只是物质表面的顿挫，是容易克服的，但是，真正的内心价值受到顿挫，有多少人能慧剑一挥？

岳飞，大家对于他的悲惨命运如数家珍，可是当要落笔写下他的内心世界，我却屡屡怯于进入他的恨与悲，那个情绪能量太大了。直到读了他在接到十二面金牌后，回到鄂州，写下《小重山》词句，其中"已三更，起来独自绕阶行"、"白首为功名，旧山松竹老"，让我深刻感受如此"千年来的慨谓"，也尝试整理岳飞的顿挫心情。在他第四次北伐，以少胜多，连战皆捷，已经包围开封，眼看昔日故都光复在望，然而攻城前夕，局势扭转，他的忠诚被皇帝猜忌，被迫放弃唾手可得的胜利。这样痛楚的岳飞，我想介绍他。

史浩，比岳飞年轻三岁，出生在布衣之家，四十岁才登进士第，远离秦桧，游宦地方，多年后，五十六岁的他辅佐新帝宋孝宗，适时建言昭雪岳飞的冤情。他任宰相一职，最后以政治责任辞相，出任小小地方官，而着急强势北伐的宋孝宗失败后，他依然隐居乡里，淡出朝野享受人生。七十九岁时，在明州遇见了来访的已四十八岁的岳飞长孙岳甫，史浩翔实地把当年昭雪他祖父岳飞的过程讲给岳甫听，前后经过，过眼烟云，岳甫激动拭泪。这样豁达的史浩，我想介绍他。

一位明朝才子，一位宋朝才女。唐寅，这位明朝的世纪才子，以他的山水仕女画，他的风流爱情传颂于世。少年得志，却成为他日后发展的局限。赴京赶考遭诬陷泄题，从此天之骄子成了浅滩困龙，一辈子不得志，他的挣扎与困顿，我想介绍他。李清照，这位宋朝的旷世才女，她的词有花影也有酒香，有闲愁也有英雄魂，喜欢她的词，千年来传唱不绝，不舍她的情，千年来也是低慨叹声。我好奇这位女词人的人生，如何养成？老师是谁？爱情状况如何？一路寻觅她成长的踪迹，总感慨时代作弄，她的人生低谷，一波一波，词句中的波翻红浪，成了奢侈的浪漫。这样清澈的李清照，我想介绍她。

一位南朝首席宰相，一位北朝首席宰相。文天祥，宋朝的末代状元，成了亡国前最后的中流砥柱，读书人的良心，史书上记载的美男子，天才棋手，并非整天把国之兴亡匹夫有责挂在嘴上的人。可是大难来临，他立刻站在风口浪尖，顶住漫天的风雪。这样具有英雄气魄的文天祥，我想介绍他。耶律楚材，一位辽人在大金王朝任职，又要转职到大元王朝继续自己的梦想，这位阅历丰富的人才有精彩的故事，他的良知拯救了无数生灵，他的专业辅佐了苍狼王朝，在那样的年代，他宛若菩萨庇护善男子善女子。这样充满善知识的契丹人，我想介绍他。

还有"粉骨碎身浑不怕，要留清白在人间"的于谦、小说家王文兴最爱的唐诗人孟郊、那位三百五十年前奠定台湾文化基础的陈永华，我也想介绍他们。文在兹，魂也在兹。

《易经》的基础知识

什么是太极、两仪？

一 --
陽 陰

"易有太极，是生两仪。两仪生四象，四象生八卦"。"太极"有两个解释：其一为卦画，就是以 S 形分割左右为一白一黑的饼图；其二说的是卦象形成前，混而为一的状态，即是天地未分的"浑沌"。之后，产生了"阳"直线、"阴"断线的符号，合称"两仪"，分别称之阳爻、阴爻。

什么是四象、四向？

二 二 二 二
老 少 少 老
陽 陰 陽 陰

"两仪生四象"的"四象"，是指阴阳两爻相交所得到的。"四象"如同"四时"，少阴为春，老阳为夏，少阳为秋，老阴为冬，天地能长养万物，就是有春去秋来、寒来暑往的交替变化，也有生、长、收、藏的生命现象。"四象"

也有"四向"的意思，少阴为东，老阳为南，少阳为西，老阴为北。

什么是八卦、六十四卦？

乾	兑	離	震	巽	坎	艮	坤
天	澤	火	雷	風	水	山	地

"四象生八卦"的"八卦"，是指少阴、老阳、少阳、老阴再与阴阳两爻相交之后所得。

八卦所代表的基本物象是乾象天、兑象泽、离象火、震象雷、巽象风、坎象水、艮象山、坤象地。古人认为这是宇宙最明显的八种物象。

尽管如此，八卦数量太少，不足以说明复杂的自然现象、社会现象，于是八卦再自相重叠，排列组合就产生六十四卦，如《蹇》卦就是由下艮上坎两卦组合而成，《升》卦就是由下巽上坤两卦组合而成。

什么是多数服从少数？

《易经》中有一个"多从寡"的基本原则，就是"贵寡"，以

蹇　升

"阴阳相生"代替"阴阳相抵"。简单地说，《易经》反对"众暴寡"的霸道哲学，而以"物以稀为贵"当作思维价值。在八卦中，除了乾纯阳卦、坤纯阴卦之外，其他六卦是一阴二阳或一阳二阴组合。如果一阴二阳之卦，如巽、离、兑则为"阴"卦，甚至象征长女、中女、少女；如果一阳二阴之卦，如震、坎、艮则为"阳"卦，甚至象征长男、中男、少男。至于乾、坤则分别代表生育子女的父、母。

什么是内卦、外卦？

《易经》八卦排列组合，产生六十四卦时，上下两个卦形成一个组合，此时下卦称之"内卦"，上卦称之"外卦"。"卦"是《易经》特有的表达思维的工具，任何有关《周易》的诠释皆以卦名、卦画、卦象、卦义四种。至于卦名、卦画更是释卦的前提，所以，"画卦"的规矩就

乾　震　坎　艮　兑　离　巽　坤
父　长男　中男　少男　少女　中女　长女　母

必须了解："由下往上画！"释卦的时候也是由下往上，依序而成，讲究的就是"由内而外"。

什么是爻序号？

因为画卦"由下往上数"，依序称为初爻、二爻、三爻、四爻、五爻、上爻。凡是阳爻则称之"九"，阴爻则称之"六"。组合起来就成了初九、九二、九三、九四、九五、上九。或是成了初六、六二、六三、六四、六五、上六。

什么是中正当位？

清楚了"由下往上"的爻序号，下面开始了解阴阳位置，初爻、三爻、五爻奇数位是"阳位"或是"刚位"。二爻、四爻、上爻偶数位是"阴位"或是"柔位"。如果把六个爻三分，则初、二是"地位"，三、四是"人位"，五、上是"天位"。其中五是尊位，所以我们常常听到"九五之尊"或是"位登九五"，就是这个意思。

其中二是下卦的中位，五是上卦的中位。所以任何爻占据二位、五位都可称"得中"或是"得正"。而阳爻占据刚位，或是阴爻占据柔位，即可称之"得位""当位"。六二、九五即是"中正当位"，六二以柔居阴又是下卦的中位，九五以刚居阳又是上卦的中位。

什么是承乘比应？

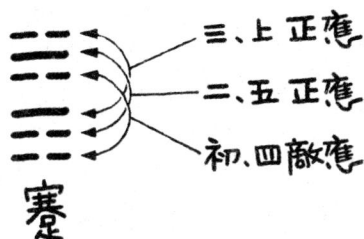

每卦共有六个爻，"由下往上"排列。凡是两个相邻的爻称之为"比"，比就是比邻、比近的意思。如果相比的两个爻，一阴一阳，就更加亲近一些。"应"是对应、应合的意思，六个爻分成下卦、上卦，下卦的第一爻与上卦第一爻（第四爻），下卦的第二爻与上卦第二爻（第五爻），下卦的第三爻与上卦第三爻（第六爻），有相对应的关系。如果是一阴一阳的相对应，有阴阳相济称"正应"，如果两爻都是阴或都是阳则称之"敌应"，或是中性"不应"。

"承""乘"则是相邻两爻的关系，承是在下承接，乘是乘驾在上。相邻的两个爻，在上对在下的就是"乘"，在下对在上的就是

"承"。如果阳爻乘阴爻、阴爻承阳爻
则称为"顺",反之称为"逆"。

卦的"错综互杂"是什么意思？
什么是综卦、覆卦？

综卦就是覆卦,又称反卦,就是
把卦反着看,"横看成岭侧成峰",立
场不同观点就不同。综卦的理,是告
诉我们万事要客观,因为立场不同,
观念就完全两样。许多事情的真相,
往往前后、正反都能端详一番,更能
够清楚彼此的差异,也更能加深彼此
了解。在六十四卦里,许多两两相
反的覆卦摆在一起,更富哲理。例如
《鼎》的覆卦是《革》,《丰》的覆卦是
《旅》。要鼎立新风就要先破除陈旧,所
以鼎革这两个字常常一起使用;《丰》说
的是事物丰盛硕大,《旅》说的是羁旅居
外、萍踪浪迹,丰卦是家太大、亲故太
多,旅卦相反,"失其居"而"亲寡"。

至于"否极泰来""泰极否来"则
是大家耳熟能详的用语了。

離 坎

姤 復

咸 損

什么是错卦？

错卦，是阴阳爻错的意思。六爻皆阴变阳，阳变阴，所得的卦即为错卦，表示从另一个立场来看事情。错者交错也，鳄鱼的利牙都是交错的，所以特别有力量，立场相同，看法却不同，便是相错，相错者相辅则相成，相背时则力量抵消。例如乾和坤，天和地同时存在，但风格正好相反。离与坎，也是一样，火水虽相反，但也有互补之效。

"见微知著"的《姤》卦的错卦则是"返初复始"的《复》卦，姤表示有相遇的机会，抓住机会，也有复的可能，偶遇的机会也将较多。"男女感应"的《咸》卦的错卦是"锦上添花"的《损》卦，损己利人则有咸，损人利己则无咸，损和咸间有交错关系。

以《易经》的道理去看人生百态，一举一动，都有相对、正反、交错，有得意就有失意，有人赞成就有人反对，人事物理都一定是这样的，离不开这个宇宙大原则。六十四卦是独立的卦，但也是彼此相互牵动的，世间万事本来就是复杂的，有时是蝴蝶效应，有时是墨菲定律，有时牵一发动全身，有时无心插柳柳成荫。我们不喜欢说"可怜之人必有可恶之处"，但是连动式的骨牌，却又使我们对"生命逻辑"的"不是不报，是时间未到"有深刻感受。

YING XIONG 英雄的顿挫学

陈永华

复甫今之卧龙也

干
兑
履

上九　视履考祥，其旋元吉。

九五　夬履，贞厉。

九四　履虎尾，愬愬，终吉。

六三　眇能视，跛能履，履虎尾咥人，凶；武人为于大君。

九二　履道坦坦，幽人贞吉。

初九　素履，往无咎。

从明朝第十五任皇帝明熹宗之后的烂摊子，崇祯只剩十七年

我在台南孔庙担任导览时，每每喜欢向来访的年轻人问道："你知道这座孔庙是谁创建的？"不待年轻人回应，我便急急宣布答案："是韦小宝的师父，天地会的总舵主陈近南。"虽然是老梗，但是总喜欢看到他们诧异中透着惊喜的眼神。总舵主陈近南的本名就是陈永华，我们这次说说他。

故事先从明朝第十六位皇帝，明朝亡国之君：崇祯皇帝明思宗朱由检说起。

朱由检的哥哥朱由校，是明朝第十五位皇帝，史称明熹宗。这两兄弟的父亲明光宗朱常洛，仅仅在位三十天便暴毙，泰昌元年（一六二〇年），九月初六，十六岁的长子朱由校继任王位。麻烦的是，这位新皇帝是一位没有受过什么教育，几乎是文盲的少年。为何文化程度如此低？万历年间，朱由校的父亲朱常洛不为明神宗所喜，这个皇孙自然就被冷落，直到明神宗朱翊钧临死，他才被册立为皇太孙，有了出阁读书机会。可是，父亲只当了一个月皇帝，他还来不及受到什么教育，就被"赶鸭子上架"当了少年皇帝。

比对同样十六岁登基的汉武帝，英雄出少年，开创了大汉盛世局面；而这位十六岁的天启皇帝文化水平连当今的小学生都不如，这真是大明的悲剧。所以，他"统治"了大明王朝整整七年，实际上国家机器都是由宦官魏忠贤所掌控。这位年长了朱由校

三十七岁的魏忠贤，本名魏四，原是河北肃宁县的市井无赖，有一妻一女，因为吃喝嫖赌荡尽家产，自宫做了太监，改名李进忠，因为"次文化社会历练丰富"加上"服劳善事，小心翼翼"，让这位文盲但荷尔蒙旺盛的好色少年皇帝"充分授权"代办国事，这位魏四平步青云，朱由校更在天启二年赐名他为"忠贤"。

自此，中国历史上最昏暗的宦官专权如火如荼，一时厂卫之毒流满天下，一大批不满魏忠贤的官员士子惨死狱中；一大批无耻之徒都先后阿附于他，更有一些阿谀之臣到处为他修建生祠，耗费民财数千万。他自称"九千岁"，排除异己，专断国政，以致人们"只知有忠贤，而不知有皇上"。而朱由校只浸淫在他的小小"皇家工作室"，进行木工设计、建造房屋与油漆工艺创作，不知朝廷腥风血雨，不知民间生灵涂炭。

天启五年一六二五年八月，朱由校到西苑游乐，先在大船上饮酒，之后与两位小太监在深水处泛小舟嬉游荡漾，结果翻了船，差点淹死。经过这次惊吓，二十一岁的朱由校身体每下愈况。天启七年夏天，病情加笃，因为无子无女（后宫竞争激烈，谁怀孕谁的胎儿就不保，如果生了下来，也都莫名早夭），他召见了唯一的弟弟信王朱由检，对他说道："来，吾弟当为尧舜。"明熹宗让信王入继大统。八月二十二日，朱由校去世，明代一个黑暗年代告一段落。

一六二七年，十七岁的朱由检继位登基，史称明思宗，他是明朝末代皇帝。这一年，在日本平户岛出生的郑成功四岁了，由日本母亲田川松单独抚养。同时，台湾也被荷兰东印度公司占据达四年之久。

因为地球气温变冷，粮食匮乏，国家多了新危机，崇祯成了亡国君

历史学家对于明熹宗的后继者——末代皇帝朱由检，普遍抱有同情，以为崇祯帝的一生，乃"不是亡国之君的亡国悲剧"，虽然他的个性复杂，宽容又封闭，机智又愚蠢，高瞻又刚愎，大气又猜忌。历史学界一直心生疑问："好皇帝为什么毁了大明王朝？"对他的"十七年"评价褒贬不一，论述各异。我倒想从史学界"十七世纪危机"的理论切入，说说十七世纪中叶，全球气候变冷，导致饥荒严重与瘟疫横行，也造成通货膨胀、粮食匮乏所引发的"社会与经济基础结构"改变。近些年的新论述是：十七世纪普遍危机论，已经增加气候变化和全球经济所造成的信心危机。一六四五年的极端气候，小冰河期来临。

这些新的研究结合了地理学、生物学、气候研究等，史学界认为十七世纪的普遍危机不只是信心层面，还包含了一个客观的外在变化。整个欧洲面对巨大的经济衰退，进而产生的新的边陲中心移动，欧洲国势与政权剧烈转移。在遥远的东方世界的大明王朝，也是战争内乱频繁，国家危机四伏。因为气候变冷，导致中国北方的庄稼生长和收获周期明显缩短，粮食严重不足。至于南方长江中下游稻米之乡则是货币通膨，同样导致粮食匮乏。这

也是后来高迎祥、张献忠、李自成陆续在陕西、甘肃、山西展开声势浩大的农民革命的原因之一。至于东南沿海省份，则是因为海禁政策错误，导致海盗横行。我们看看台湾与郑芝龙的情形：

郑芝龙，泉州南安石井乡人，英俊潇洒，为人不拘一格，少时"性情逸荡，不喜读书，有膂力，好拳棒"，以勇力闻名乡里。天启元年（一六二一年），十八岁离家到澳门学习经商，并于澳门接受天主教洗礼，教名 Nicolas，因此也被人称作 Nicholas Iquan 尼古拉·一官。"一官"是乳名，因为郑芝龙是家族的长子。郑芝龙语言天分极佳，他通闽南话、北京话、日文、荷兰文、西班牙文、葡萄牙文多种语言，也热心学习日本剑道，甚至西班牙吉他。

崇祯元年（一六二八年），在台湾的荷兰东印度公司与日本之间发生贸易冲突事件，史称"滨田弥兵卫事件"，荷兰与日本贸易因此中断。同年，在台湾西南海岸魍港（今北港）继承、建立强大海上势力的郑芝龙，已经拥有七百艘船只，海贼数万名，成了超级庞大海上"贸易"集团，纵横台湾海峡两年六个月，劫掠福建及广东数地。历史记载：工科给事中颜继祖奏折崇祯帝，写着"海盗郑芝龙，生长于泉，聚徒数万，劫富施贫，民不畏官而畏盗。"这一年，郑芝龙才二十五岁，郑成功五岁。

同一年夏天，郑芝龙决定接受福建巡抚熊文灿的招抚，得为"海防游击"官职。他自觉"海盗"的名声需要"洗白"，才能扩大事业版图，可见郑芝龙有更大的国贸企图心和红顶商人梦想。

我们来做个小结论：从天启元年到崇祯元年初，七年的时间，南安的郑芝龙从一名十八岁乡下穷小子，"进化"为亦官亦商亦盗的海上军事新势力。而年纪相仿的朱由校，从一名十七岁文盲年轻人，"转化"为工匠皇帝，却管理不善，国家实力一日不如一日，最后贪玩醉酒溺水染病，于二十三岁死亡。不论出身，如果"人没有企图心、没有觉性，无中心思想，真的容易腐朽、沉沦"。

郑芝龙成了明朝官员，一六三〇年秋天，他接回长子郑福松（郑成功，是后来南明隆武帝对他的赐名），这一年郑福松已经七岁。受到武士道影响，小郑福松已经开始学习武士双刀流。因为当时日本幕府实施锁国政策，使得肥前国平户岛的日本生母田川松受到约制，无法与儿子同行到福建，小郑福松"只身"回到了陌生的父亲家乡。郑芝龙见到儿子仪容雄伟，声音洪亮，满心喜悦，取名森。郑森也开始接受汉文化教育，他在泉州府安平（原福建省晋江县安平镇，现安海镇）居住读书。后话，该处现已改为安海成功小学。

十五岁的郑成功考中秀才，十八岁结婚，十九岁当爸爸，二十一岁就读南京国子监

崇祯十一年（一六三八年），十五岁的郑森考中秀才。当年科举制度下，每逢各级科考，传统习惯是考中者都会拜在主考官的门下，自称学生。郑森考上秀才那次的主考老师是陈鼎——他就是陈永华的父亲，当年陈永华才五岁。

郑森又经考试成为南安县二十位"廪膳生"之一。所谓廪膳

生，是科举制度中生员名目之一。通常简称廪生。童生应试，例须请廪具保，称作廪保。明朝规定府、州、县学生员最初每月都给廪膳，补助生活。名额有定数，府学四十人，州学三十人，县学二十人，每人月给廪米六斗。就是说，郑森是资优生，他在县学读书，也享有稻米补助，像是奖学金的实物奖励。当然，郑森家生活优渥，不缺每个月六斗米，但是这说明了他很优秀。

崇祯十四年（一六四一年），十八岁的郑森娶了福建泉州惠安进士礼部侍郎董扬先的侄女。这是父亲郑芝龙安排的"政治婚姻"，所谓"礼部侍郎"就是教育部副部长。郑芝龙不缺金山银山，但他无法"买"文化血统，可是他可以显得"娶"提升家族的社会地位。为了让家族显得高贵，董扬先的侄女董友（有说为"酉"者），成了郑成功的正室夫人，次年，生下长子郑经，天蝎座。

崇祯十七年（一六四四年），二十一岁的郑森进入南京国子监深造，拜在江浙名儒钱谦益门下。钱谦益是万历三十八年（一六一〇年）一甲三名进士，也就是"二十九岁的探花郎"。他是东林党的领袖之一，官至礼部侍郎，年纪长了郑森四十二岁。他的故事，在《料青山见我应如是》介绍柳如是时已多有介绍，此不多述。

老师钱谦益，有次问郑森什么叫"洒扫应对"？回答说："汤武革命，就是洒扫；尧舜禅让，就是应对。"钱谦益惊讶他的比喻奇妙，心想此人将来必成栋梁之才，因而给他起了个别号叫"大木"。自此历史记载郑成功多了"郑大木"这一称谓。就在同时，北京的大明政府正被大顺皇帝率百万农民军团团围住。所谓"大顺皇帝"就是三十九岁的李自成。

三月十九日早上，崇祯帝在景山上吊，大明王朝国祚结束

有个野史在此分享一下：三月十九日早上，崇祯帝遣派一位机灵小太监到东门一处测字摊，听说有位神准的老先生，就让他测一测大明的国运。

气喘吁吁的小太监写了"友"，请求解析，老先生说："不利啊，反贼出头了。"小太监不解，老先生解释说你看看"友"字是不是"反"字"出了头"？小太监一急，知道这个答案无法回报皇上，又写了"有"字，说道刚刚写错了。老先生过目后立刻说："这个字更不祥，大明江山去掉了一半。"他解释"有"字拆成"'大'的前两个笔画"、"'明'左日右月的月字"，这样是不是"大明剩下一半？"

怎么办？小太监写了第三个字"酉"，说刚刚的都不算，这个字才是。端看着酉字的老先生，沉默不语，巍巍颤颤地离开摊位，竟然跪下磕头，小太监看见老先生老泪纵横，急着问怎么了？老先生缓缓说："皇上上吊自杀了。"他解释皇上是一国之"尊"九五之"尊"，"酉"字则是"尊"字斩头截脚，皇上两脚离地一"寸"，这不是上吊自尽是什么。

原来，北京城内一片惊慌，大臣们束手无策，守城的明军不战而降。李自成的大军攻陷了北京外城，崇祯帝在前殿鸣钟召集百官，却无一人前来，明思宗说："诸臣误朕也，国君死社稷，二百七十七年之天下，一旦弃之，皆为奸臣所误，以至于此。"崇祯帝仓皇逃至今日的景山，景山位于紫禁城神武门北面，是北京城的制高点。明永乐年间，明成祖将拆除旧城的渣土和挖掘护城河的泥土，在最北边堆积成山——风水山——紫禁城的靠山，取名"万岁山"，又名"镇山"。传说山前曾大量堆放皇宫用煤，故又称为"煤山"。

三月十九日，崇祯帝在景山歪脖树上自缢身亡，死时光着左脚，右脚穿着一只红鞋。时年三十三岁。身边仅有提督太监王承恩陪同。上吊前于蓝色袍服上，凄凄惨惨地书写道："朕凉德藐躬，上干天咎，然皆诸臣误朕。朕死无面目见祖宗，自去冠冕，以发覆面。任贼分裂，勿伤百姓一人。"

明思宗死了，虽然人去茶凉，但依旧有些官员自杀殉国，下面让我们来认识他们：户部尚书倪元璐、工部尚书范景文、左都御史李邦华、左副都御史施邦曜、大理寺卿凌义渠、太常寺卿吴麟征、左中允刘理顺、刑部右侍郎孟兆祥等，驸马都尉巩永固全家自杀，另外太监自杀者以百计，宫女自杀者三百余人，也有上千人战死在守城之际。还有七百多生员人家，举家自尽。大明国祚，至此结束。在南京的郑森休学，二十一岁的他返回福建，准备与父亲反清复明。

回到泉州家乡，郑森发现已经白发的母亲竟在门口迎接他，这使他大喜过望。原来，郑芝龙透过关系取得江户幕府特许，将田川松接到福建泉州府南安县与郑森团聚。时隔十五年，母子终于再次团圆。

南明弘光帝被诛，隆武帝绝食自尽，二十三岁的郑成功祭旗告天

崇祯帝自缢后两个月，南京成立了南明朝廷，福王朱由崧在多方复明军团算计、角力、妥协下登基了，史称弘光帝。他是一个十分昏庸腐朽的君主，整日只知吃喝玩乐，沉湎于酒色之中，不理朝政。历史上以"失德"著称，这位福王在帝位角逐赛前，史可法曾写信给马士英说明"福王七不可立"——贪、淫、酗酒、不孝、虐下、无知和专横。

朱由崧的父亲朱常洵是上一任常驻洛阳的福王，李自成攻打洛阳，因太胖无法翻墙逃跑，这位胖王爷被李自成烹煮，因为与鹿肉一起炊煮，称之"福禄宴"。朱常洵死后，儿子朱由崧成了继任的新"福王"。朱由崧成了南明第一任皇帝，承续大明国祚，肩负反清复明的重任，当然，对他而言那是不可能完成的。就在弘光帝登基的周年庆，他便被俘，不久被斩杀在北京菜市口。最后被浙东监国鲁王朱以海谥为"赧皇帝"，白话就是"不好意思的皇帝"。

弘光帝死，四十四岁的唐王朱聿键被南安伯郑芝龙、礼部尚

书黄道周扶上帝位，成了南明第二任皇帝。一六四五年，他在福州登基，七月，定年号为隆武，改福州为天兴府，号福京，史称隆武帝。

隆武帝朱聿键晋封郑芝龙为平虏侯，郑鸿逵（郑芝凤）为靖虏侯，郑芝豹为澄济伯，郑森的族兄郑彩为永胜伯。不久，朱聿键又晋封郑芝龙为平国公，郑鸿逵为定国公，两人都加太师衔。郑氏一门"族戚、部将封侯伯者十余人，其挂印腰金、侍御卿校，盈列朝内，内外大权，尽归芝龙"。八月廿四日，郑芝龙带郑森去谒见隆武帝，隆武帝看他气宇非凡，对答如流，非常高兴地抚着他的背说："朕恨无女妻卿，卿当尽忠我家，无相忘也。"意思是说，我实在遗憾没有女儿可以把她嫁给你啊！这不是隆武帝的客套话，他是真的"恨"，除了眼前的英雄少年之外，与真正握有军政大权的郑芝龙建立姻亲联盟实在是太重要了，于是赐国姓朱，更名"成功"，时人称之"国姓爷"就是因此而来。

次年，一六四六年，郑成功即开始领军，多次奉命进出福建、江西与清军作战，颇受隆武帝器重。然而郑芝龙却无意全力抗清，他怀有二心。二月，郑成功晋见隆武帝，奏道："陛下郁郁不乐，得无以臣父有异志耶？臣受国厚恩，义无反顾，誓当以死报陛下。"郑成功誓之以忠，隆武帝嘉叹，以郑成功为御营中军都督，就是皇上亲军最高将领，赐尚方宝剑，仪同驸马，佩招讨大将军印。三月封忠孝伯。

八月，杭州的复明义军败，清军准备南下，下个攻打目标就是福建了。

郑芝龙此时与清军暧昧，他的商人买卖性格，促使他要接受清军优渥的"招降条件"。于是，当清军开始进攻福建时，郑芝龙撤掉了"仙霞关"守军，让清军长驱直入。隆武帝逃到汀州城外时被清军追上，他带着曾皇后和忠诚伯周之藩等躲在关帝庙，紧急时刻周之藩冒称是隆武帝，被清兵射杀于庙口，隆武帝等才得以从后门逃入汀州城内。清军前锋统领努山命令几百个兵士穿上明军服装，打着明军旗号，直奔城门。汀州守军以为是败退下来的明军，让清军一拥而入，俘获了隆武帝和曾皇后，并将他俩分别押入轿子送往福州。途中，在闽江支流九泷溪边休息，曾皇后猛然跃出轿子，纵身跳崖，同时高呼："陛下宜殉国，妾先去了。"朱聿键也几次想自尽，都因清兵的严密监守而未成，最终，这位自奉甚俭的隆武帝在福州囚处绝食，不屈而死，享年四十五岁。

　　隆武帝死了，福州也被清兵占领。郑芝龙不顾弟弟郑芝豹的哭谏，当时在金门的郑成功也写信给父亲："从来父教子以忠，未闻以贰！今吾父不听儿言，后倘有不测，儿只有缟素而已。"郑芝龙率四位儿子与部分家人，北上福州降清。两个星期后清军攻陷家乡安平，母亲田川松遭到清军凌辱强奸，切腹自尽。黄宗羲《赐姓始末》载："成功大恨，用夷法剖其母腹，出肠涤秽，重纳之以殓。"在金门招兵买马的郑成功听闻母亲殉死，急忙赶回安平，此时清军已退去。看到母亲惨死，郑成功"擗踊恸哭"，以武士道方式，将母亲外流的肠子，洗涤干净重新置回腹中缝合，才入殓安葬。黄宗羲谓郑成功一生矢志抗清，和母亲遭清之害有很大的关系。

戎马倥偬间，眼泪未干的郑成功，前往离泉州府城西只有六里多的孔庙，焚香告祷孔子："昔为孺子，今为孤臣，谨谢儒服，惟先师昭鉴！"他在神案前"焚青衣"，烧掉文人所穿的儒袍以示投笔从戎的决心。当时有一群支持他的年轻人，计九十余人，其中有甘辉、张进、施琅、施显、陈霸、洪旭等，他们在孔庙祭旗告天，誓言反清复明。那一年，郑成功二十三岁！

　　郑成功离开泉州后，不循其他反清义军的陆战策略，改以海战，所以避走到金门、厦门两岛，开始于沿海各地招兵买马，同时收编郑芝龙旧部，更在广东南澳募集了数千兵力，移师鼓浪屿。年底，郑成功在小金门（今日金门烈屿），以"忠孝伯招讨大将军罪臣国姓"之名誓师反清。接下来，年轻的陈永华要登上历史舞台了。

　　在《易经》有一卦《履》，是"冒险、执行之时"的卦，象征"小心行走"。履，就是古字义"礼"，象征慎行，此卦就是"诚人循礼，小心行走"，也就是"当你发现局势陡变，身陷险境，怎么办？"卦象上乾为天，下兑为泽。在八个卦义之中，乾最刚健，兑最柔弱，以"至弱"而蹑行于"至健"之后，只有谨守礼分，临深渊履薄冰，才能远祸。本卦阐释了实践理想、履行责任的原则。以"履虎尾咬人"象征充满危机感，不可不戒惧。

从《易经·履卦》看二十四岁的陈永华，

如何被郑成功赞誉为当今的诸葛孔明

乾

兑

上九	视履考祥，其旋元吉。
九五	夬履，贞厉。
九四	履虎尾，愬愬，终吉。
六三	眇能视，跛能履，履虎尾咥人，凶；武人为于大君。
九二	履道坦坦，幽人贞吉。
初九	素履，往无咎。

《履》卦，上卦乾天，下卦兑泽，卦象天在上，泽在下，上下高低之"位正"，为上下伦常之正理，喻示"谦虚谨慎，循礼而行"，也用于表明人亦当"分辨尊卑之礼"行之。唯其善处其身，行不远礼，才能履危而安。处事谦虚谨慎，循礼，也循理，尽量避免不必要的摩擦，虽然面对危险，仍能免于灭难，更可以将坏事变为好事。这卦也有对统治者的规劝与警戒，说明应该量力守分，不可一意孤行，逞强冒进。

第一爻‧初九 素履，往无咎。

素，质朴，不花哨、不加修饰的。初九以刚居"履之初"；
刚，可以上往；但须执礼践履，而此"礼"要以"质为本，文
为辅"，以质朴的谦敬态度为首要，所以称之"素履"而且
"往"。然而这种"往"是心中的凤愿，并非情迁或是物累的其
他因素，如同《中庸》"君字素其位，而行"，当然"无咎"。

追随郑成功到了金门的洪旭，字念尽，号九峰，福
建同安人，年长郑成功十九岁。他曾是郑芝龙部将，隆
武帝时封忠振伯，郑芝龙降清后追随郑成功，成为郑成
功十分倚重的将领。史书说他"治军严整，成功甚重
之"。其实，这里面大有故事：

在弘光帝时期，四十五岁的兵部尚书史可法，因为
朝廷内斗得乌烟瘴气，受到"为人贪鄙无远略"的马士
英排挤，遂率军至扬州，成为清军南下的第一道防线。
此时洪英前往投靠史可法希望能协防抗清，洪英是崇祯
四年的进士，虽然年纪长于史可法，但景仰其情操志节，
拜入史可法幕下。史可法建议洪英去北京见机游说吴三
桂，希望他能幡然悔悟加入抗清行动，洪英知道游说难
度过高，便说道："为社稷，为百姓计，当然是义不容辞，
不过恐怕樗栎之材，不能胜任，诸事还得请史阁部大人
指教。"史可法一番提示后，洪英低调北上，婉辞身旁五
位弟子蔡德忠、方大洪、马超兴、胡德帝与李式开要求

随从，他说："太公年八十才辅文王，我这点年纪，一个人到燕京去一趟算什么。"

当然，奉密令的洪英没有成功，离开北京他南下扬州，赶上与清兵苦战七昼夜的扬州之役。扬州城破，洪英与其五弟子被冲出了城，守城的史可法殉国了。如此忠肝义胆的史可法，甚至被后来的乾隆帝追谥为"忠正"的铮铮铁骨。回来说说洪英，洪英召集史公旧部和蔡德英等五个门生，继续和清军对敌。四月二十五日，洪英在三叉河苦战殉国，临死前对蔡德英五人把他在燕京时梦见达摩之事，细细道来，说："达摩在梦里向我吟诗启示：大树风吹倒，何必心内焦，种下小树去，日久一样高。""我死不足惜，只希望你们五人能够继续我的复明志愿，让小树再度长成大树，去投潞王也好，去投郑成功也行。"

他们投入潞王抗清义军，潞王朱常淓在弘光帝被诛之后，继任监国，领军在杭州一带。胆小的潞王贪生怕死，无心抗清，决定奉表投降。蔡德英五人愤然转往金门，投靠洪英的儿子洪旭，一起加入郑成功部队。洪旭取得郑成功同意，在部队中成立隐形门派组织，以"洪英门下"为核心，集合一些反清复明的忠贞之士。因为乱世之中，部队成员龙蛇混杂，时有叛军隐藏其中，或暗中破坏，或动摇军心，所以部队里藏有秘密组织可以贴身监视，以防患未然。同时，又可向外建立秘密网络，以经商掩护行动，收集情报。因为组织成员经过仔细筛选，忠诚度高，向心力坚定，对反清复明大业更多佐力之处。

郑成功欣然同意洪旭的建议，"洪门"悄然发展。郑成功为龙头大哥，称"万云龙"，"万"便是千千万万人，"云龙"是云从龙，意指千千万万人保定大明天子，恢复我锦绣河山。洪旭是"洪门"第一任总舵主，他们以"汉"失去"中土"成了"洪"字，当是"驱逐鞑虏，收复汉土"的结盟之姓，入会时，一律姓洪名英，意味着都是洪门的英雄。他们再把"洪"字拆成"三八二十一"作为会中暗号，有茶阵，有手势，有腰凭，有阶诏等等秘密机制。洪旭留在军中隐晦身份，暗中指挥，蔡德英五人则外出联络四处的爱国志士，扩大组织，建立联盟关系。

一六四八年三月，郑成功的郑军终于赢得第一场战争，熬过成军十四个月以来屡战屡败的煎熬，他们终于攻得福建同安县，也兴奋地开始治理县治，郑成功特别请他的恩师陈鼎担任教谕，相当于县教育局长兼孔庙里的县学校长。可是，战局不稳，五个月后，清军反噬，攻陷了同安，陈鼎选择殉国，自缢在明伦堂。这时，他儿子陈永华十五岁（已补为博士弟子，就是资优班的意思），小陈永华掩护母亲逃往安全之处，无生命危险后，他剃发装扮成和尚，回到明伦堂觅得父亲尸首"负归殡葬"，葬毕，年轻的陈永华只身前往厦门，投靠郑成功，誓要加入反清复明的行列。

陈永华，同安人，字复甫。因为年轻，在厦门被安排在"储贤馆"，那是郑成功设置的青年才俊储备中心，就是"战争幼校"。根据记载，当时的陈永华："遇事果断有识力，定计决疑，了如指掌，不为群议所动。与人交，务尽终款。居燕处无惰容，而举止翩翩，有轻裘缓带之风，布衣蔬食，泊如也。"因为是青年才俊，也是同安人，洪旭在他十八岁时，将女儿洪淑贞嫁给了他。洪旭成了陈永华的岳父，陈永华也成了洪门人。

第二爻·九二 履道坦坦，幽人贞吉

> 履卦的六爻，凡二、四、六居阴位者因为"能用柔"而得
> 吉。九二居中用柔，履道而得其平坦。在道路行走，居中则平
> 坦，靠旁则崎岖危险。"幽人"是与六三的"武人"相对应的称
> 呼，武人就是说刚愎自用，恣意罔顾的人；幽人则是幽静安怡，
> 与世无争之人。"幽人贞吉"只有以幽人心态处之，贞固，自然
> 可吉。

陈永华渐渐成为洪门重要干部，常常一身道士装扮进出清军占领之处，化名"陈近南"联络各个堂口，收集情报，同时发展洪门商号组织。因为郑成功的"山五商"贸易组织，正如火如荼发展中。

所谓"五商"是郑芝龙早期的家族贸易组织基础，郑成功重新经营，并将其改造发展成"山五商"与"海五商"两个独立系统，"山五商"以金、木、水、火、土的"五行"为名，以国内各省批发生意形态为主，因丝绸生产地在江南，以杭州为集散地，又瓷器出产在江西，从杭州采购亦极便利。同时买卖绍兴绫、丝、白绫、绉纱、药材等。当然所有行号都是洪门的情报据点，金庸的《鹿鼎记》即是如此描述天地会各个堂口，他们以不

同店家当作掩护的故事。当时青木堂在江苏、赤火堂在贵州、西金堂在四川、玄水堂在云南、黄土堂则在河南。机智的年轻陈永华常常代替洪旭总舵主奔波于各地，了解各地抗清义军的动态，渐渐增进他对事情的解读力，提高具有综览全局的透视能力，当然也扩大了他在洪门的影响力。

当陈永华积极奔走四方时，有个美食小插曲：为了进行有计划的抗清活动，陈永华的故乡同安城内有个糕点店就是洪门的秘密联络点之一，店老板想效法当年朱元璋最初抗元时，曾在月饼里塞入"中秋夜，杀鞑子"字条的故事，便研发了一种炊蒸"茯苓糕"的米食甜点。这种糕点主要的原料为在来米粉与赤豆馅，制作过程中，有时在馅里塞进一张纸条，上面写下抗清行动的时间、地点和情报信号等等。

这种好吃的糕点特色是含有中药材"茯苓"粉，茯苓常寄生在松树根上，形如甘薯，球状，黑褐色的外皮，内为粉灰色或白色，是真菌类多孔菌科植物，茯苓菌的菌核可作药用。中医师指出茯苓具有利尿除湿、消水肿、止渴止泻、健脾安神的效果。其实茯苓糕不是为了养生而制作的美食，而是当时洪门称"茯苓"、"茯苓"，事实上就是暗喻"复明"、"复明"，取力抗清鞑恢复明朝之意。后话，今天台南街头还有人贩卖这一美食。

回头说说"海五商"——海外贸易系统，其以厦门为基地，以"五常"——仁、义、礼、智、信当作五支船队的名称，分别行驶于中国沿海，和日本、朝鲜、琉球、菲律宾、中南半岛诸国，最南至巴达维亚（即今日的雅加达）。业务是销售、对外采购、令旗出租、收税、人力中介、客运。采购一些日本的盔甲、日本刀、火绳枪、杉木、桐油、铁器，以及西方的枪、炮，也可能有西洋甲以充实郑军的武备。这部分业务主要由郑泰负责，郑泰是郑成功的堂兄，隆武帝时受封为建平侯，善于理财，深受郑成功重用，成为"海五商"的大管家，相当于今天的"财务长"，我们后文会再介绍他。

永历十年一六五六年，二十三岁的陈永华得到兵部侍郎王忠孝推荐，与三十三岁的郑成功论政。陈永华发表抗清见解、分析未来局势，深得郑成功的赏识，委任他为"参军"，这是幕后智囊的职务，陈永华不必"见龙在田"，继续"潜龙勿用"，郑成功清楚他在洪门的秘密任务不宜曝光，继续低调沉潜。其实，郑成功另有心思。

次年，郑成功的长子郑经年满十六岁。古人认为十六岁即是"大人"。七夕成人礼后，郑成功正式介绍陈永华给郑经认识，说这位陈先生"乃今之卧龙也"，像是孔明般的谦冲机智，像是卧龙般的运筹帷幄，又说："吾遗以佐汝，汝其师事之！"二十四岁陈永华成了十六岁郑经的私人幕僚，也是知心朋友，后来更成了郑经的股肱辅佐。

第三爻·六三　眇能视，跛能履。履虎尾咥人，凶；武人为于大君。

　　眇，瞎了一只眼。跛，腿或脚有病，走路时身体不平衡。"眇能视"，瞎了一只眼仍然能够看东西。"跛能履"，瘸了脚仍然可以走路。"履虎尾咥人，凶"踩老虎尾巴，老虎咬人，有凶险。六三，阴爻阳位，以柔居阳，失正不中，质弱行刚健。所以有"眇能视，跛能履"之象。因此，六三不善履危地，其履虎尾，必见咥，凶矣。

　　苏东坡以为"眇者之视，跛者之履，岂其自能哉！"质弱者怎能强出头？必将有待于人而后能。因为弱势，所以说"跛"、"眇"者，以明六三之弱能而待于二也。九二有"干"而不居，故为"幽人"；六三为"武人"，即是刚武之人，但无"干"而自矜；"大君"其政治身份相当于执行，但还不是"王"。履三虽弱，但仍占天时，如能循规蹈矩，依照礼道待时至四。实力仍未丰足的武夫不能只会"暴虎冯河，死而无悔"，该"循礼依序"报效大君。

　　二十三岁的桂王朱由榔，一六四六年底于广东肇庆称监国，一六四七年十二月十八日登基，他是南明第四任皇帝，年号永历，史称永历帝，也是南明最后一任皇帝。郑成功闻之永历帝消息，加额说："吾有君矣！"自此奉永历为正朔。永历九年一六五五年初，永历帝敕封他为"延平王"爵位。明朝诸侯王爵，一字王号为亲王，如：福王、秦王、鲁王、唐王；二字王号为郡王，如延平王、宁靖王即为郡王等级。郑成功后来曾被加封为潮王（亲王等级），但他坚辞不受。

郑成功建军于福建，水师是主力，以厦门为集聚基地。郑成功受封延平王当年的，二月，始设置政府组织六部于厦门，吏户礼兵刑工。老成持重、深谋远虑的洪旭任户官（内政长官），五月洪旭改任"水师右军"，率领郑军一半的水师兵力与甘辉会师在舟山，击退清军取得胜利，从而把郑军势力推向长江。洪旭声望素著。此时，清军的台州守将马信倾慕他，遂率领部队和全部家眷，全师归附。马信是陕西长安人，骑马打仗是专长，依附擅长水战的郑成功，算是补足郑军陆战严重的先天不足。

时间流逝，郑成功抗清战争从最高峰的一六五八年的北伐长江之役、一六五九年的南京之役先盛后衰，大败收场，郑军气势也急转直下。一六六一年三月，他在金门祭江，率军转向海峡的另一方，以二万五千、战船数百艘攻取台湾，驱逐了据台三十八年的荷兰人。这段历史大家都熟稔，此不多赘，我们把焦点放在一六六二年端午节过后三天，郑成功骤逝，时年三十九。据《台湾县志》记载："当国姓公卧病的当初，五月初二早，忽天昏地暗，黄风大作，初三更风雨交加，台江及安平外海波浪冲天，继而雷震电闪，如山崩地裂，……初五日，天平雨晴了，初八日，国姓爷归天。"

郑成功甫逝，台湾发生政变了，远在厦门二十岁的郑经，面临生命突如其来的重责大任。二十八岁的陈永华站在他的旁边，这一对政治新兵，将一起面对波涛汹涌的台湾政局。

第四爻・九四　履虎尾，愬愬，终吉。

愬愬，是恐惧的样子。九四以刚居阴，失正不中，而履
九五之刚，有"履虎尾"象。九四质刚而用柔，位于"近君多
惧"之地，产生恐惧，所以说"愬愬"。本爻说九四虽然身处危
地，如果能柔而戒慎恐惧，则能免于危难而获吉。

政变的始因是这样的：郑成功生前因为恼怒郑经私
通其弟的乳母，曾下诛杀令要处决郑经。所以，一些在
台湾的将领认为郑成功既然要斩杀长子郑经，那郑经就
无嗣位"招讨大将军"的正统性，郑世袭是郑成功最小
的弟弟，血统、顺位都对，名字又取得好。于是郑世袭
亲近的几位将军，佯造郑成功的遗言，他也就得理不让
了。在头七当天，五月十三日布告四方拥护新的"东都
主"，自立为"护理招讨大将军"。

郑世袭同时布兵在重要据点，因为当月十四日在厦
门的郑经，也收到了黄安偷偷传递的讣信，驻守在金门
的忠振伯洪旭说："国不可一日无君，当先嗣位，然后发
丧。"在厦门一方的郑军，哀戚于延平王的遽逝陨落，愤
怒于郑世袭的劫掠爵位。二十岁的郑经要率军亲征台湾，
金门、厦门的部队开始动员，台湾的叛军也严阵以待。

十月底，郑经率洪旭、周全斌等东征，擢陈永华为
咨议参军，就是首席军事智囊。大军抵鹿耳门，陈永华
派快船从安平镇到赤崁，传送"真正的主子来了"的谕

三三三
只发动小规模战争，
陈永华初试啼声，幕后献策
平息台湾的政变

旨，企图动摇那些参加政变的逆将心理，让他们矛盾不踏实，让他们心慌。

十一月初安平的早上，一片诡怪浓雾把白天弄得迷灰沉沉，郑经大军衔枚慢慢靠近港口，趁着浓雾，偷袭强攻驻在安平的叛军，双方一阵厮杀，甚为惨烈紧张，双方僵持不下，突然逆将首脑黄昭中箭身亡。这时，雾消云散，周全斌大喊："妈祖显灵！""世藩已到！黄昭已死！诸将速倒戈！"

安平叛军见状，纷纷弃械投降，在赤崁的叛军，包括自立为"护理招讨大将军"郑世袭在内，和其他叛将也纷纷投降。郑经招郑世袭到安平镇相见，他抱着叔叔流着泪说："几为奸人离间！"如此带有表演的特赦大戏，陈永华是大导演，达到了预期的效果。一场政变在充满智慧的斡旋之下结束了。整个过程中，驻守在热兰遮城的"右虎卫"黄安，坚持效忠郑经，力战破敌。郑经赞慰说："世乱识忠臣，非君吾几不保。"

虽然台湾的政变平定了，可是在厦门那边，有更大的危机正等着郑经和陈永华两人，因为荷兰的"复台舰队"与清军正在商议组成联军之事，两只恶虎正磨刀霍霍，虎视眈眈，准备攻打金门与厦门。他俩必须赶紧离开台南，率领大军赶回厦门，准备下一场激烈的战争。

台湾这一方面政变虽然平定，但是军心仍不稳定，需要一位强而有力又可靠的"自己人"主持军政大局，郑经将承天府事务和亲卫军委任给黄安，这位沉默温厚的黄安挂上"征剿将军印"，统领亲军"勇卫"（勇卫，亲军之最骁勇，为当时台湾郑军的主力军），统辖南北两路兵马。

郑经更积极地进一步邀请黄安说："将军，未来我家的小女儿长大后，嫁给你们黄家当媳妇，两家就此结为亲家，不知可否？"在当时国事动荡的年代，这种政治婚姻，的确是交心的好办法。后话，黄安死得很早，两年后病亡，郑经悲恸，厚葬之。十年后，履约将长女嫁黄肇隆，次女嫁黄肇灿。郑经信守诺言，一时传为美谈。刚刚担负重任的郑经，在陈永华的协助下，赢得了将士的信任，甘愿为其冲锋陷阵。

第五爻、九五 夬履，贞厉。

夬，决也，裁决，也同绝。九五以刚居阳，中正居至尊之位，其刚足以决，其威足以赫，其明足以照，其势足以专。然而九五因此自任刚明，倚势自雄，则悖于中正之道。"夬履"，刚毅而善于作出决断。"贞厉"，则诫九五应当"常怀危厉"之心，礼贤下士，虽刍荛之微必取，此乃履帝位而光明者。九五承乘皆阳，无应无比，但可上履于上九，形成"乾"。乾是行，行为履。《夬》卦是上兑下乾，《履》卦是上乾下兑，互为"卦变"，上下颠倒，履干即似于夬乾，所以称"九五夬履"。

永历十七年（一六六三年）二月，郑经处理台湾的政变告一段落，率领洪旭、五军都督周全斌和咨议参军陈永华回返厦门，准备面对一触即发的"二强打一弱"

战争。当时，郑军与清廷的谈判陷入僵局，清军与荷兰舰队组成联军态势已经成熟。不利因素是，郑军内部有郑泰的离叛，郑泰？那位郑成功的堂兄，海五商的财务长。

郑成功去世后，年仅二十岁的郑经继位，面对大清军队咄咄逼人的军威，郑军人心浮动，危机重重。回到厦门的郑经，他怀疑郑泰和拥立郑世袭继位的黄昭有所勾结，便要捕杀郑泰。他先封郑泰为金厦总制，假意要把金门和厦门都交给郑泰。受封之后，郑泰接受邀宴到厦门晋见郑经，这又是调虎离山之计，让郑泰离开他的家族军团，郑经趁机将郑泰囚禁起来。事发当晚，郑泰之弟郑鸣骏和儿子郑缵绪带着军舰五百艘和兵将八千余人投降清军，郑泰闻讯后自缢身亡。

郑经没有冤枉郑泰，郑泰在郑成功北伐失败之后，对郑氏事业失去信心，开始偷偷把资金转移到日本，以备万一，寄存在日本长崎唐通事办事处。（根据《闽海纪要》所记载的这个数据是四十万）郑成功、郑经父子都不知道这件事。一直到郑泰死后，郑经派人细查账册才发现。但是这次"清理门户"对郑军打击沉重，整个"海五商"系统受到严重顿挫。

其实，之前"山五商"系统与洪门组织受到"黄梧叛变"的伤害更重。事情是这样的：永历五年一六五一年，黄梧依附郑成功，居中权镇副将，八月升为英兵营，多次战役均无显著战功，但又被升为前冲镇。一六五六年，揭阳城被清军回夺，使郑军损兵折将，败归。同年三月，郑成功论处揭阳丧师之罪，斩苏茂，黄梧被记责，"戴罪代守海澄"。黄梧虽免一死，但揭阳失利，他曾怂恿苏茂进攻因而"心终不安",另一方面,对郑成功"刻薄寡恩"感到心寒;同时认为大清统一天下为大势所趋,遂萌发投清的想法。

海澄军事地位十分重要,这是巩卫厦门的重要据点。仅三个月时间,黄梧和苏茂的堂弟苏明率众献海澄归顺清廷。就这样,郑成功大部分积蓄都存在易守难攻的海澄,全部送给清朝,损失极大,计有"粮粟二十五万石、军器、衣甲、铳器无数",也使得厦门失去防卫线。当然,顺治帝对此却十分高兴,立刻封黄梧为"海澄公",给予敕印,开府漳州;次年,追封黄梧祖上,并赐金在他家乡霄岭营造宗祠,赐匾"勋高九锡"。

洪门在全国各地的堂口、掩护的商号店家几乎被破获殆尽,组织严重瓦解,洪门士气低落。大清政府甚至声明"洪门"为首恶列管秘密组织,严令各省清查,此举让反清复明的情报工作受到窒息打压。在一六五一年施琅、一六五七年黄梧降清之前,郑成功的将领只有殉职尽节,捐躯报国,战死不屈之将军,而无卖主求荣,附敌投虏的"降将"。

所有的不利情形渐渐挤压郑军的生存空间,郑泰事件之后,当时世界最强大的荷兰舰队已经正式联盟了世界最多陆军人数的大清,随时进攻厦门和金门。荷兰舰队的算盘是:一是吃下郑经的中日贸易航线,二是与清军联合反攻中国台湾,三是立功之后,向清廷邀赏金门与厦门两岛当作贸易基地。至于清军的算盘是：挟荷军之威以和谈方式逐步消灭郑军，掌握海权避免荷军独大海上。郑军呢？陈永华的策略是：有机会的话则分化荷、清的联合，其他的只能备战和祈祷了。

丰臣秀吉曾说："一个大成功的男人，一生至少要有一次去面对必须以少胜多的重大关键。"这时的陈永华，如同面对赤壁之战的诸葛孔明一样，两人都是二十八岁！诸葛孔明联合东吴孙权对抗大军压境的曹操，陈永华率领孤军对抗荷兰海军和清朝陆军的"清荷联军"。

永历十七年（一六六三年）十月十九日清晨，"乌沙头海战"开打，荷军十六艘战舰加上清军三百多艘战舰直逼厦门。郑军周全斌以十三艘"直冲其阵，往来攻击，剽疾如马，红夷炮无一中者"。虽然郑军掳掠清军的旗舰（作战司令的指挥船），歼毙陆路提督马得功。海战胜利，但是陆战部分，清军已登岛屠城，郑军知道自己的劣势，寡不敌众，无法抵挡人数众多清军困岛消耗战，只能选择机动退却。郑经与陈永华率领剩存可航海的船只"大撤退"，放弃厦门、金门两岛，郑军退往铜山岛。

第六爻 · 上九 视履考祥，其旋元吉。

> 视，是审看；履，是行进；考，是考察；祥，是吉凶的征
> 兆；旋，反转。全卦五个刚爻，只有上九与主爻六三阴阳正应。
> 上九处履卦之终，审视如何履进，以考察吉凶，辨其善恶祸福，
> 周旋完备，至此履道大成，故有喜庆也。

永历十八年（一六六四年）春天，郑经坚守在铜山岛之际，荷兰舰队选择攻打台湾安平，受到台湾强大的军事反击，无功返回巴达维亚。郑经在陈永华的力劝下，也决定全面退出福建沿海，回到台湾伺机反攻。官兵加上眷口大约七千人，全部来到台湾定居。这时，两岸情势再次变动了。那一年是康熙三年，康熙帝才十一岁，朝廷大政揽在鳌拜手上，鳌拜既不想发展海外贸易，也不急于征讨郑军。在台湾的明郑政府可以有充分时间建设地方，郑经以咨议参军陈永华治理国政，分诸将土地，屯垦休息，"全力发展经济"。

次年，永历十九年（一六六五年），各项建设渐次就绪，当年秋天农作物大丰收，国富民殷。陈永华请建圣庙、立学校。郑经的回答是："荒服新创，地狭人稀，姑且待之。"意思是要缓一缓。陈永华不放弃，多次力争，认为古时商汤以百里可成国，文王以七十里可兴周，地方的广阔与否，不是大问题，"人才"才是关键，"能举贤以佐理，则十年生长，十年教养，十年成聚，三十年

真足与中原相甲乙，何愁其狭促稀少哉？"郑经欣然同意，于是在宁南坊一个叫做"鬼仔埔"的地方，鸠工庀材，开始兴建"先师圣庙"（明郑当年不称"孔庙"）。

永历二十年（一六六六年）正月，春寒料峭，"先师圣庙"却已煌煌建成，左侧设有"明伦堂"，红墙朱窗，燕脊高翘。陈永华担任学院（就是校长），叶亨为国子监助教（就是副校长）。天光微亮的清晨，郑经率文武百官吃斋行礼，举行"释采"，环绕在泮池旁观礼者达三千人，擂鼓鸣钟，雍雍穆穆，这是台湾第一次的祭孔大典，观礼跪拜者全都激动落泪。台南孔庙至今依旧举行春秋二祭，庄严肃穆。

永历廿七年（一六七三年），即康熙十二年，康熙帝亲政了六年，那一年他二十岁，三藩之乱爆发了。大清在汉土统治二十多年来，"平西王"吴三桂多年节制云、贵两省督抚，部下将士多李自成、张献忠余部，勇健善斗。耿精忠"以税敛暴于闽"，纵容部下"苛派夫役，勒索银米"。尚可喜纵容属下经营盐商，"每岁所获银两不下数百万"，将兵权转交其子尚之信，罔利恣行，官民怨恨。这三位"武装流氓"，不满足清朝的待遇，企图拉康熙帝下马。他们没有伟大的政治目标，只有自私的算盘。

吴三桂率先举兵反叛，以反清复明为号召，自称"总统天下水陆大元帅、兴明讨虏大将军"，分兵先后攻陷湖南、四川。传檄所至，四方起应。耿精忠（耿继茂之子）、平南王尚可喜之子尚之信先后响应于福建和广东，广西孙延龄、山西王辅臣亦反。

永历廿八年（一六七四年）正月，反复不定的耿精忠杀了一些清官立威，命令军民们剪掉象征清朝子民的辫子，自称"总统兵马上将军"。耿精忠派人到东宁，请郑经由海道取江南，而且以战船相许，说道："世藩将水，吾将陆，江、浙不足平也。"你走水路，我走陆路，"我们相约在江南！"郑经跃跃欲试，征调大量屯兵，编制部队，鼙鼓动地，准备"楼船千艘，甲士十万"，从台南安平出发。

陈永华除了忙着准备郑经征战的后勤工作，还正式成立了"天地会"，因为"洪门"名声过于显著，容易遭受清廷打压。"拜天为父，拜地为母"，从此以天地会为名。一六七五年七月廿五日丑时，众人齐集台南红花亭，推陈近南为总舵主，分列执事，同盟结义。陈近南主香，宣读盟誓："各位英杰，歃血盟誓，先来者为兄，后来者为弟，存心忠义，反清复明，以报少林之仇，薙发之耻，恢复大明江山，弘扬洪家威风。"天地会士气如虹，反清复明的一缕香火重新在台南燃起。

后话，当年红花亭故址，已是今天台南公园青草一方，清风晓月依旧。

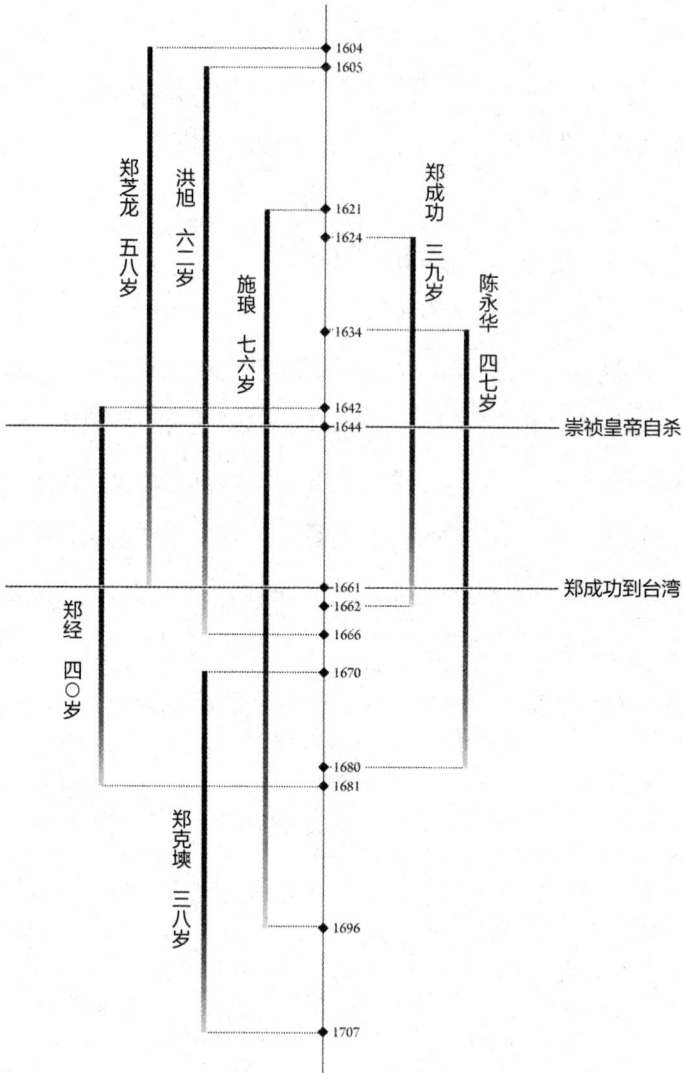

陈永华

郑芝龙　五八岁
洪旭　六二岁
施琅　七六岁
郑成功　三九岁
陈永华　四七岁
郑经　四〇岁
郑克塽　三八岁

1604
1605
1621
1624
1634
1642
1644　崇祯皇帝自杀
1661　郑成功到台湾
1662
1666
1670
1680
1681
1696
1707

唐寅

若要自家求安稳，
一壶浊酒一盏灯

离为火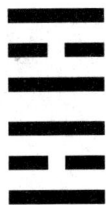

上九　王用出征，用嘉折首，获匪其丑，无咎。

六五　出涕沱若，戚嗟若，吉。

九四　突如其来如，焚如，死如，弃如。

九三　日昃之离，不鼓缶而歌，则大耋之嗟，凶。

六二　黄离，元吉。

初九　履错然，敬之，无咎。

从"唐伯虎点秋香"的杜撰故事引发对唐寅的想象

认识唐寅，起初于年少时喜欢"唐伯虎点秋香"的故事。长大后知道这原是后人杜撰的凤求凰情节，但也不损我对他风流倜傥的韵事有诸多想象，当然对唐寅的诗作中蕴含的情意真挚、自然流露，依然欣赏再三。

秋香，本名林奴儿，字金兰，号秋香，和唐伯虎同是明代中叶人。因为家庭遭遇不幸，堕入青楼。成了金陵妓院中的名妓，琴、棋、书、画样样精通。在历史上确实被人"点"过。但是肯定不是唐伯虎，据考证，她至少要比唐伯虎大二十岁，二人之间并无风流韵事。秋香在当时被誉为"女中才子"，她所画的丹青画，名气响亮。据明代《画史》中记载："秋香学画于史廷直、王元父二人，笔最清润。"

在《金陵琐事》中，也记载了秋香曾经向唐伯虎的老师沈周学过绘画。沈周是明代相当著名的大画家，我们下段辟文介绍他。沈周曾为秋香画过一幅丹青画，写过一首词《临江仙》，题林奴儿（即秋香）人物画："舞韵歌声都折起，丹青留下芳名。"意思是过去的事都已过去，青楼里再也找不到你的倩影，以后只能到画界中去寻觅。说的是，后来秋香从良嫁人，骚人墨客们自然眷念中带着遗憾。然而，这张美人画，二十年后，青年唐伯虎看到了，神往芳泽，写下《我爱秋香》藏头诗：

我画蓝江水悠悠，

爱晚亭上枫叶稠；

秋月融融照佛寺，

香烟袅袅绕经楼。

天才少年画家唐寅，与明代大画家沈周的一段机缘

先来介绍明代杰出书画家沈周，他年长唐伯虎四十三岁。他与文征明、唐寅和仇英并称"明四家"，沈周居首位，也是明代中期文人画"吴派"的开创者。沈周书画乃家学渊源，其一生家居读书，吟诗作画，优游林泉，追求精神上的自由。他蔑视恶浊的政治现实，不参加科举，以创作为乐。

沈周在元明以来文人画领域有承前启后的作用。他的书法师法"宋四家"的黄庭坚；至于绘画则是继承董源、巨然以及"元四家"黄公望、王蒙等人的水墨浅绛体系，又掺以南宋的劲健画风。沈周在各大家之中融会贯通，刚柔并用，形成自己的粗笔水墨新风格，成为"明四家"之首。

他的个性平和近人，要书求画者"履满户外"，"贩夫牧竖"向他求画，从不拒绝。更有甚者，临摹他的画作后拿着赝品，求为题款，他也欣然应允。所以，他的书画流传很广，可是真伪混杂，较难分辨。这就导致今天古画市场的混乱，可是当时的沈周"不忮不求"名利，他只觉得有人喜欢、欣赏即是他快乐创作的泉源。到了中年后，沈周的绘画改以大幅作品，画法则趋严谨细秀，用笔沉着劲练，以骨力胜。这时期，他遇见了天才少年画家唐寅。

故事梗概是这样的：

唐寅的父亲唐广德，在苏州开设酒肆。育有一女，唐寅、唐申二子，寅、申都是取自十二地支，哥哥属虎，弟弟属猴，两人相差六岁。民间传说唐寅是寅年、寅月、寅日、寅时出生的，这种人的天生命格注定有奇遇。唐寅字"伯虎"——属虎的长子，又字子畏。

唐寅作画时间甚早，而且无师自通，小时候在绘画方面显示了超人的才华。有一天，好酒的沈周来到唐广德的酒肆，甫坐下，发现墙上有几幅画作。沈周看罢大为吃惊，便让唐广德叫来这位小朋友，一阵端详与问答，便询问其父要少年唐寅来跟自己学画是否可行。这一年，唐伯虎九岁。

唐父欣然应允，少年唐寅于是拜师沈周，刻苦勤奋学习，很快便掌握高深绘画技艺，深受沈周称赞。不料，由于沈周的称赞，天分极高的少年唐寅渐露自满的情绪，认为自己已经学画臻于化境，沈周看在眼中，默记于心。一次，少年唐寅借口母亲需要照顾，向老师提出想要结业返家。沈周老师知道他的心思，邀他到自己房间来吃饭送别。房内有一扇窗户，窗外景色宜人，沈周就让他前去开窗通风。就在伸手准备开窗之际，唐寅才发现自己手下的窗户竟是老师的一幅画，顿时，少年唐寅惭愧于他的自满，从此潜心学画。《贞寿图卷》有言："岁丙午，子畏年止十七，而山石树枝如篆籀，人物衣褶如铁丝。少诣如是，岂非天授！"

在沈周门下，唐寅习画时有位学弟，跟他同年次，一四七〇年。唐寅双鱼座，这位文征明同学则是天蝎座，他们相识于十五岁。文征明也是"明四家"之一，是唐寅生命中不可或缺的朋友，下面我们说说这位伟大的"衡山居士"书画家。

与唐伯虎同年次的文征明，也是吴中四大才子之一

文征明，苏州人，从小就学习各项艺术。相传诗画家吴宽为其父亲丁忧而守丧在故乡苏州时，九岁的小文征明曾就近从吴宽学习古典艺术，吴宽即是明宪宗成化八年的科举状元，他的诗文，后人评价"文定力扫浮靡，一归雅淡，诗如杨柳受风，煦然不冽"。十五岁的文征明则学画于沈周，同时认识了唐伯虎，成了一辈子的好友。

十九岁文征明又随李应祯学书法，次年，二十岁时以老师沈周的摹本习画。他由沈周身上学得了被沈周称为绘画上唯一能传授的"意匠"，那是绘画场景的构图能力。文征明与唐寅，加上祝允明、徐祯卿，四人合称"吴中四大才子"，或称"江南四大才子"，论绘画唐寅第一，论书法祝允明第一，论诗文徐祯卿第一，而文征明是每项的第二，总得分却是综合素质第一。

文征明官宦人家出身，是南宋民族英雄文天祥后代孙。文征明的父亲是文林，曾任南京大礼寺的寺丞、温州知府。文征明素以儒家文化奉为圭臬，而且行之践之，言行如一，所以文征明与不拘礼法的唐寅、生性活泼的祝允明在一起时，显得保守，或是说与当时苏州"笑贫不笑娼"的社会风气相较，是"呆板"了些。

几位才子个性不同，却结交为知己。他与唐寅同年生，所以在精神上的契合多了些灵感。

文征明的考运坏透了，从明孝宗弘治八年（一四九五年），二十六岁，到明世宗嘉靖元年（一五二二年），五十三岁，十次应举均落第。直至五十四岁才受工部尚书李充嗣的推荐以贡生进京，所谓"贡生"就是秀才成绩优异者，可入京师的国子监读书。之后，经过吏部考核，被授职低俸微的翰林院待诏，这是个"职清事简的文人闲职"，顾名思义就是"被动等待皇上要求代笔"。此时文征明书画已负盛名，所以前来求书画的很多，引发翰林院同僚的嫉妒和排挤。

有志难伸，文征明闷闷不乐，想想当这种闲官也没啥意思，多次请辞，终于在五十七岁时，得辞，放舟南下，回苏州老家定居，潜心诗文书画。也许科举仕途坎坷的遭际，消磨了文征明的英年锐气，然而大器晚成，却使他的风格日趋稳健。他专心著作讲学，门徒遍布天下，声誉卓著，号称"文笔遍天下"。而购求他的书画者，踏破门槛，说他"海宇钦慕，缣素山积"。

走运的文征明得寿九十岁。五十七岁回到苏州老家，他书画造诣全面发展，能青绿，亦能水墨，能工笔，亦能写意。山水、人物、花卉、兰竹等无一不工，虽然学继沈周，但早已开创出自己的风格。可惜，他虽经济宽裕却帮不上经济窘困的挚友唐伯虎，因为唐寅仅仅享年五十四岁。唐伯虎早逝的当时，让困居在北京的他，伤怀之余兴起了不如归去。

小唐寅的天才光芒，成了家族改换门庭的寄托

唐广德年轻时，只上了短期私塾便中辍，之后，终天在自家酒肆里忙碌，但他仍怀抱"朝为田舍郎，暮登天子堂"的传统理想。唐寅的家族有着显赫背景，代代出高人，唐太宗的"凌烟阁二十四功臣"唐俭，功劳之大、声名之盛令唐家后代引以为傲，朝代更迭，虽无大人物，但也非寻常人家。然而唐寅这一支却落得七代都是小市民阶级，故而看到小唐寅身上的天才光芒，唐家将改换门庭的希望都寄托在他身上。

唐广德有大画家沈周教儿子作画，也让少年唐寅进入最好的私塾，更尽其全力累积大量的藏书供唐寅学习，连官宦之家的文征明、祝允明都称奇叹服。然而，唐寅也非常争气，十六岁便考上秀才第一，入府为生员，成了苏州的青年才俊，大名广播，谁都知道唐家这只小老虎。苏州，真是一座地灵人杰的古城，明朝共有九十位状元，苏州府占八位；清朝共有一百一十四位状元，苏州府占有二十八位。这真是惊人的比率，一个城市所考取的状元数量，甚至远远多于一个省。难怪一位十六岁的苏州秀才第一，让人有许多想象空间。

然而，十六岁的唐伯虎考上秀才之首后，便开始与二十七岁的祝允明混迹市井，成了青楼常客。历史上著名的"吴中四大才子"，祝允明是天才儿童，自幼聪明颖达，七岁时便中秀才，十岁饱览群书，文章瑰丽，才智非凡，被称为"神童"。他右手天生六指，自号"枝指生"。后世称誉其诗文和书法，特别是狂草颇获高

评价。即使如此天才，三十二岁才中举，此后屡试不第。怎会这样？这要探讨当时明朝的大时代风气，与在北京的朝廷发生了何事，才能理解四大才子的遭遇。

唐寅出生于成化八年，那是明宪宗的年号。明宪宗的名字朱见深，明朝的第八任皇帝，十八岁登基，他的父亲明英宗朱祁镇。先说说朱祁镇，他九岁登基，初期由祖母太皇太后辅政，内阁由历史著名的"三杨"——杨士奇、杨荣、杨溥——主持，十六岁时祖母卒，三杨以年老淡出政坛，这位年轻的皇帝开始自己执政，重用宦官王振，明朝也开始向下沉沦。

正统十四年（一四四九年），二十三岁的明英宗在王振怂恿下，率五十万大军亲征南侵的蒙古瓦剌，结果发生"土木堡之变"惨败。刚出生不久的小朱见深被立为太子，而新皇上则是叔叔朱祁钰——二十二岁的郕王——明朝第七任皇帝"景帝"。这位朱祁钰当了几年皇帝后，把朱见深的太子头衔摘下，改立自己的儿子，从此这位被废的小太子就长年被软禁在后宫，如同惊弓之鸟一般，其间与一位宫女相依为命，甚至依恋她。到了景泰八年（一四五七年），同被软禁的太上皇——朱祁镇明英宗——父亲复辟成功了，十一岁的朱见深终于走出囚禁，重见阳光，虽然不久又被立为太子，可是八年幽冥惊魂的阴影已经造成一道看不见的伤痕。

所以，当朱见深十八岁登基，即刻册封那位当年他依恋的宫女为万贵妃，早年青年明宪宗虽然做了些事，后来终日沉溺于后宫，与比他大十九岁的万贵妃享乐。唐寅出生时，明宪宗已经窝在皇宫胡闹，国家大政都掌握在宦官汪直、梁芳等人手中，以致奸佞当权，西厂横恣。换言之，当时明朝中叶社会风气，北方肃杀战兢，官场投机；南方纸醉金迷，奢靡浮华。

游戏人间，弱冠之后跌放不检约，摸索人生的方向

热血青年"吴中四大才子"生命空转，消耗着他们的进取心和壮志，渐渐地浮现游戏人间的态度，其中以唐伯虎与祝允明的举止有时脱序，有时乖张，有时侠义心肠，有时让人莞尔。当然，最伤心的是父亲唐广德，看着儿子疏旷不上进，每天游戏人间，苦劝不听。

苏州有一古宅，南厅房前有老梅一株，高大枝叶繁茂，岁末花开，暗香满城。一次，唐伯虎寻得此处，叹赏之余便跟此老屋托管人攀谈，最后两人在树下把酒言欢，半醺时唐伯虎挥毫画起了戏蝶图，只见沾墨笔尖刷刷点点后，纸上有了二三十只翩翩飞舞的彩蝶。因为醉意两人沉睡了一会儿，后来竟因为四面八方飞来了百来只蝴蝶落在画作上，两人才惊醒过来。这般神奇情形，托管人睁眼后急忙向唐伯虎索求此画，而唐伯虎顺势要求租用此老宅。

唐伯虎住了进来，每天在老梅下写诗作画。一天，他听到南厅房顶棚有异声，攀上查看，有一老旧匣子布满尘埃，好奇取下，打开一看，竟然是梅花道人的《渔父图》原画，这下可把唐伯虎

高兴坏了。要知道梅花道人就是"元四家"里排行第二的吴镇。吴镇字仲圭，号梅花道人，于元世祖至元十七年，也就是南宋亡后的第二年，出生于浙江嘉兴的魏塘镇。其他"元四家"是倪瓒、黄公望、王蒙三人。这张《渔父图》已经失佚多年，历代文人墨客无不寻觅此画。

话说吴镇，孩提时代常常听到父老与乡人谈起南宋遗臣殉国的悲壮故事，导致幼时个性孤介。吴镇一生清贫，曾在村塾教书、并卖卜于武林等地。但是他博学多闻，诗文之外，善画山水和松竹，山水画中极喜欢画江水渔夫，这类画极合时人的心境。当时，人们渴望摆脱蒙古统治，现实社会的痛苦，绘画中常常出现追求安定祥和的自由之境。这张《渔父图》一江两岸，吴镇运用水波和渔舟，使画面连成一整体。水纹向右流动、水草披风偃仰与自右向左行来的小舟，表现画中的"动态"。左下角的江中石垒、右端远树、远处高峰呈三角形构图，再以平缓的远山与坡岸让整幅作品感觉淡泊无争。吴镇平生所作《渔父图》甚多，今存世有四幅，以台北故宫博物院收藏者评价最佳，此画应是当年唐伯虎所获得的那一张。

引述故宫博物馆《渔父图》资料："是元代改革南宋'阔远'的构图方式，利用湖河留白来表现水的壮阔，并避免前后景物重叠，更开阔的空间，留给观者更多的想象。画中主题'渔父'，一般代表的是'渔隐'的思想，因此很可能是吴镇隐逸江湖生活的寄托。元代因异族入主中原，很多文人都像吴镇一样，采取消极的抵抗，纷纷避世隐遁，寄情于山水，'渔父'文学或绘画正是他们抒发内心苦闷，表现气节的最佳媒介。"

此后，唐伯虎经常临摹此画。来探望的文征明与祝允明，看了此画也心旷神怡，唐伯虎、祝允明和文征明依序赋诗，诗句中有悲天悯人的意蕴，自怜也隐约可见：

> 朱门公子馔鲜鳞，争诧金盘一尺银；
> 谁信深溪烟水里，满身风雨是渔人。
>
> 荻花风紧水生鳞，山色浮空淡抹银；
> 总道江南好风景，从前都属打鱼人。
>
> 小舟生长五湖滨，雨笠风蓑不去身；
> 三只银鳊数斤鲤，长年辛苦只供人。

也是苦闷的才子唐寅在此画中，找到心灵的一时平衡。

在《易经》有一卦《离为火》，火象征"附着"，说的是"光明亮丽"的时刻，全卦阐明事物一定往往需要附着于一定的环境、条件，才能存在。"离"为火，为日，卦象比拟光明接连升起，悬附高空，整个卦喻示"附着"的哲理。二十岁的天生好手唐寅如同亮丽太阳，高挂天际。他的才气如亮丽的太阳，奕奕灿然，但是他能"附着"亲情、友情、爱情？他能"附着"时代、时机、时局？美丽的火焰，就是要附着在薪材上；"瀑布半天上，飞响落人间"，声势惊人的瀑布也要"附着"千仞高山悬崖之上，唐寅像是一团瑰丽的火焰，也像是一道雄浑、奇异、壮丽的瀑布，但是何处是他可附着的"山高势绝天"？

离
离

上九	王用出征，用嘉折首，获匪其丑，无咎。
六五	出涕沱若，戚嗟若，吉。
九四	突如其来如，焚如，死如，弃如。
九三	日昃之离，不鼓缶而歌，则大耋之嗟，凶。
六二	黄离，元吉。
初九	履错然，敬之，无咎。

　　《离》卦的本象为火，这里代表太阳。上卦离日，下卦离日，卦象就是两明相重，有继明的意思，象征日落日出，一日又继之而起。丽火映天，辉煌灿烂，这就是离火熊熊，光照万物的景象。离之美又附丽于火，丽正是火的特性。太阳的光明连续照耀，必须高悬依附在天空才行，所以象征"附着"，我们以才气十足的唐伯虎，他的一生荣辱与起落，也解释"附着"的终极哲学，也试图理解：人生没有附着，孤立无援怎么办？

第一爻 · 初九 履错然，敬之，无咎。

初九为局势未明，积累未盛之际，所以会迷蒙无所适从。附丽之始，所履踏的会是分错交叠的正邪、善恶，如果不慎则会误入歧途，不敬而妄动就会获咎，所以"履错之敬，可以辟咎"。初九处下离之初，像是朝日初升，诸事虽纷杂交错，但是只要杂而不乱，仍能应付裕如，而且可免于咎。

十八岁的唐伯虎，与沈周保持亦师亦友的亲密关系。一次，沈周为王鏊的弟弟王盘画了一幅《蠡舟园图》。王鏊是苏州人，正德、嘉靖的国之重臣，官至户部尚书、英武殿大学士，加少傅兼太子太傅，他在化成十年（唐寅三岁时），一四七四年，在乡试中取得第一名"解元"。翌年，会试又取得第一名"会元"，殿试一甲第三名"探花"，一时盛名天下，是苏州学子的偶像。有积极提拔之心的沈周便邀唐伯虎题诗，这是青年才俊在乡亲大老前露脸的机会：

洞庭有奇士，楼室栖云霞；
窗榻类画舫，山水清且佳。

即便如此，唐伯虎还是玩性不改。话说有位新来的盐运使非常贪婪，经常鱼肉百姓，因此唐伯虎与祝允明决定戏耍这位盐运使，他俩穿着道袍前往盐运使府去化缘，盐运使是信道之人，欣然亲自接待。唐伯虎说："大人，我二人是玄妙观的道人，因为要修缮大殿，需要五百两纹银，盼请大人慷慨解囊。"

这是狮子大开口，盐运使当然拒绝。这次换祝允明开口："大人信奉三清，怎可如此吝啬！资助修筑道观也是积德，否则坠落之后如何列入三清弟子！"这话不中听，激怒了盐运使，哼声说道："两位看起来仙风道骨，应有些才能，如果可以立刻以眼前景物赋诗，我便给钱，如何？"盐运使希望他们知难而退。"好！多久时间？"祝允明答话，同时使着眼色给唐伯虎，两人默契十足，不动声色地观察四周景色，只见窗外有巨石，模样古怪。

"一个杯盖旋转的时间！"说完，把杯盖倒置，用力一拧，嗡嗡旋转了起来。唐伯虎先起头，祝允明接下一句，两人一来一往，联成《咏奇石》七律一首：

> 嵯峨怪石倚云间，抛掷于今知几年？
> 苔藓作毛因雨长，藤萝穿鼻任风牵。
> 从来水食溪边草，自古难耕垄上田；
> 怪煞牧童鞭不起，笛声斜倚夕阳烟。

望子成龙的唐广德，倾全力栽培唐寅，结果唐伯虎每天混迹市井，有时戏谑他人，有时惹是生非，还成了青楼常客。父亲为了让唐寅收心，便在他十九岁时为他娶了徐秀才的女儿，希望以媳妇的温柔融化唐寅的野性，结果好景不长，一年之后，唐伯虎风流如昔，秉性疏旷，放荡不羁。

几年后，父亲去世，母亲接着病故。这一年，正是弘治六年（一四九四年），唐伯虎时年二十五岁。一阵慌乱后，儿子竟早夭，爱妻徐氏病故，连他嫁到外地的小妹也自杀了，一连串的打击，使得唐寅不知所措，哀痛无处可诉，终日长歌当哭，转而嬉游无度，行为甚至更加怪诞，与同邑"狂生"张灵赤裸在学官泮池中，激水相斗，无视他人异样眼光。

唐伯虎贪杯纵酒，经常在青楼流连，无拘无束，不肯埋首穷经。这时有两个明白人站出来，一位是文征明的父亲文林，这位如同是唐寅第二位父亲的长者，他看到"五亲俱亡"的唐伯虎多了白发，精神消沉，写了《和唐寅白发》给唐伯虎："铿寿今亦亡，回生有余烈。数命人人殊，疾徐付甘节。大冶范我形，坚脆任生灭。"生死有命，每人不同，你今天即使死了，又能如何？看清了生死，看淡了起落，想想自己未来的日子吧。唐寅听进去他的劝告，自悲之余，他写下《白发》一诗：

清朝揽明镜，元首有华然；怆然百感兴，雨泣忽成悲。
忧思固逾度，容卫岂及哀；夭寿不疑天，功名须壮时。
凉风中夜发，皓月经天驰；君子重言行，努力以自私。

第二位明白人是好友祝允明，看到唐伯虎自暴自弃，十分惋惜，带着生气的口吻指着他的鼻子说道："唐寅！在你面前有两条路，一条是纵酒过度而死，一条是实现令尊对你的期待，你看着办！"唐寅选择后者，慨然地说："闭户经年，取解首如反掌耳。"

只要给我一年，夺取"解元"易如反掌，意气风发的唐伯虎回来了。

第二爻、六二 黄离，元吉。

以六居二爻位置，即是六二以柔居阴，当位得正。黄，色之中也，六二既中且正，处在下离之中，所以有"黄离"一词。孔子以为"得中道也"，就是说柔只有处正者，才可以尽中道也。因此六二处文明之盛而得乎中，宜得元吉。

为了实现父亲的遗愿，唐伯虎开始振作读书，不再放荡不羁，因为要守孝三年，直到弘治十年（一四九七年），进入苏州府学参加提学考试。所谓"提学考试"，就是参加会试前的一种选拔考试，因为会试名额有限，所以秀才要先通过此鉴定才能参加下一回合的比试。

可是，天有不测风云。这次资格考试的主考官是监察御史方志，他是位"重德性、轻才能"的老进士，他径自取消了唐伯虎与张灵的考试资格，这对于志在有所作为的三十岁的唐伯虎而言犹如晴天霹雳。

还好，许多朋友及时出现，给予其精神安慰：先是文征明的父亲文林。事情是这样的，几个月前朝廷才下旨让文林出任温州知府，但他以生病为辞拒不上任，尚未有提学考试事件的后辈唐伯虎，写了《送文温州》诗文劝谏文伯伯接受此职务，三百多字的序文和一篇"四言诗"，写得真是好，这里不论唐寅的序文，仅列出他的四言诗：

> 日月徂暑，时风布和。远将仳离，抚筵悲歌。
> 左右行觞，缉御猥多。墨札参横，冠带崔峨。
> 衡弦嘈嘈，嘉木婆娑。孔雀西南，止于丘阿。
> 我思悠悠，慷慨奈何。

文林看到此篇佳文甚为欣慰与赞赏，将此诗文给了苏州知府曹风欣赏，这位颇富文采的知府早知道沈周有位高徒叫唐伯虎，阅读了这篇文章后非常惊讶，原来这位年轻人的才能比自己估计得还要高。所以，当文林知道唐伯虎被取消资格后，着急不已，但他即将远行温州，于是拜托知府曹风帮忙斡旋。

同时，沈周也拜访了正在家中丁忧的——皇帝的老师——老状元吴宽，吴宽是化成八年（正是唐寅出生的那一年）的状元，是位诗人、散文家、书法家，希望有补救的办法。另外，正在京中当官的老榜眼王鏊等同乡也暗中协助。最后，集众人的力量为唐伯虎安排了一场"录遗"，录遗就是"选录遗才"的意思，因故未参加科考的秀才以及在籍监生、贡生等，可以"补"参加录科考试，这也是地方官为当地名士所打开的方便之门。虽然有些窝囊，但唐伯虎总算取得乡试资格。

第二年，唐伯虎凭着真本事，高中"解元"，换句话说，他获得乡试第一名，让曾经为他奔走的长辈，露出欣慰的笑容。在此说说乡试第一名"解元"，读音"戒元"，之后如果更上一层楼，取得会试第一名，则称之"会元"，如果又夺得殿试第一名，则称之"状元"。称此连续得有此三荣衔者，即是"连中三元"或是"三元及第"，科举历史上只有十四人曾三元及第。

唐伯虎仕宦之路颇有传奇色彩，从此，历史有时称他"唐解元"。

第三爻·九三　日昃之离，不鼓缶而歌，则大耋之嗟，凶。

下卦"离"三爻皆当位，分别说明日出、日中、日昃。九三以刚居阳，过刚失中，又处下离之终，即是"日昃"之时。昃，为日西斜。日升日落乃是常态，天道的规律，今九三见日已过午，西斜，不知鼓缶而歌，反而在日落之时，嗟叹不已，这样的九三哀乐而不常，当然得凶。此爻说明君子应该乐天以诚，辅以忧虑之心，安常，顺处，不为物喜，不以己悲。

唐寅高中解元，文征明却名落孙山。发榜后唐寅高兴不已，到处有人请吃饭，庆功宴中美人投怀送抱。酒酣耳热后回到客栈，猛然想起落榜的文征明，连忙进了他的房间，床榻上的好友和衣而睡，鼾声大作，只见案上有一诗《客夜》：

旅馆沉沉睡思迟，新寒自拥木绵衣；

功名无据频占梦，风土难便苦忆归。

弄月谁家双笛细，伴人遥夜一灯微；

男儿莫恃方年少，触事撄愁念已非。

　　年纪相同的文徵明像山一般，任凭风吹雨打，我自岿然不动。而唐寅像似水，时而平缓时而湍急，不免有时浮躁。唐寅准备进京参加会试了，亲朋好友为他饯别，祝允明向他道珍重，写了赠诗《别唐寅》为他送行，算是叮咛这位性格豪爽，带有天真，但是少了人情世故的挚友：

长河坚冰至，北风吹衣凉。

户庭不可出，送子上河梁。

握手三数语，礼不及壶觞。

前辕有征夫，同行意异乡。

人生岂有定，日月亦代明。

毛裘忽中卷，先风欲飞翔。

南北各转首，登途勿徊徨。

　　文徵明也苦口婆心地提醒他说："家父昨天寄来家书指出你有个毛病，想要提醒你。"唐寅听到是文林伯父的话语，敛容躬身施礼："哦？伯父大人有何指教？""伯虎，家父说你做事欠稳重，好冲动，过于高调，而且不知收敛，以你的才能如果中了状元，也不无可能，重点是你要谦虚！"其实，文徵明收到家书，是父亲安慰落榜的儿子鼓励信，不要灰心，唐伯虎话题只是信中顺便提及的，书信内容是："子畏之才宜发解，然其人轻浮，恐终无成；吾儿他日远到，非所及也。"意思很简单：儿子，日后你会比他有成就，走得更远。

果然如众人所担心的，到了京城，唐寅依旧狂放不羁，文人的秉性太重，喜欢卖弄自己的才能，显得轻浮。当然，顶着"解元"头衔到了北京之时，许多人都认为"会元"、"状元"非他莫属。

往北京途中，他认识了一位朋友徐经，南直隶江阴（今江苏江阴市）人。江阴巨富，家中藏书甚多，几代先人累积下来，筑有"万卷楼"，藏有大批从宋、元两代兵荒马乱中幸存下来的古文献。这位徐经，就是后来大旅行家徐霞客的高祖，可见徐家不是寻常人家，他也是弘治乙卯第四十一名举人，至于唐寅是弘治戊午解元，徐经中举时间比唐寅为早。两人到了北京，一同拜会了当时唐寅乡试时的主考官梁储，他是苏州同乡，在唐寅尚未进京前，他因为爱才，早已经帮唐伯虎宣传过他的才名了，所以唐寅未到北京就已声名鹊起。梁储热情地领着他们去见了许多同僚，爱之适以害之，唐寅轻浮地四处炫耀他的才能，加上徐经财大气粗，惹得众人侧目。

会试中三场考试结束，顷刻便蜚语满城，盛传"江阴富人徐经贿金，预得试题"。户科给事华昶，便匆匆弹劾主考程敏政"鬻题"，鬻题就是收取金钱泄露考题。这件事性质严重，明孝宗敕令程敏政停止阅卷，而本来他所预定要录取名单的所有考卷，由大学士李东阳会同其他试官进行复审，结果证明徐、唐两人皆不在录取之中。鬻题之说，虽属乌有，但舆论仍喧哗不已。顺便说说这位李东阳，长沙府茶陵州人，四岁时与父亲进京时就会写一尺宽的大字，被视为神童。顺天府官员将他推荐给景帝，李东阳当着景帝写下"龙、凤、龟、麟"等大字，景帝非常高兴，将其放在膝上，并赐珍奇水果和金银元宝。十八岁时高中进士。重阅考卷时，五十一岁的他已官拜内阁参与机要、礼部尚书兼文渊阁大学士，他还是明孝宗的老师呢。

其间，徐经、唐寅被弘治皇帝下令押入"大理寺"，大理寺不是庙，是古代掌管刑狱的中央审理机关。朝廷为平息舆论，便着锦衣卫加以审讯，查无鬻题实据，当然他俩在狱中肯定被打得死去活来。"身贯三木，卒吏如虎，举头抢地，渍泗横集。"身上绑着三根大木头，凶狠的狱卒把他的头撞地，痛得泪涕纵横，这是后来唐寅给文征明的信中所说的狱中情况。

沸沸扬扬的疑案，查无鬻题，最终以徐经进京晋见程敏政时曾送过见面礼；唐寅也因曾用一个金币请程敏政给自己的伯乐梁储写饯行文章（因为梁储即将外放当官），所以徐经、唐寅两人均遭削除仕籍，皆废功名，发充县衙小吏使用。另一方面，程敏政罢官还家，华昶因奏事不实，也遭降职处分。一场科场大狱，就在"风闻言事"与"挟私诬指"之间，以各打五十大板结案。

唐寅出狱后，被谪往浙江为小吏。唐伯虎在《与文征明》书中说自己"士也可杀，不能再辱"，义正词严地拒绝了"天恩"，挂冠不去任职。回顾整个事件：弘治十二年（一四九九年）二月会考，三月唐伯虎被捕下狱，四月程敏政入狱，六月结案，七月唐伯虎被放出，九月唐伯虎伤愈。

晚秋的一个夜晚，徐经准备搭船返乡，临行前，唐寅前往送行，冷风中两人默不作声，良久，徐经抱拳说道："子畏，我对不起你！"唐寅爽声道："无碍！你我兄弟不说它，一个浙江布政使小吏不做也罢。徐兄，归家之后多多保重！"第二天，唐寅也离开京城。

第四爻·九四 突如其来如，焚如，死如，弃如。

九四阳非其位，而居下离之上，又在近君多惧之地，不量力而妄进者也。突如其来，不是适当地前往高处者，要知道前往者必秉持谦让之诚、柔顺之道，切忌风风火火急于就任、继位，因为状况未明，又迫不及待的莽撞态度，必定陵犯六五柔顺之君，这种刚盛气焰如同伤人的烈焚，所以称之"焚如"。因为过度，也如同自焚，不免有危亡弃绝之祸。这就是先贤一直强调：所亲附的人、所从由的道、所主张的事皆"丽"也，丽就是"附着的，要有一定的存在条件"，那是要非常谨慎的。美丽的火焰就是要附着在薪材上，才能不断地展现它的光芒。贸然离开他往，火焰即将熄灭弃绝。这是此爻所要阐释的。

刚回到苏州，头一个坏消息是文征明的父亲文林死于温州知府任上，棺柩也刚回到故乡，唐寅声声悲鸣哭断肠。不久，唐伯虎与其他朋友，因为义助一位同乡落拓文人朱存理，他把家中收藏老版《岁时集》一部十册典当，得到的一两五钱银子全部资助了朱存理买了一头驴。此举激怒了第二任妻子，她离开了这位依旧任性又带有侠气的唐伯虎。

第二年春天，弘治十四年（一五〇一年），三十二岁的唐伯虎进行了一场"千里壮游"，流浪或是归隐，都是过去文人自我梳理思绪或是暂时解脱的方法，他以一叶扁舟游历了祝融、匡庐、天台、武夷，观海于东，南浮洞庭、彭蠡。途中留下许多绝妙诗词，也画了《函关雪霁图》《落霞孤鹜图》等堪称代表作的山水画卷。《落霞孤鹜图》描绘的是"高岭峻柳，水阁临江，有一人正坐在阁中，观眺落霞孤鹜，一书僮相伴其后，整幅画的境界沉静，蕴含文人画气质"。画中唐伯虎自题云"画栋珠帘烟水中，落霞孤鹜渺无踪；千年想见王南海，曾借龙王一阵风。"暗喻他羡慕《滕王阁序》初唐诗人王勃的少年得志，也为自己坎坷的遭遇暗自神伤。他在福建时用石榴树写诗，比喻自己当时的状况：

> 三通画角四通鸡，天渐黎明月渐低；
> 时序秋冬复孟夏，舟车南北复东西。
> 眼前次第人都老，世上参差事不齐，
> 若要自家求安稳，一壶浊酒一盏灯。

弘治十五年（一五〇二年），唐寅归故里，大病在家。病愈后，开始正式以卖画为生，平日饮酒挟妓，经常流连于烟花柳巷，纵情声色。其间，他认识了一位青楼名妓沈九娘，想娶她为妻，文征明写信规劝，唐寅回信中说："山雀莫喧，林鹦夜眠，胡鹰耸翻于西风，越鸟附巢于南枝。性灵既异，趋从乃殊。是以天地不能通神功，圣人不能齐物。致农种粟，女造布，各致其长焉。"山雀不鸣叫、鱼鹰夜眠。胡鹰在西风中展翅高飞向北方飞去，孔雀飞往南方。这是为什么呀？它们之间灵气不同！当然志向不会一样。唐伯虎一副要与文征明绝交的态势。娶沈九娘？弟弟唐申也激烈反对，兄弟两人失和。

唐寅本来居住吴趋坊巷口的一座小楼，成婚后，正德二年（一五〇七年），他在苏州城北桃花坞建一别院，这就是文学史上著名的"桃花庵"。此后，是唐伯虎创作的高峰阶段，一直维持到正德九年（一五一四年）。其间的正德四年元旦，文征明与唐申前来桃花庵，与唐寅重修旧好，那天是唐伯虎心情愉悦的一天，舒畅的友情与弟弟的亲情，加上一位理解他的娇娘，让他积极不懈创作。

换另一个场景，当时的皇帝是正德帝朱厚照，这位历史有名的超级淫棍皇帝，天怒人怨，朝政混乱。当然有野心家想要造反，那人是宁王朱宸濠，明太祖朱元璋的五世孙。不知宁王阴谋的唐寅，在正德九年（一五一四年），宁王派人携重金来苏州礼聘人才，文征明拒绝，唐伯虎则欣然前往，他再次看到仕途的希望，到了南昌，宁王隆重接待，春风得意的唐伯虎以为仕途将迎来转机。

宁王见时机尚未成熟，便麻痹正德帝，甚至投其所好，搜刮民间十名"江南粉娃"讨好正德帝，他让唐寅为即将进献给皇上的美人画像。这半年间，唐伯虎发觉了宁王的野心，也明白宁王所做的事大多有违自己的信念。他嗅到危险的信号，打算逃离宁王的魔爪，但是要如何离开？

唐寅决定效法"孙膑装疯"，他在装疯的日子里，每天疯言疯语，甚至赤身裸体在大街上大喊大叫，直到宁王认为唐寅不过是个"志大才疏"之人，不堪其扰将其打发回家。

第五爻·六五 出涕沱若，戚嗟若，吉。

> 六五以阴居阳位，非正也，何况承、乘皆阳，不可不惧，所以有"出涕戚嗟"的情形。如果用"王位继承"来说明：六五哀悼先王，泪流如雨，哀伤不已，深以继位为忧，不以得位为喜，理当得吉。沱，水势盛大状，"沱若"、"嗟若"，有临事而惧之意。然而战事、危事，能惧则能谋，能谋则可制胜，故吉。

正德十年初春，当时唐伯虎四十六岁，逃离宁王府后回到故乡苏州桃花庵，此后三年，在苏州度过了极为舒心的时光。

但是正德十三年，江苏部分地区下了一个多月的大雨，从南京到苏州，整个江南都发生洪涝灾害，原来仅仅靠着卖画勉强温饱的日子，家中经济顿时大受影响。唐伯虎写下一些艰辛度日的诗句：

青衫白发老痴顽，笔砚生涯苦食艰；
湖上水田人不要，谁来买我画中山。

荒村风雨杂鸡鸣，爨釜朝厨愧老妻；
谋定一枝新竹卖，市中笋价贱如泥。

这些诗句，说明他的生活状态已经出现问题了，大水使得唐伯虎日子分外艰辛，与他之前经济比较宽裕，不为生活烦忧之际的姿态，落差甚大。几年前，他曾写诗《卖画》，句中说他卖画的清高原则："金丹不炼不坐禅，不为商贾不耕田；闲来写就青山卖，不使人间造孽钱。"读书人的自负、骨气与优越感，诗文里处处可见。

他不知道更艰难的日子还在后面，那就是正德帝明武宗朱厚照要"南巡"了。原来宁王多年来处心积虑要造反一事，终于在正德十四年六月起兵叛乱，在北京的二十九岁朱厚照完全不以为意，天真地想着"御驾亲征"，顺便巡游江南。

这事的背景要交代一下：正德帝两岁时被立为太子，十五岁即位，正是贪玩不羁、年少轻狂的年纪。他天性聪颖，只要是和做皇帝无关的事儿，从斗鸡走狗、骑马射猎到吹拉弹唱，甚至于梵文、阿拉伯文，都是一学就会。但是"皇帝正经事"却是懒得管事。

年轻的正德帝极好逸乐，纵情于声色犬马，身边的大小宦官每天帮他找乐子。他不喜住在沉闷的紫禁城，于是在官外建了"豹房"居住，称之"豹房"那是豢养一只文豹、三只土豹，年轻皇帝自己当驯兽师，以显示他的男人气概。然而，真相是豹房内甄选大量美女供其狎玩，男宠也不计其数。

正德帝荒淫无道，行径荒诞，在历史上臭名昭著。他不喜上朝，常常离开京城，四处巡游，寻花问柳。好色的正德帝，偶尔"奋然欲以武功自雄"。正德十二年十月，他在宠臣锦衣亲军都指挥使司江彬的怂恿下，自封为"镇国公总督军务威武大将军总兵官朱寿"，这是史上唯一皇帝自封大将军的闹剧，朱寿则是他虚构的假名。然后他率大军到边地张家口击败一小撮蒙古人，返回京城，又给自己加封"太师"，自称"应州大捷"，他把行军作战当是"骑马打仗"儿戏，自爽又自恋。所以，得知宁王起兵叛变的消息，正德帝兴奋地要御驾亲征。宁王举兵十万，声势惊人，场面宏大，志在一举造反成功。

然而，当时正前往福建剿匪的王守仁，任职右佥都御史、南赣巡抚，王守仁得知宁王叛国消息，立即把行军至丰城的部队转向，积极整顿备战，调配军粮，修治器械。接着发出讨贼檄文，公布宁王的罪状，他要求各地起兵勤王。一连串声讨、布阵、设伏、迎击、火烧宁王大船阵，才仅仅三十五天，王守仁便擒获落荒而逃的宁王，自此宁王之乱全面平息。而此时皇帝要率领的部队都还在整顿中，连大门都还没迈出呢。这实在太过讽刺了！

但是，正德帝并没有停下南下的脚步，他的主要目的地是扬州，因为那里有琼花，琼花又称之"聚八仙"，花大如盘，洁白如玉。它以淡雅的风姿和独特的风韵，以及种种富有传奇浪漫色彩的传说和逸闻，博得了文人墨客的不绝赞赏。传说，隋炀帝就是为了到扬州赏琼花而下令开凿了京杭大运河；欧阳修在此任太守时，曾称赞琼花是举世无双之花，还在城东琼花观内题下"无双亭"三字。另外，宋仁宗为了观赏琼花，曾经敕令把花移到开封御花园就地欣赏，但是第二年即萎，只得悻然送还扬州。听闻这么多传说，正德帝兴致勃勃，坚持要"御驾亲征"去扬州看看"人间仙花"。

这下子苦了沿途的各处百姓，因为正德帝一路搜罗江南美女，尚有未嫁闺秀的人家只能想方设法赶紧把女儿嫁了，以免被皇上或是不肖官员摧花，当时扬州百姓为了防止女儿被正德帝掠夺进宫，纷纷到大街上抢女婿。大雨灾涝与正德帝南下两大灾祸同期而至，江南人家自然没有闲情逸致跟唐伯虎买画了。至于"捉襟见肘"就是形容唐伯虎的经济窘境，但是，船到桥头自然直，穷困的日子有穷困的过法，历史上有太多诗人、文人曾经"空乏其身"，唐伯虎这段日子倒是有不少杰出画作问世。

后话，正德帝坚持要"御驾亲征"，但是宁王之乱已经结束，怎么办？皇上身边的嬖幸甚至建议释放宁王在鄱阳湖上，模拟"亲自擒贼"，以示正德帝"武威"，后来因故作罢。当然，南下的行程不可更改，玩乐八个月后才北返燕京，正德帝途中在淮安清江浦上学渔夫撒网，失足落入江中，生病而返。次年，一五二一年，因享乐过度在豹房吐血而亡，享年三十一岁。江南百姓欢呼雀跃。

第六爻·上九　王用出征，用嘉折首，获匪其
丑，无咎。

上九是"明之极"，而且是"阳之亢"。心态上容易有：不能有未服者！过亢之阳，自负临之，往往把"用兵"当是解决手段，所以圣人以"王者之师"戒之"赶尽杀绝"。所以，说上九就像是王者的出征，并不是乐在荼毒天下，所嘉者在于"折取其魁首"，而不是"尽执其丑类"，换句话说：立威而不滥刑！六五承上九，有柔顺之君崇尚贤人之象。上九以刚处上离之终，乃是刚明的贤者，其刚足以行威刑，其明足以察奸邪，所以可免于咎也。唐寅在生命最后几年，以美酒般的态度，以更圆润的美学高度完成创作。

这一年，唐寅受到无锡人华云的邀请，希望他能到无锡剑光阁"玩月"，诗酒盘桓。玩月？喝酒？好不惬意！唐伯虎欣然在中秋雨后抵达剑光阁。此时，唐伯虎已自称六如居士，所谓"六如"，源于《金刚经》："一切有如法，如梦幻泡影，如露亦如电，应作如是观。"说的是一切事物，皆是缘聚则生，缘散则灭，变化靡常，执捉不住，如梦、幻、泡、影、露、电一样，似有似无，皆为虚而不实之相。这是唐伯虎崇佛悟禅的心得，看起来是超脱出世了，其实是对其怀才不遇的强烈不满！

华云是谁？《无锡县志》载：华云字从龙，无锡人。年少时师事邵宝，后来拜在王守仁门下。嘉靖二十年进士，除户部主事。因为大奸相严嵩擅政，遂乞骸归。他

所收藏的法书名画甚富。"补庵"是华云的自号。

唐伯虎在剑光阁一住就是十天，这天他看到书案上有《鹤林玉露·山静日长》字墨一则，"山静日长"是一篇文章，原为宋代罗大经所作，"山静日长"原指山中静寂，时间过得很慢，这里指的是在山中闲居。华云于是邀请唐伯虎将山静日长的文词意境化为十二幅图，六如居士微微笑道："拿笔来！"开始点点墨墨之间，十二幅"寄兴点染，三阅月始毕"。华云知唐伯虎多才，今天见画作为之倾倒。

同年十二月，闻名天下的王守仁来访，华云出迎，引入书房介绍双方相见。两人就此聚首，一位五十岁，一位四十八岁，处在巅峰时期的两位天才即将碰撞火花，成为历史上的艺文一大盛事。王守仁是浙江余姚人，字伯安，号阳明子，世称阳明先生，是历史上罕见的全能大儒，被封为"先儒"，奉祀孔庙东庑第五十八位。他继承了陆九渊的思想，提出"知行合一"的主张。

原来，王守仁刚率领军队仅用了三十五天就平灭了宁王的十万叛军，被誉称"大明军神"，成了当时的大明英雄。王守仁是思想家、文学家、哲学家和军事家，不仅能统军征战，而且儒、释、道皆通，被尊为"心学的集大成者"。王守仁干净利索地平定了"宸濠之乱"，正德皇上没有以军功封赏赐爵，因为王守仁扫了皇上的兴。后话，一年后朱厚照去世，新皇帝朱厚熜继帝位，因念王阳明平定宁王之乱封爵新建伯，拜南京兵部尚书。

无所事事的阳明先生，到无锡剑光山找华云闲叙，也兼畅游江南风光，惊喜遇见唐伯虎，两位天才把酒欢谈，好不惬意。王守仁极为欣赏唐伯虎的十二帧水墨，华云趁着众人兴意，便怂恿王守仁为每帧绘画配书诗堂题款，阳明先生慨许，连忙请求这十二幅能否让他拿到自己的船上仔细欣赏，二人刚刚点头，王守仁匆匆地返回船上，从早上到黄昏一口气以行书写了十二首诗文《唐寅十二景文》，分别呼应笔墨山水意境。

后来，华云在《墨缘汇观录》中记载了两位才子书画共同创作之后，他的心情状态，即："喜急装潢成帙，时出把玩。夫子畏得辋川之奥妙，而伯安行书磊砢有奇气。况二公人品才地，皆天下士也。一旦得成合璧，岂非子孙世世什袭之宝耶！是岁嘉平月（即十二月）十日。补庵居士识。"两位大才子的联袂佳作，成了华家的传家宝。

王守仁以罗大经的《山静日长》文章略作增修，拆解成十二篇行书诗文。此作末尾落款"正德己卯冬日阳明山人王守仁书"：

一、唐子西云："山静似太古，日长如小年。"余家深山之中，每春夏之交，苍藓盈阶，落花满径，门无剥啄。

二、松影参差，禽声上下。午睡初足，旋汲山泉，拾松枝，煮苦茗吸之。

三、随意读《周易》《国风》《左氏传》《离骚》《太史公书》及陶杜诗、韩苏文数篇。

四、从容步山径，抚松竹，与麛犊共偃息于长林丰草间，坐弄流泉，漱齿濯足。

五、既归，竹窗下，则山妻稚子作笋蕨，供麦饭，欣然一饱。

六、弄笔窗前，随大小作数十字，展所藏法帖、墨迹、画卷纵观之。

七、兴到，则吟小诗，或草《玉露》一两段，再烹苦茗一杯。

八、出步溪边，邂逅园翁溪叟，问桑麻，说粳稻，量晴校雨，探节数时，相与剧谈一响。

九、归而倚杖柴门之下，则夕阳在山，紫绿万状，变幻顷刻，恍可入目。

十、牛背笛声，两两来归，而月印前溪。

十一、味子西此句，可谓妙绝。人能真知此妙。

十二、则东坡所谓："无事此静坐，一日似两日，若活七十年，便是百四十。"所得不已多乎！

最终，这些诗画一体的大作流传于世，人们可以看到四个印章。唐伯虎的以"唐寅"、"子畏"为印；王守仁的以"伯安"、"阳明山人"为印。后记，此《山静日长册十二幅》书画原作，佳士得曾于一九八九年在纽约、二〇〇六年在香港拍卖。纽约的那次，排第一号，资料说明每页画作："用笔细腻，笔触沉厚深湛，气韵绝佳，有宋人韵味，充分表现出唐寅自宋名家衍变出来的画风和精湛成就。"

离开剑光阁之后，唐伯虎回到苏州桃花庵住家，继续以卖画为生。其间他以更柔软的心，更悠远的深情作画。三年后，一五二三年十二月二日病逝，终年五十四岁。二〇〇九年的苏州之行，我在唐寅坟前，上香，沉思。

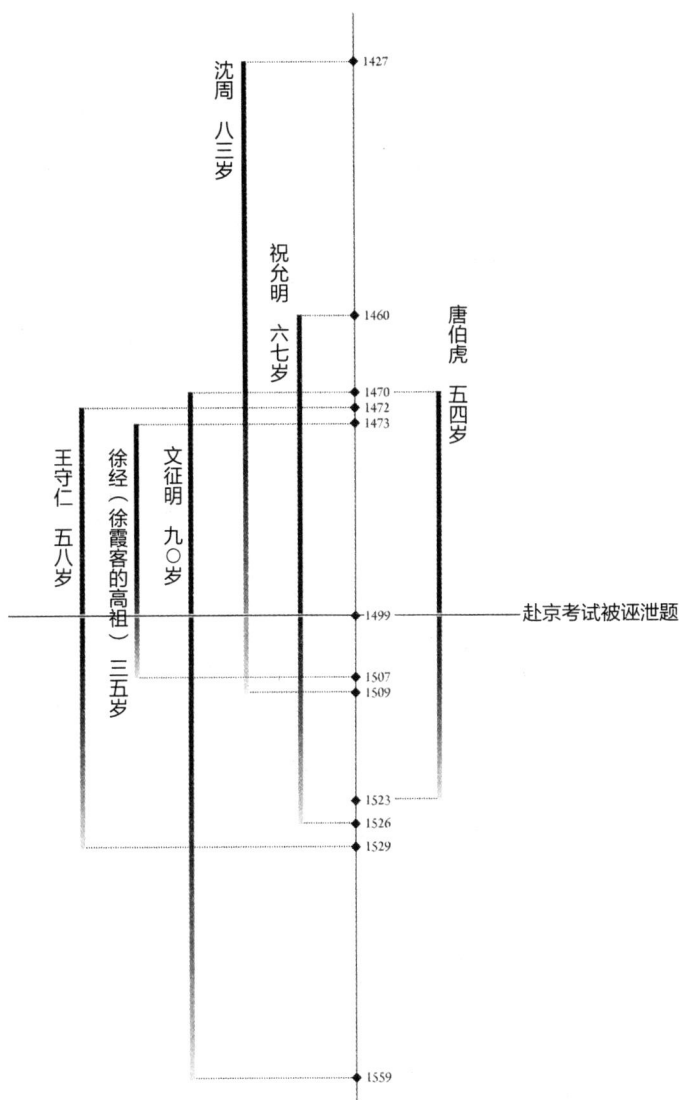

唐伯虎

沈周　八三岁

祝允明　六七岁

唐伯虎　五四岁

王守仁　五八岁

徐经（徐霞客的高祖）　三五岁

文征明　九〇岁

赴京考试被诬泄题

1427
1460
1470
1472
1473
1499
1507
1509
1523
1526
1529
1559

孟 郊

吾愿身为云，东野变为龙

艮
坎
蒙

上九　击蒙，不利为寇，利御寇。

六五　童蒙，吉。

六四　困蒙，吝。

六三　勿用取女，见金夫，不有躬，无攸利。

九二　包蒙，吉。纳妇，吉；子克家。

初六　发蒙，利用刑人，用说桎梏；以往吝。

小说家王文兴说"诗囚孟郊"，引发对孟郊的身世与诗作的探索

跟许多人一样，观赏"他们在岛屿写作"贴身记录文坛大师的文学电影，其中《寻找背海的人》影片，小说家王文兴"正在斗室中写作"的一幕最受震撼。王文兴代表作有《家变》《背海的人》等，影片中他坐在一方斗室奋力突围，抓着笔，用力敲着桌面，试图寻找最准确的字句、音律和形状。

"我们读诗的时候，每个字都要慢读，每个字都要坚定不移地解释，不能有模棱两可的地方。"这是王文兴和读者分享他的阅读经验时的说法。看完影片后，我开始好奇小说家私下的生命观点，以及对写作的动力。有有幸在台南首映场后，听他自剖写作的私密方式，其中也多次谈到唐朝诗人孟郊，王文兴称孟郊是"诗囚"，两人的创作有跨时空的偶然。

之后，听说王文兴曾在广州方所书店，进行了一场孟郊诗举隅演讲。在讲座上，他分析了孟郊作品《离思》等几首古诗，与听众一同分享了孟郊诗中的释义与美感。结论是："孟郊的诗句长处在于美感，在于诗句中有了高度的和谐，孟郊在诗句音调上的成就，比陶渊明更高。"我无法现场聆听，感到十分遗憾，后来尝试着重新阅读孟郊的诗，以期理解孟郊的创作热情和被后人误解的人生：

《游终南山》则是表达对追逐功名的懊悔：

南山塞天地，日月石上生。
高峰夜留景，深谷昼未明。
山中人自正，路险心亦平。
长风驱松柏，声拂万壑清。
到此悔读书，朝朝近浮名。

《离思》以离妇的口气讲述被弃后的哀伤：

不寐亦不语，片月秋稍举。
孤鸿忆霜群，独鹤叫云侣。
怨彼浮花心，飘飘无定所。
高张系绛帆，远过梅根渚。
回织别离字，机声有酸楚。

先说说"苦吟诗人"贾岛，诗人的纯真才情、与交通事故

　　孟郊是苦吟诗人，中唐时期诗人贾岛也是苦吟派。因为孟郊与贾岛平时做诗，具有"简啬孤峭"、"寒瘦窘迫"的风格，二人又因平生遭际大体相当，诗风相似，被后世并称为"郊寒岛瘦"，所以孟郊得有"诗囚"之称，贾岛则有"诗奴"之谓。虽是苦吟诗人，但他俩的诗作还是有让后人朗朗上口的诗句，比如孟郊的"慈母手中线，游子身上衣"，贾岛的"松下遇童子，言师采药去。只在此山中，云深不知处。"这些诗句，即便是今日，人们依然能够吟诵。

贾岛的诗作高度在一些后代诗评家的眼中，或许落后孟郊，但是其诗作很符合那些找不到生活出路，追求精神上自我陶醉的末世文人的口味，而他在生命境遇下的挣扎与努力，不管口气味或生命味，我都喜欢，因为他比起诗仙李白、诗圣杜甫、诗佛王维、诗鬼李贺、诗杰王勃、诗夫子王昌龄、诗狂贺知章、诗豪刘禹锡、诗魔白居易，更像是个凡人，更能拉近读者与作者的距离。

　　先说说贾岛，他是一位创作态度认真的诗人，没有"不择地皆可出"的灵感本事，但行坐寝食，都不忘作诗，常因专注过度，惹出麻烦。他出过两次"有名"的交通事故：一次是骑驴横过长安大街，当时秋风萧瑟，落叶飘零，便即景吟出"落叶满长安"之句，自忖这是个好句，急急寻思属联，百思不得，忽觅得"秋风吹渭水"作对，喜不自胜。但不知京兆尹刘栖楚人马接近，贾岛闪避不及，唐突了京兆尹的仪仗队，结果被这位长安市长禁闭了一晚。这首《忆江上吴处士》的内容是：

> 闽国扬帆去，蟾蜍亏复圆：
> 秋风吹渭水，落叶满长安。
> 此地聚会夕，当时雷雨寒；
> 兰桡殊未返，消息海云端。

　　"秋风吹渭水，落叶满长安"，渭水在长安城东，本是旧时送友远行之处，友人远去福建，许久未见，甚念！诗句所选取的景象极具代表性，给人印象深刻，起到烘托全诗的作用，无怪乎后世诗人多有借用。周邦彦有"渭水西风，长安乱叶"，白朴有"伤心故园，西风渭水，落日长安"，意境相类，感情相似。

贾岛的第二次交通事故，唐诗历史里一段友谊的开始

　　另外一次交通事件，过程更为精彩，几乎关注过唐诗的人都知道：一次，他出去访友。因为他是个僧人，事先想象在月夜访友的情形，途中得了两句："鸟宿池边树，僧推月下门"。想想，又把"推"换成"敲"字。边想边以手做"推"和"敲"的动作，考虑用哪个字比较好。他向来是想到诗，就会忘记一切的人。一路上比划，一下推，一下敲的，不知不觉行过了半条街，旁观者惊讶不已，贾岛却浑然不觉。

　　当时，有位吏部侍郎兼代理京兆尹（首都市长），正从此街经过。贾岛的驴子已行过仪仗第三对随从的骑卒，贾岛还在不停地做"推"与"敲"的手势。骑卒把他推下驴子，抓到京兆尹面前，这时，贾岛才回过神来。仪杖左右把他推到市长大人前，这一回，可比前一次运气好，因为他所冒犯的市长是大文学家韩愈。

　　韩愈问他，为什么走路都不注意来往的车马？贾岛分辩说："偶得一联，吟安一字未定，神游诗府，致冲大官，非敢取尤，希垂至鉴。"在街上偶得一联，其中有一字未定，神游于诗境中，才冲撞了大尹，请大尹见谅。韩愈自己是诗人，倒也了解诗人的脾气。不但没责罚他，反而站在路中间，替他用心思考起来。只见

韩愈深思半晌,笑着说:"我觉得'敲'字好!"韩愈分析说:"鸟宿池边树"说的是在夜间访寺,从"闲居少邻并,草径入荒园"这两句可以看出这是幽静的隐居之地。若用"推"字的话,则明显带有唐突擅闯之意了,这样就显得不太礼貌,于所营造的幽雅所在的环境氛围也不太切合。同时,万一门锁上了,"推"就无法流畅,而"敲"却又有声韵,符合诗律。推敲,推敲,就成了后世"斟酌文字时"的用词,用来比喻写文章,做事等经过反复的思考,反复的琢磨。

一席话令贾岛茅塞顿开,此后贾岛便尊称韩愈为自己的"一字师"。贾岛《题李凝幽居》全诗是:

> 闲居少邻并,草径入荒园;
> 鸟宿池边树,僧敲月下门。
> 过桥分野色,移石动云根;
> 暂去还来此,幽期不负言。

这两位诗人因此交上了朋友,当天韩愈邀他"并辔而归",讨论诗作。五十四岁的韩愈觉得四十二岁的贾岛不适合当和尚,就劝他还俗,参加科考。贾岛当时是位僧人,法号无本。无本者,即无根无蒂、空虚寂灭之谓也。可是他俗味很浓,僧味也不淡,身在佛门,却尘缘未绝。贾岛在洛阳为僧,当时朝廷规定午后不得出寺。一般出家人,谨遵法规,因为佛国无边,何处不可修心养性?然而贾岛却觉得行动受限,不能忍受,叹道:"不如牛与羊,犹得日暮归。"

贾岛曾抒写自己怀才不遇，写了首《剑客》，一副侠胆，豪气满纸："十年磨一剑，霜刃未曾试；今日把示君，谁有不平事？"其实他骨瘦如鹤，气短力微，诗文中借剑喻己，抒发心中愁郁悲懑，希望有人赏识一展才华。唐朝虽然已经实行科举制度，但是仍有许多弊端。隋炀帝开始举行科举，提拔人才，大业二年开始设置进士科，策试诸生，奠定了科举取士的基础，也开启了唐代科举的先河。

从大业二年到贾岛遇见韩愈，虽已过二百一十多年，科举制度渐趋成熟完备，然而当时举子要想在科场上崭露头角，干投行卷是常态。可是，贾岛不屑为之，所以常常流露不满社会的不公，蔑视权贵。一次，他路过裴度庭院，看见高第华府，虽然明白裴度平定叛乱有功，封晋国公，但他聚敛甚多，作诗嘲之："破却千家作一池，不栽桃李种蔷薇；蔷薇花落秋风起，荆棘满庭君始知。"这诗极好，但是酸葡萄的味道也重了些。其实裴度的故事很精彩，元代关汉卿创作了戏曲《裴度还带》，说的就是裴度拾宝不昧因而救人性命，最终得中状元的故事。

但是回到贾岛自己的生活现实面，进士科举实在难度太高了。当时举贡考试科目中，以明经及进士两科为主，但进士科更难于明经科，所谓"三十老明经，五十少进士"之语，就是说如果五十岁才考取进士，那还算年轻的了。贾岛有个堂弟，法号叫无可，也是诗人。年轻时兄弟两人一道出家。贾岛听了韩愈建议决意还俗，而无可上人仍合掌向佛。贾岛还俗时曾与他有约，将来会重返佛门。可是一落尘网便不易脱身，一次无可上人写诗提醒他不要忘约。贾岛回说，我怎么能忘啊？"名山思遍往，早晚到嵩丘"，"终有烟霞约，天台作近邻"，他对佛门的清静，依旧向往。但此时四十二岁的贾岛听从韩愈的建议，选择重入红尘。

"唐宋八大家"首席韩愈，他是孟郊的追随者，贾岛则是韩愈的追随者

先说说历史上大名鼎鼎的韩愈，集诗人、文学家、散文家、哲学家、思想家、政治家于一身。生于唐代宗大历三年（七六八年），苏东坡称他"文起八代之衰"，明人称他"唐宋八大家"之首，与柳宗元并称"韩柳"，有"文章巨公"和"百代文宗"之名。

韩愈，字"退之"，据说韩愈三岁丧父，从幼就由哥嫂抚育，到了入学年龄，嫂嫂想给幼弟取个雅义兼具的学名，可是挑来拣去，迟迟没找着合意的学名。小韩愈站在一旁观看，见嫂嫂为他取名左右作难，便问："嫂嫂，你要给我起个什么名呢？"嫂嫂道：你大哥名"会"，二哥名"介"，会、介都是人字作头，象征他们都要做人群之首，会乃聚集，介乃耿直，两者含义都很不错，三弟的学名，也须找个人字作头，含义更要讲究才好，韩愈听后，立即说道："嫂嫂，你不必翻字书了，这人字作头的'愈'字最佳了，我就叫韩愈好了。"嫂嫂将字书合上问道："愈字有何佳意？"韩愈道："愈，超越也。我长大以后，一定要做一番大事，前超古

人，后无来者，决不当平庸之辈。"嫂嫂拍手叫绝："好！真好！就依你。"

韩愈自幼聪慧，饱读经书，从三岁起就开始识文，每日可记数千言，不到七岁，就读完了诸子经典。十三岁自称"前古之兴亡，未尝不经于心也，当世之得失，未尝不留于意也"。二十岁赴长安应进士试，在京城，他自恃才高，以为入场便可得中，并未把同侪搁在眼里。结果他无门第资荫，三试不第。

贞元八年（七九二年），韩愈二十五岁始通过进士科笔试。应吏部试，身言书判屡试不成，没得到一官半职。由于盘缠早已花尽，他移居洛阳去找友人求助。在洛阳，友人穿针引线，他与才貌双全的卢家千金订了婚，卢小姐的父亲是河南府法曹参军，甚有尊望，韩愈就客居他家，准备择定吉日与卢小姐结婚。卢小姐天性开朗，为人坦率，一方面敬慕韩郎的才华，一方面又对韩郎自傲之情有所担忧。她曾多次忖思，要使郎君日后有所作为，现在就应当规劝他一下，可是如何规劝他呢？

一天晚饭后，花前月下，二人闲聊诗文。畅谈中，韩愈提起这几年在求官途中的失意之事，卢小姐安慰说道："相公不必再为此事叹忧，科场失意乃常有之事。家父总夸你学识渊博，为人诚挚。我想你将来一定会有作为的，只是这科场屡挫，必有自己的不足之处，眼下当找出这个缘由才是。"韩愈频频点头，暗想这话果有见地，问道："甚是有理，俗话说自己瞧不见自己脸上的黑，请小姐赐教。"卢小姐笑答："你真是个聪明人啊！"随即展纸挥笔，写道："人求言实，火求心虚，欲成大器，必先退之。"韩愈手捧赠字，沉思此肺腑之语，古云骄兵必败，自己身上缺少的正是谦虚之情，这个"愈"字便是证据。于是，他立即选用赠言中的"退之"当作自己的字。

唐德宗贞元十一年（七九五年），韩愈三次上书宰相，希望得到荐举。贞元十二年（七九六年），汴州宣武军乱，二十九岁的韩愈成了宣武军节度使董晋幕下，随着董晋到汴京赴任，担任观察推官，这是军中文职，也是他的第一份正式工作。汴州就是大家熟悉的开封，也是后来北宋的京城。韩愈临行前，孟郊有《送韩愈从军》诗，赞美、鼓励韩愈，扮演不同角色都能"不失平生正"。

韩愈与孟郊科场初识，推许倾慕，科举中建立了共濡革命情感

韩愈认识孟郊始于五年多前，他俩在长安科场的相遇相识，当时韩愈二十三岁，孟郊四十岁，两人相差十七岁，年轻的韩愈对孟郊十分崇拜，而孟郊对待韩愈真诚热心。两人透过诗文吟唱释出热情，也开始了日后长达二十多年的友谊。

孟郊，字东野，在唐德宗贞元七年秋，至湖州取解，取得乡贡进士试的资格，再以四十岁之龄入京应进士试。同年，韩愈也在长安应进士试，韩孟两人相识于此，同时落榜。孟郊写下《落第》诗：

晓月难为光，愁人难为肠。
谁言春物荣，独见花上霜。
雕鹗失势病，鹪鹩假翼翔。
弃置复弃置，情如刀剑伤。

贞元八年（七九二年），大家再接再厉，这一年贾棱为状元，欧阳詹第二，韩愈第三，同榜还有李观、李绛、崔群、王涯、冯宿、庾承宣等共二十二人，皆天下选，长安城沸沸扬扬，时称他们为"龙虎榜"。

这一群上榜的朋友中，韩愈二十四岁，李绛二十九岁，欧阳詹、李观二十七岁……他们一起通过进士科笔试，但中年孟郊却尝到第二次下第的苦涩。面对这一群年轻朋友通过笔试的意气风发，孟郊十分苦恼。通过赏读孟郊《赠李观》诗，可体验他的苦味与憔悴：

埋剑谁识气，匣弦日生尘。
愿君语高风，为余问苍旻。

孟郊把落榜人的郁结心情，讲到了极致，表达了苦读寒窗多年但依旧前途茫茫，看不到光明的前途，"万物皆及时，独余不觉春"的寥落之情。孟郊也说"尽说青云路，有足皆可至。我马亦四蹄，出门即无地"的激愤。

落第还乡之前，孟郊踟蹰在长安大街上，默默流泪，写下

《长安道》，写尽了落第之后那种哀切无助、见弃于世的悲凉心态。一个立在寒风中流泪的"贱子"，看着大街两侧那一扇扇敞开的朱门，以及朱门里繁花似锦的生活，自己却永远无法进入——真是寒凉彻骨：

> 胡风激秦树，贱子风中泣。
> 家家朱门开，得见不得入。
> 长安十二衢，头树鸟亦急。
> 高阁何人家，笙簧正喧吸。

在《易经》有一卦《蒙》，是启蒙之卦、教育之卦，象征"蒙稺"，稺，就是稚。"匪我求童蒙，童蒙求我；初筮告，再三渎，渎则不告。"不是我有求于幼童，而是幼童有求于我，第一次向我请教，我有问必答，如果一而再、再而三地没有礼貌地乱问，则不予回答。《蒙》的内涵在于揭示启发蒙稚之道。只有诚心诚意，守正根本，才能获得真正的启蒙，从而戒除蒙昧，得到亨通。蒙，字义就是"覆"，谓其有所蔽而未发也。教育并非创造智慧，而是把原来的智慧引导出来。

从《易经·蒙卦》看蒙昧童年小孟郊，
如何成了唐宋文艺复兴的先行者

艮
坎

上九	击蒙，不利为寇，利御寇。
六五	童蒙，吉。
六四	困蒙，吝。
六三	勿用取女，见金夫，不有躬，无攸利。
九二	包蒙，吉。纳妇，吉；子克家。
初六	发蒙，利用刑人，用说桎梏；以往吝。

　　《蒙》卦，上卦艮山，下卦坎水，卦象就是高山下流出泉水，喻示"渐启蒙穉，日趋聪慧"，怎么解释？虽然泉水汇流可成大河，但刚从山下冒出的涓涓泉水并无定向，随处乱流，能量亦不足，距成为奔流入海的大河甚远，如同蒙稚小童，能力不足以应付危险，应求教于有智慧、有经验的长者。《蒙》全卦的意旨是"启蒙发智"，其中既有为师之道，也有求学之道。山下出泉，君子以果行育德，"果行"就是果敢的行动；"育德"就是培育品德。上九与九二两刚爻皆是治蒙者，其他四个阴爻则是被启蒙者。

孟郊的祖父是著名诗人孟浩然，孟浩然《春晓》诗：
"春眠不觉晓，处处闻啼鸟；夜来风雨声，花落知多少。"
父亲是与杜甫友谊笃厚的孟云卿，孟云卿的《寒食》诗：
"二月江南花满枝，他乡寒食远堪悲。贫居往往无烟火，
不独明朝为子推。"然而，祖父与父亲的早逝，失怙的小
孟郊有诗人之后的名声，却无缘得到家学传承与先人教
诲。他要如何启蒙破冰？

第一爻·初六　发蒙，利用刑人，用说桎梏；以
　　　　　　　往吝。

> 发，启发；说，就是"脱"；"说桎梏"，摆脱日后桎梏，就
> 是说摆脱日后刑具加于其身的大祸。初六以柔居阳，失中不正，
> 上承九二，比喻初六是蒙昧不守正道的顽童，有赖九二刚中师
> 长教导，这样初六才可"说桎梏"。"以往，吝"就是超出限度，
> 任其蒙昧滋长，则可鄙吝。在蒙卦，阴爻比喻待教的幼童，阴
> 爻的性质：被动、虚空。家境清寒的小孟郊，在母亲坚忍与坚
> 持的毅力下，以教育手段，让孟郊走向文学之路。

孟郊，出生于天宝十年（七五一年），此时唐玄宗已
经当了四十年的皇帝，年纪老迈加上职业倦怠，朝廷暮
气沉沉，社会风气逐渐衰颓，国家更是危机四伏，安史
之乱已经蠢蠢欲动。天宝十四年（七五五年）十一月初
九，安禄山起兵二十万，北方民族联军在蓟城南郊（今

北京西南）誓师起兵，渔阳鼙鼓动地来。

孟郊的童年与青少年时期，就在八年安史之乱中度过，这段时期大唐的社会治安和财富遭受巨大破坏，人们不但没有吸取教训，反而自我麻醉，社会风气每况愈下。安史之乱开始那年，孟郊五岁；结束那一年，孟郊十四岁。

孟郊是湖州武康（今浙江德清县）人，祖籍昌平（今山东临邑县）。孟浩然是盛唐时期的著名诗人，与另一位山水田园诗人王维齐名，并称"王孟"，孟浩然与李白是好友，同时也是李白的媒人。

孟浩然享年五十二岁，因喝酒过量，痼疾并发而亡。唯一存活的儿子孟云卿，曾任昆山县尉，与杜甫友谊笃厚，安史之乱中，他家境困顿，漂泊四方。孟云卿是孟郊的父亲，在孟郊幼年时，穷病去世，战乱前后，遗孀裴氏凭一己之力把小孟郊抚养成人。孤儿寡母生活在德清县城西郊的清河桥村，孟郊在那里度过了他的童年时期。孟郊天性孤傲，加上单亲家庭缘故，没有什么玩伴，烈风夕阳下，落花流水中，寄托了一个孤独少年对于人生的梦想。即便战乱，穷困的少年孟郊，依旧被母亲要求到私塾进学，一天，老师要求备有书本，可是，孟郊家里很穷，生活入不敷出，更别说买书了。孟郊心疼母亲，没有将这件事告诉母亲。但这事还是像风一样吹进了母亲的耳朵，最后，母亲还是为小孟郊准备了书本。原来，母亲典当了她最后的陪嫁首饰。这就是小孟郊早年的生活，跟当时所有贫困人家一样，苦苦支撑。而唯一改变命运的机会就是读书，他明白当金榜题名时，便飞上枝头变凤凰。

生活实在是贫苦不堪，孟郊只得一边种田糊口，一边发愤读书，母亲则在背后一直默默支持他。无奈孟郊科举初段进阶考试屡屡失利，长期备考使得家境更为窘迫。孟郊三十岁以"蒙卦"的"粗疏困志"自叹：

> 三十年来命，唯藏一卦中。
> 题诗还问易，问易蒙复蒙。
> 本望文字达，今因文字穷。
> 影孤别离月，衣破道路风。
> 归去不自息，耕耘成楚农。

第二爻·九二　包蒙，吉。纳妇，吉；子克家。

诗僧皎然、居士陆羽

年轻的孟郊，结识了亦师亦友

九二是蒙卦的"发蒙之主"，群蒙资之以明者也。九二虽以刚中而有发蒙之资，但身处坎险之中，仅能自涵养其蒙。九二与六五相应，以阳受阴，为"纳妇"之象，比喻九二与六五合志相得。刚爻为启蒙的师长，阳爻的性质：积极、充实。九二目前未能尽去诸爻之蒙，仅如子之"克家"，还无法尽专启蒙之重任，所以有"包蒙、纳妇、子克家"之象。山中高人皎然与茶圣陆羽启发了年轻的孟郊虚心向学，如师如父的交往，让孟郊的文学创作之路，走得久，走得远，也走得宽广。

青年孟郊和陆羽十分要好，平时相互之间经常走访，有时相互出谜玩趣。一个夏天的傍晚，孟郊又来到陆羽的隐居处。孟郊正要进院门，陆羽拦住笑着说："且慢进屋，我上午刚作了一则诗谜考小书僮，到现在他还没猜出谜底。你来得正巧，猜猜看，也斧正斧正。"孟郊一听，心想陆羽这是在考验自己，便回道："好啊！说来听听。"陆羽随即吟来：

> 一语言罢水清清，
> 两人墙头看分明；
> 三人牵头缺角牛，
> 人在草木丛中行。

并解释道："每句各猜一字，四字连成两句话。"孟郊略加思索，便对正巧从屋里出来书僮唤道："搬凳！上茶！"陆羽一听便知孟郊已将此谜底猜出，随即吩咐书僮上茶，并将孟郊迎至院中凉亭坐下，开怀畅聊。答案明白了吗？

> 请，言部首，清去掉水。
> 坐，这是会意，土字像是一座高墙，左右有一人对看分明。
> 奉，三人是上段，牛字少了个角是下段。
> 茶，上段草字头，下段是个木，人在艹木间。

陆羽是复州竟陵人，历史称他茶神，也称是茶圣。他出生于唐玄宗的开元二十一年（七三三年），年长孟郊十八岁，两人算是忘年之交。陆羽三岁时，父母双亡，是竟陵龙盖寺住持智积大师收留了他，教以佛家经典与诗文，还指导他研习茶事，是陆羽的启蒙老师。天宝二年（七四三年）十岁的陆羽开始云游，一边读书一边学习民间茶事。

天宝五年（七四六年），陆羽受到当时的河南尹李齐物赏识，亲授他儒家经典与诗文，后送他到名儒邹夫子处读了四年书。天宝十一年（七五二年），有人推荐陆羽做官，但他无心仕途。因钟情于茶，自己便辟了一片茶园，研究茶事。七五五年夏，二十三岁的陆羽回到家乡竟陵，定居东冈村，那里是古驿道"晴滩驿"，旁有松石湖。他在此开始整理几年来出游所得，研修茶学，并开始酝酿写一部关于茶的专著。下面详细介绍陆羽：

安史之乱初起，唐玄宗逃往四川，杨贵妃缢死在马嵬坡，大唐江山战乱四起。关中难民蜂拥南下，陆羽也随秦人渡过长江。此后几年，陆羽遍历长江中下游和淮河流域各地，考察、搜集了不少采制茶叶的掌故和资料。到了上饶（江西的东北方，近鄱阳湖），陆羽登上一处小山，展目一看，前面是明亮的信江，后面是苍翠的灵山，便建一草堂，辟数亩茶园，凿一口石井，环居栽竹种花，翠竹冉冉。他志在山川茶泉，要在此隐居，静心研究茶事了。

浙江湖州杼山妙喜寺有一个叫皎然的诗僧，他是谢灵运（南北朝时南朝诗人，文学史上山水诗派开山鼻祖）的十世孙，嗜茶擅诗，是诗僧也是茶僧。皎然先生听说陆羽在上饶隐居习茶，便从浙江来上饶会见他。两人一见如故，以诗谈茶，结为"缁素忘年之交"，皎然出生年分不详，但长了陆羽许多岁数，属父执辈年纪。皎然与陆羽在上饶论茶，一夜，皓月当空，皎然吟有《九日与陆处士羽饮茶》："九月山僧院，东篱菊也黄；俗人多泛酒，谁解助茶香。"倡以茶代酒的茗饮风气的皎然说："茶是真和善，是美与雅，是趣和悟。"陆羽则说："茶蕴含着自然、灵动和智慧，凝聚着基本的人性，是含蓄、温绵和柔韧，是自尊、独立和宽容，是普遍的良心。"

数月后，皎然邀陆羽同游杭州、苏州、常州等茶叶产地，一路考察茶事。在皎然先生的导游下，陆羽回到上饶后，更加得心，笃定潜心茶事，开始着手撰写《茶经》了。就在此年——乾元二年（七五九年），安史之乱已在老将郭子仪剿退之下，战乱范围渐渐缩小，政局渐稳。朝廷派抚州刺史戴叙伦来上饶请二十七岁的陆羽进京，召拜为太子文学，陆羽婉拒不受。不久，朝廷加封陆羽为太常太祝，又派戴叙伦请他进京，陆羽还是不受。戴叙伦问他为何不受，陆羽说："官职品位高低，都是身外之物。我爱茶，景仰茶。茶，根深土中，擅自然之秀气，钟山川之灵气，四季常青，高风亮节，坚贞，长寿，吉祥，可以冶情，可以养性。我愿做一个茶人，不想在仕途上劳心。"

戴叙伦极为赞赏陆羽的话。后来，他把到上饶会见陆羽的情形，写信告诉好友湖州刺史颜真卿，颜真卿表示也要与陆羽坐而论茶。颜真卿约了皎然先生同来上饶会见陆羽，座谈数天，颜真卿对陆羽的才学极为赞赏，鼓励他上晋仕途。但是陆羽"披露深山去，黄昏蜷佛前；耕樵皆不类，儒佛又两般"，一心只想写《茶经》，当然婉辞颜真卿的劝勉。颜真卿回到茶的话题上说："茶之于为官，有何意义？"陆羽说："可以养廉！以茶代酒，以茶育德，以茶修身，以茶敬宾客，可以抗奢华之风。"

这次会见后，陆羽接受皎然与颜真卿之邀到湖州定居。皎然为陆羽建了苕溪草堂，颜真卿为陆羽建了三癸亭和青塘别业。

陆羽先移居苕溪草堂，深究茶道，潜心著述。唐代宗永泰元年（七六五年），三十三岁的陆羽完成《茶经》初稿。其间，一次外出寻茶，皎然来访未遇，留下一首诗《访陆鸿渐不遇》，"鸿渐"是陆羽的字，"渐"是《易经》中的卦名，以飞鸟"鸿"解说"边走边停循序渐进"的道理：

> 移家虽带廓，野径入桑麻；
> 近种篱边菊，秋来未着花。
> 叩门无犬吠，欲去问西家；
> 报到山中去，归来每日斜。

唐代宗大历五年（七七〇年），陆羽继续在苕溪草堂写作，其间，二十岁的年轻学子孟郊来访，向陆羽请教，两人日后成为好友。十年后，唐德宗建中元年（七八〇年），四十八岁的陆羽根据三十二州郡的田野调查、搜集资料和多年研究所得，在皎然先生的帮忙下，将世界第一部《茶经》付梓。

孟郊也从陆羽学得体会饮茶之"道"，在《凭周况先辈于朝贤乞茶》的诗中抒发情怀："道意勿乏味，心绪病无悰。蒙茗玉花尽，越瓯荷叶空。锦水有鲜色，锦山饶芳丛。"诗文描述饮用四川蒙茗茶，让他忘却生病的恹气，并从中得到饮茶有味的"道意"，茶之体道作用对青年孟郊而言确实似幻如真。

贞元元年（七八五年），陆羽在上饶茶山寺，筑山舍隐居。其间，在此凿井品茗，四周种植茶树。因井水清澈，滋味鲜纯，素有盛誉。后人称此井为"陆羽泉"、"陆子泉"，又因土色赤而名

"胭脂井"。清末，泉边圈上井圈，刻有广信知府段大诚所题"源清流洁"篆书。井内围呈八角形，井壁为红青麻石垒。其水清如明镜，沏茶香郁甘甜，有"天下第四泉"之称。次年，三十六岁的孟郊来上饶访茶，赞誉五十四岁的陆羽："你这上饶山舍比苕溪草堂和青塘别业更上层楼，简直是洞天福地、世外桃源！"孟郊在《陆鸿渐上饶新辟茶山》诗中，写了陆羽在江西上饶生活的情况，说老友在此开亭、凿泉、啸竹、吟花，已成隐士，逸韵早脱尘世缘：

> 惊彼武陵状，移居此岩边。
> 开亭如贮云，凿石先得泉。
> 啸竹引轻吹，吟花成新篇。
> 乃知高洁情，摆脱区中缘。

第三爻·六三　勿用取女，见金夫，不有躬，无攸利。

　　六三以阴居阳而乘九二之刚，非能谦下者，虽与上九阳刚可配应，但是六三"不知自己无其质"，亦不受上九所不与。所以说"勿用取女，见金夫"，金夫乃是九二，为阳，阳为金、为夫，此处"金夫"指九二，六三与上九正应，与九二逆比。六三阴柔，失中不正，舍正应上九，求逆比金夫九二，像是女子行事不合正理。取，就是"娶"古字。非能善保其身的女子，何利之有，当然不宜迎娶。

此爻以"待启的幼童"说明，求师不以正道，又不堪教化，为师所不取。在此孟郊的"春风得意马蹄疾"，确实让有心人可以做文章，他们说："极度的志满意得，表现了其气量的不足。"第一次落第，孟郊说"独见花上霜"；第二次落第，他又说"空将泪见花"；上榜后，孟郊高调说"一日看尽长安花"；同是看花却有三般情，难怪有心人的"不爽"。

孟郊一直蹉跎到四十一岁，终于取得考进士资格，接着到长安城考进士，这期间，他认识了年轻的韩愈。然而自己两次名落孙山，令孟郊痛苦不已。

回顾孟郊早年生活贫困，曾周游湖北、湖南、广西等地，无所遇合，屡试不第，甚至隐居嵩山。孟郊第二次考进士时，一群新结交的年轻朋友都上榜了，他却名落孙山，痛苦不已，写下《再下第》："一夕九起嗟，梦短不到家；两度长安陌，空将泪见花。"唐朝的科举制度，与后来的明清制度差异不小，常年举办的进士甄试，每年录取名额原则上不超过三十人，非定期举办的制科参加者"多则两千，少犹不减千人"，但是"所收百才有一"，可见门槛之高。

两次落第，孟郊本无心再考，然而为了报答母亲之恩，三年后决定再试一次。贞元十二年（七九六年），孟郊终于登进士第，以往那种生活上的困顿和思想上的不安再也不值得一提了，今朝金榜题名，终于扬眉吐气，自由自在，真是说不尽的畅快。对于四十六岁的孟郊，此刻正是人生最快乐的时候，应该也是唯一而短暂的时候吧。兴奋之余，孟郊写了春风骀荡的《登科后》经典诗句：

昔日龌龊不足夸，今朝放荡思无涯；
　　春风得意马蹄疾，一日看尽长安花。

　　孟郊写下雀跃的心情：登科后春风得意、心情欢愉，骑马也
不禁轻快起来，一天就将长安城里的花都欣赏过了。有趣的是，
这诗创造了两个成语："春风得意"、"走马看花"。之后，孟郊离
开长安东归，一路旅游，他先到汴州拜访年轻的韩愈。这一年，
二十九岁的韩愈与四十六岁的孟郊，相识已有六年，相差十七岁
的年纪不是距离，两人相互赏识，结为忘形知交。孟郊内心欢喜，
一定要去汴京找韩愈好好喝酒庆祝。

　　贞元十二年（七九六年），距杜甫逝去已有二十六年，李白
离世也有三十四年了，这两位才气纵横的大诗人，昔人已乘黄鹤
去，此地空余黄鹤楼，留给后世诗人无限的想象与怀思。杜甫去
世那一年，韩愈才三岁，在他求学过程中，羡慕李白和杜甫之间
的情谊，也感慨盛唐年代岁月不返，前人不可复见的遗憾。当他
俩在汴京再次相会之后，两人诗情醇厚，相知相契相惜，韩愈写
下《醉留东野》：

　　昔年因读李白杜甫诗，长恨两人不相从。
　　吾与东野生并世，如何复蹑二子踪？
　　东野不得官，白首夸龙钟，
　　韩子稍奸黠，自青蒿倚长松。
　　低头拜东野，愿得终始如駏蛩。
　　东野不回头，有如寸莛撞巨钟。

吾愿身为云，东野变为龙，四方上下逐东野，虽有离别
何由逢？

在诗中，年轻的韩愈流露出对孟郊的崇拜，以李杜
的交游比拟，也以《淮南子》中蠹与驱蛩相互扶持共生
的典故，表达对这份友谊的忠诚。韩愈愿作攀倚长松的
青蒿、跟随飞龙的行云，追随在孟郊身旁，他对孟郊仰
望推崇备至，谦逊地说明自己比较"奸黠"，两人交往，
他收获颇多。孟郊决定在汴州住下。

第四爻·六四　困蒙，吝。

> 六四，上下为二阴所间，而其爻又独远于二阳，有"困"
> 象。如以"待启的幼童"解释：六四以柔居阴，乃最为蒙昧的
> 幼童，与上下两刚无应无比，独失师长之教化，这就是困蒙之
> 象，当然有鄙吝。

孟郊登第后虽有短暂春风得意的喜悦，但之后始终
未有机会受到重用。后人有讥孟郊"春风得意，太沉不
住气了"，或许这真是孟郊因为坚守节操，"行身践规
矩，甘辱耻媚灶"的骨气，"沉不住气"成了政坛排斥
他的借口。

贞元十三年他客寓汴州，依附在御史大夫、宣武行

军司马陆长源的幕下，担任幕僚。贞元十四年（七九八年），孟郊久困汴州，想要离开此地另做打算，作《汴州别韩愈诗》，表达了久滞汴州的萧索心绪：

> 不饮浊水澜，空滞此汴河。
> 坐见遶岸冰，尽为环海波。
> 四时不在家，敝服断线多。
> 远客独顑颔，春英落婆娑。
> 汴水饶曲流，野桑无直柯。
> 但为君子心，叹息终靡他。

韩愈收到孟郊的诗作，加深了对孟郊的诗歌、个性的了解，体会到孟郊的痛苦。他作《答孟郊》答之，"规模背时利，文字蚍天巧"，及肺腑之言。韩愈为孟郊的际遇鸣不平，也深深了解到孟郊苦吟作诗的用心，最后他说愿跟东野同好恶，对抗世俗，可见两人的情感愈来愈浓厚。

贞元十五年（七九九年）二月，汴州军乱。次年，韩愈到洛阳后转往徐州，这时他三十三岁，面临初期仕途的不顺遂，有了不如归去的感慨。而孟郊还在汴州等着他的第一份"朝廷工作"，这一等，就是四年。

其实，孟郊科考只是为了满足母亲的期望，因为母亲总希望儿子能继承孟浩然、孟云卿一脉家学，同时弥补孟家无进士仕途之憾。然而，孟郊个性与世俗时务格格不入，仕途渺然。终于在贞元十五年，五十岁的孟郊，补上溧阳县尉之缺。多年漂泊的孟郊总算经济上得以改观，可以报答母亲的冀盼与操劳了。在他接母亲来溧阳的时候，激动地写下了脍炙人口的《游子吟（迎母溧上作）》：

> 慈母手中线，游子身上衣。
> 临行密密缝，意恐迟迟归。
> 谁言寸草心，报得三春晖。

孟郊崇敬陆羽。他在赴任前，专程赶到上饶拜见陆羽。两人清谈数日，从诗谈起，谈到儒释道；又从"达则兼济天下，穷则独善其身"的读书的命题谈起，谈到为人做官。孟郊说："请先生解剖茶与人生！"陆羽说："做人为官，应具备一个旷达的胸襟，一种发乎自然的性情，要像做一个茶人一样。山野是茶的天堂，旷远是茶人的意境。而狗苟蝇营、患得患失、机关算尽的人生，不是茶人的生存状态。真正的茶人，苦甘同味，人茶共体，表里如一。饮茶不是单纯的解渴、治病，而是灵魂之饮、心境之需，是一份心情，是一种意境，是心灵的洗涤，是人性的修养。做人为官，如喝茶。"这一番话，给准备赴任的孟郊温润的心灵启迪。

贞元十六年（八〇〇年），孟郊来访之后，陆羽十分想念湖州。湖州是他的第二故乡，他离开上饶，回到青塘门外的青塘别业，这里依然整洁完好，原来皎然先生一直让人妥善照顾。回到青塘别业的陆羽发现皎然先生老态龙钟，面无表情，不易为人察觉喜怒哀乐。

皎然先生把他的诗稿著作交给陆羽，希冀他将来可以帮忙付梓。陆羽问道："还有我可以做的事？"皎然回道："我近来常常梦见佛祖，祂说祂身边需要一位诗僧。我想起你设计的三癸塔……""老师，让我为你设计一座皎然塔。"陆羽紧接着说道："将来，我会托朋友在皎然塔旁起造陆羽坟，让我们朝朝暮暮遥相对。"

贞元二十年（八〇四年），陆羽辞世，他在湖州安度晚年，终年七十二岁。这一年，孟郊五十三岁。

噩耗传到溧阳，孟郊当时仍任溧阳尉，悲恸万分。他泫然回想起安史之乱末期，在苕溪草堂初识陆羽与皎然先生，之后，贞元初年在上饶山舍向陆羽先生请教的情形，须臾三十几年过去了。昔日他是苦苦追慕功名的莘莘学子，一般山中隐士对于一心仕进的人是鄙视的，认为他们是追蝇逐臭的俗物，但陆羽先生理解他，给了他许多鼓励和指导。如今亲切指导自己的陆羽老师已辞世，而孟郊仍在仕途大海载浮载沉，他格外哀恸。

孟郊上任之后，因不喜官场应酬被暗中排挤，职权被架空后，便索性天天不坐在衙门办公，反而独自坐在风景优美的林间水边赋诗消遣。一年后，孟郊的职务以"不治职事"的理由被"假尉"代理，一半俸禄被分走。孟郊深感自己因不善逢迎被人寻隙排挤，对钩心斗角的官场生活感到颇为苦闷。

第五爻·六五　童蒙，吉。

　　六五接近上九而下之，有谦恭下善之意。六五以柔居阳，处上卦之中，又下应九二。纯一未发而受资于人，有"童蒙"之象。六五下应九二，以柔中之德，纯一之心，对九二的行时中之教，如"童蒙"虚心柔顺，求教于师，故获吉祥。罢官的孟郊，与贬谪后回长安任职国子博士韩愈，两人以柔中之德，纯一之心，如六五与九二相知相应，为人类留下了重要的文学作品。六五是最好的学生，上九是最强的老师。

　　话说韩愈在贞元十六年，二月，因董晋离世，告别了在汴州的孟郊，与其眷属扶董晋枢归葬河中虞乡。秋，转至徐州武宁军节度使张建封幕下，被辟为节度推官。韩愈依然不得意。次年，在长安从调选，三月东还，夏、秋居于洛阳，冬又回到长安。

　　贞元十八年，韩愈到了长安朝廷，任四门博士。所谓"四门博士"就是学官名，隶属于太学，传授儒家经典的最高学府，也就是国家大学的五经博士，管教七品以上侯伯子男的子弟，以及有才干的庶人子弟。

　　贞元十九年，冬，三十六岁的韩愈，转迁任监察御史。当时关中旱饥，百姓饿死。韩愈上疏论天旱人饥："臣伏以今年以来，京畿诸县，夏逢亢旱，秋又早霜，田种所收，十不存一……至闻有弃子逐妻以求口食，拆屋伐木以纳税钱。寒馁道途，毙踣沟壑，有者皆已纳输，无者徒被征迫，臣愚以为，此皆群臣之所未言，陛下之所未知者也。"韩愈这番话得罪了李实，李实就是长安城的京兆尹，在这年的春夏大旱，谷物失收，京畿乏食的情形下，长安市长李实不以为然，反而变本加厉，聚敛无度。他奏对唐德宗："今年虽旱，而谷甚好。"租税皆不免，于是许多人"坏屋卖瓦木，贷麦苗以官"，以供赋敛。对于韩愈的上疏，唐德宗不予理睬。韩愈反而被贬连州，为阳山县令。他深受百姓爱戴，百姓甚至以"韩"字，为儿取名。

韩愈在阳山尽职尽责，深受民众拥护，当政期间为民谋取福利。直到贞元二十一年春天，唐德宗死，新皇帝唐顺宗李诵即位，大赦天下，韩愈离阳山到郴州待命。然而，在韩愈被贬期间，五十四岁的孟郊也辞职在家，将母亲接回老家奉养。

贞元二十一年正月廿六日即位的唐顺宗，在位仅仅二百天，便撒手人寰，这位李诵做了整整二十五年的皇太子，四十六岁才登基，年号都来不及更改，就在兴庆宫咸宁殿逝去。

八月，唐宪宗李纯即位。韩愈授江陵府法曹参军。九月，离郴州赴江陵。次年，元和元年六月，召拜国子博士。宰相郑絪爱其才，将以文学职处之，韩愈因国子博士还朝长安，得以和孟郊、张籍、张彻等好友在长安重聚，彼此心情都十分雀跃。尤其韩愈与孟郊两人的一来一往联句，有《会合联句》《纳凉联句》《雨中寄孟刑部几道联句》《城南联句》《斗鸡联句》《赠剑客李园联句》等十一首之多。他俩心灵有默契，文才相当，一时传为文坛佳话。

他俩创始了一种新的联句法。孟郊先作第一句，韩愈作第二、三句，接下去孟郊作第四、五句……如此轮番写下去，最后韩愈以一句结尾。

这种联句方法，名为"跨句联法"。过去都是每人作二句或四句，概念是完整的，对偶也是由各人自己结构。现在韩愈改为从第二句联起，就必须先对上句，然后作第二联的上句，留给对方去找下句。这样就避免了各作各的尴尬。在诗句思想内容方面，要先补足对方出句的诗意，然后自己提出半个概念，让对方去补足。这样的联句，困难度更高，艺术性也更高。我们以《秋雨联句》为例，这是一首著名的五言联句，全诗长到一百五十四韵，三百零八字。我们择取前面小部分欣赏：

　　孟郊：竹影金琐碎，
　　韩愈：泉音玉淙琤。琉璃剪木叶，
　　孟郊：翡翠开园英。流滑随仄步，
　　韩愈：搜寻得深行。遥岑出寸碧，
　　孟郊：远目增双明。干穟纷挂地，
　　韩愈：化虫枯揭茎。木腐或垂耳，
　　……
　　韩愈：焉能守硁硁。

第六爻‧上九　　击蒙，不利为寇，利御寇。

其实蒙卦，只有上九能尽发蒙之道，上九是上体艮的上爻，其艮止之阳，超乎诸爻之上。上九是阳爻，也是启蒙者，能定，能止，超越所有的阴爻，有能力"去众人之蒙"，所以不称"发蒙"而称之"击蒙"。击走蒙昧，不适宜采用盗寇的暴力方式，适宜采用防御盗寇的方式。上九与九二两刚爻皆是治蒙者，九二刚而得中，能包蒙，治之以宽。上九刚极不中，其于蒙乃击之，治之以猛。"不利为寇，利御寇"即是说明：敲击振聩蒙昧时，不宜过急过激，不然将激化矛盾，反而酿成仇寇。

到了老年的孟郊，仕途依旧坎坷，人生仍然不遂，对于自己一路执着追逐功名，颇有悔意："到此悔读书，朝朝近浮名"，然而他不知道，他的文学成就已经登峰造极。其实，此一爻实乃谈的是《易经》中的"君子"、"大人"们治国经邦之道，也是经营自己人生的哲学态度。放松，有时才是让自己"启蒙和通达"的最佳态度。孟郊晚年的作品，有不同的人生苦涩，但是成就却是如老酒的醇香，耐人久久回味。

在长安的韩愈文名日盛，但是，受到嫉妒者播散流言中伤。次年的夏天，韩愈以国子博士分司东都，就是说，韩愈在洛阳任了一个誉高职闲的教职工作。同年年底，五十六岁的孟郊则被河南尹郑余庆请到洛阳做官，定居洛阳。几年间，孟郊与韩愈、张籍等在洛阳饮酒联句，仕途不佳，但是几位好友倒是日子过得愉快，孟郊在生活上宽裕了些。

然而，元和三年，五十八岁的孟郊丧子，幼子不幸早夭，这是孟郊第三个儿子早年夭折了。老年孟郊此时依旧膝下无子，连续丧子，备感老松临死不生枝之痛。韩愈写诗安慰丧子之痛的孟郊，序文："东野连产三子，不数日辄失之。几老，念无后以悲。其友人昌黎韩愈，惧其伤也，推天假其命以喻之。"诗文："上呼无时闻，滴地泪到泉。地祇为之悲，瑟缩久不安。乃呼大灵龟，骑云款天门，问天主下人，薄厚胡不均？天曰天地人，由来不相关。吾悬日与月，吾系星与辰，日月相噬啮，星辰蹜而颠。吾不女之罪，知非女由缘。且物各有分，孰能使之然？有子与无子，祸福未可原……"

孟郊则写下《杏殇》九篇自悲，他自己批注"杏殇，花乳也，霜蒉而落，因悲昔婴，故作是诗"。这里我们选出首诗篇，本来是老来得子的喜乐，结果是小花苞的凋零：

> 冻手莫弄珠，弄珠珠易飞。
> 惊霜莫蒉春，蒉春无光辉。
> 零落小花乳，烂斑昔婴衣。
> 拾之不盈把，日暮空悲归。

元和四年（八○九年），孟郊五十九岁，遭逢母亲丧事，丁忧辞官，仍居洛阳，当时尚有积蓄。

元和六年（八一一年），孟郊的好友陆畅要回湖州，他俩结伴同行，前往凭吊皎然塔和陆羽坟。陆畅是湖州人，历官侍御史、郎中等职。孟郊没有皎然先生出口成章的才华，但却有"吟成一个字，捻断数茎须"的苦吟功夫。陆羽坟果然和皎然塔相对。他花了几天工夫，写下《送陆畅归湖州，因凭题故人皎然塔、陆羽坟》，在二位故友坟前吟诵。

元和八年（八一三年），孟郊仍居洛阳，此时已是六十三岁的暮年。而返回长安已两年的韩愈，则在此年改官比部郎中，兼史馆修撰。孟郊写下《赠韩郎中愈》二首，孟郊在诗中宣示以"高山石"、"青松色"与韩愈定交的坚贞，感叹志士不遇，也期许韩愈保全守节。韩愈以《江汉一首答孟郊》作答：

> 江汉虽云广，乘舟渡无艰。
> 流沙信难行，马足常往还。
> 凄风结冲波，狐裘能御寒。
> 终宵处幽室，华烛光烂烂。
> 苟能行忠信，可以居夷蛮。
> 嗟余与夫子，此义每所敦。
> 何为复见赠，缱绻在不谖。

元和九年（八一四年），郑余庆邀孟郊到兴元担任官职，八月，六十四岁的孟郊与妻子旅走到阌乡时，孟郊突然急病，暴卒。韩愈、张籍、郑余庆等好友为其操办丧事，并资助孟郊遗孀。张籍私谥孟郊为"贞曜先生"。

孟郊生性介直，坚守节操，一贫如洗却从不向权贵乞怜，登第后，全靠韩愈等有义气的朋友屡伸援手才得以选官、任职，直至安排后事。这多少显得孟郊生活困窘，家境潦倒。然而，韩愈是公认的文坛领袖，却极为推重孟郊，称赞他说："孟生江海士，古貌又古心"，"东野动惊俗，天葩吐奇芬"，为何？我们借由孟郊的《秋怀》来理解：

> 忍古不失古，失古志亦摧。
> 失古剑亦折，失古琴亦哀。
> 夫子失古泪，当时落潀潀。
> 诗老失古心，至今寒皑皑。
> 古骨无浊肉，古衣如藓苔。
> 劝君勉忍古，忍古销尘埃。

孟郊一再重申自己对"古"的执着，对"复古"的追求。我们可以借用史蒂芬·欧文的一段话来理解："'复古'不仅是一个口号，而且代表了一种深深的感伤情绪，它企图通过拥戴朦胧的古代理想，来达成文学变革和伦理道德的新生，借以反对腐化不堪的现实。"盛唐不再，人心不古，韩愈在孟郊看到他祖父孟浩然、父亲孟云卿的身影，而这个身影又是李白、杜甫的残影，孟郊的人，是盛唐的血脉残余；孟郊的诗，是古代理想的灰烬。而韩愈对复古的追求，不只是文学创作上的，还有伦理意义上的，因此，唐宋八大家的复古接力运动开始了，韩愈成了领头羊。韩愈、孟郊友谊被传为历史佳话，同时代的诗人们敬重孟郊的诗品、人品，认为举世竞逐浮艳、追求享乐，孟郊的清奇僻苦难能可贵。他们将其与韩愈并称为"孟诗韩笔"。

关于贾岛，《全唐诗话》记载韩愈赠贾岛诗曰："孟郊死葬北邙山，日月星辰顿觉闲。天恐文章中断绝，再生贾岛在人间。"老年韩愈怀念故友孟郊，也勉励贾岛传承接棒。

陆羽是孤儿，青年时遇见亦师亦父亦友的皎然茶僧；

孟郊是孤儿，青年时遇见亦师亦父亦友的陆羽隐士；

韩愈是孤儿，青年时遇见亦师亦父亦友的孟郊诗人；

贾岛也是孤儿，青年时出家，中年时遇见亦师亦友的文坛大师韩愈。这些都不是偶然。在生命历程中，每个人会有一段思想朦胧时期，如何开启一扇智慧明窗，找寻自我，"蒙卦"会给你提供解决疑惑的钥匙。

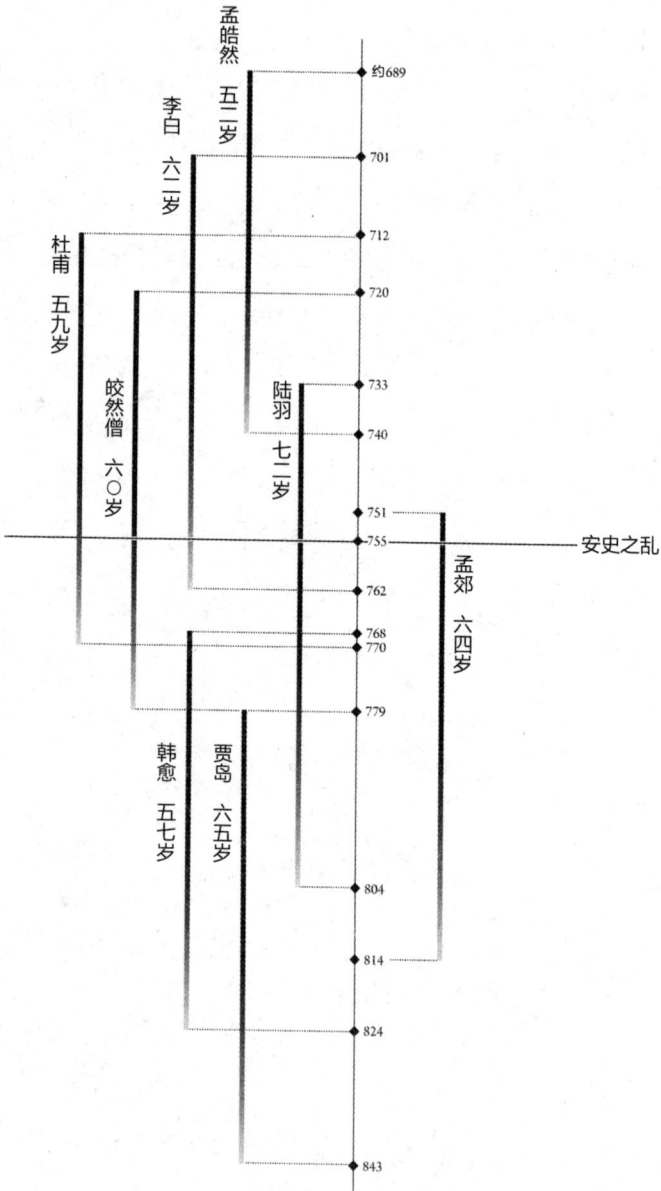

孟郊

孟浩然　五二岁　约689

李白　六二岁　701

杜甫　五九岁　712

　720

皎然僧　六〇岁

陆羽　七二岁　733

　740

　751

安史之乱　755

孟郊　六四岁　762

　768
　770

韩愈　五七岁　779

贾岛　六五岁

　804

　814

　824

　843

于 谦

粉骨碎身浑不怕，
要留清白在人间

离震噬嗑

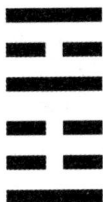

上九　何校灭耳，凶。

六五　噬干肉，得黄金，贞厉，无咎。

九四　噬干胏，得金矢，利坚贞，吉。

六三　噬腊肉，遇毒；小吝，无咎。

六二　噬肤灭鼻，无咎。

初九　屦校灭趾，无咎。

从一幅《杏园雅集图》，认识明"仁宣之治"末期的政治人物

明正统二年（一四三七年），春风熏然，杏花盛开，宫廷画家谢环画下三月初一当天，一群政治精英在少傅杨荣的杏园"觞酌序行，琴咏间作，群情萧散，傆然以乐"，此画作称之《杏园雅集图》，人物的风流韵致与《西园雅集》《洛社耆英会》画作并列媲美"文化艺术美学文人主题同乐会"。

《西园雅集》是描写北宋元祐年间，开封京中文人学士围绕在苏轼周围，拥戴他为文坛盟主。驸马王晋卿是苏轼的好友，一天，他在西园宴集苏东坡、苏辙、米芾、黄庭坚、秦观、张耒、晁补之、圆通大师等十五位文人高士，一起作诗、绘画、谈禅、论道。这些都是当时北宋最著名的文学家、书法家。当场由李伯时作画，米元章写记以述其盛会。史称"西园雅集"，后人认为可与晋代王羲之"兰亭集会"相比。米元章的撰文中："人物秀发，各肖其形，自有林下风味，无一点尘埃之气。其着乌帽黄道服捉笔而书者，为东坡先生……"

《洛社耆英会》则是文彦博在宋元丰五年（一○八二年），留守西都（洛阳），首辅富弼退休在家闲居，两人商议仿照唐代诗人白居易"香山九老会"的形式，也组织一个在洛阳的退休官员聚会，诗酒唱和。参加者共十三人，有七十九岁的富弼、七十七岁的文彦博，最年轻的是六十四岁的司马光，这些人都是反对王安石变法的政治大臣，也是政坛失意者。顺便说一下司马光，当时

他因王安石在开封风风火火推行新政，选择"十四年不问政事"的著书岁月，而他在洛阳所写的《资治通鉴》此时已接近尾声。

《杏园雅集图》里有少傅杨士奇、礼部尚书杨溥、杏园主人杨荣，这就是历史上有名的明朝"三杨"，画中也有太子少詹事王英、王直，左庶子周述，翰林侍读学士钱习礼、李时勉、陈循，再加上画家自己，共十人"皆衣冠伟然，华发交映"，"又有执事及旁侍童子九人、治饮馔侍从五人"，共二十四人。目前此画有两个版本，分别收藏在江苏镇江博物馆、美国大都会博物馆处，作品为绢本设色横幅长画，纵三十七公分，横长有四百零一公分。

"正统"是明英宗朱祁镇的年号，他九岁登基，由太皇太后张氏辅政，内阁由三杨主持。这段期间延续了之前的"仁宣之治"，而三杨在建文帝时已出仕为官，明成祖即位后，杨士奇、杨荣同时入阁，任至正统朝，分别长达四十二年、三十九年，杨溥则是宣宗时入阁，时间也有二十一年，三人都历经建文、永乐、洪熙、宣德、正统，可谓"五朝元老"。

画法工细，用笔稍加放纵而有所变化，色彩鲜艳的《杏园雅集图》所记录的赏杏雅集，这一年为正统二年，杨士奇七十四岁、杨荣六十七岁、杨溥六十六岁。而同时，于谦当年四十岁，他在河南开封靠近黄河的地方，因为有决口出现，正忙着进行加厚修筑堤坝工程。

下面，我们说一下于谦——这位了不起的"救时宰相"。

小于谦的气质与外貌，得有"此儿救时之相也"的预言

于谦的祖籍是河南考城的庄村，元朝时，其曾祖于九思奉派到杭州做官，于是举家迁居钱塘太平里，所以，历史记载于谦为钱塘人（今浙江杭州）。于谦的祖父于文，官至工部主事，他尝念宋朝丞相文天祥忠烈成仁，侍奉其遗像、神位甚虔，因此崇祀文天祥成了家风。于谦的父亲于仁，是一位笃厚君子，累德积行，好善喜施。自于谦可考的八世祖开始，一直到于谦，九代只有于仁未曾当官。于仁不愿为官，那是基于自己的选择，他了解自己秉性率真，不宜官场，只能独善其身。

然而于仁年近四旬，每以无子为忧。一夜，梦见一红袍金幞的神人对他说："吾感汝父子祀奉之诚，顷即为汝之嗣矣。"听见这位红袍文天祥要投胎来当他家的子嗣，于仁连忙辞谢不敢当。此神人用手一指，于仁立刻醒来，于谦同时就出生了。而于仁之所以给孩子取名"谦"，就是"以志梦中逊谢之意"，他对于文天祥的盛意，惴惴地受之不安。这一年，洪武卅一年（一三九八年），虎年，于谦是金牛座。

于谦出生满月，果然容貌魁伟，呱呱之声洪朗异常。举行弥月之庆，邻里亲友俱来贺喜。于仁欣喜地抱着小于谦出来会客，与众亲友观看。这时有邻老见之，叹羡地说："此子真英物也！惜吾年老，不能见其显达，为可叹耳！"

于谦六岁，清明时与父亲、叔叔前去扫墓，路过凤凰台时，

叔叔吟咏："今日共登凤凰台"，小于谦立刻对吟："他年独登麒麟阁"。七岁入私塾就读，上课第一天，老师问他会不会认字，是否读过书。小于谦只点了点头，没多话，老师指着一旁抱着柱子玩耍的小同学说："手攀屋柱团团转"，话刚完，小于谦也指着在楼梯的同学说："脚踏楼梯步步高"，老师顺着楼梯上的同学说："三跳跳落地"，小于谦再答："一飞飞上天！"

有个云游四方的和尚讶然看着小于谦的相貌，惊说："所见人无若此儿者，异日救时宰相也。"这是将来救世的宰相呀。故事是这样的：于谦幼时，母亲常把他的头发梳成双角，到乡校上课。一日，云游到学馆的一位僧人，看见他的模样，逗弄戏曰："牛头喜得生龙角。"于谦年少气盛，立刻回敬这位和尚说："狗口何曾出象牙。"僧人惊之。小于谦回家后，对母亲说："今不可梳双髻矣。"他日，这位僧人又走访学馆，看见小于谦改梳成三角之髻，又对他戏曰："三角如鼓架。"于谦立即对曰："一秃似擂槌。"僧人惊讶，大笑不已，再仔细端详于谦的容貌后说出："此儿救时之相也。"这位僧人法名兰如，号古春。

以前科举制度，各府县的儒学生员，称之秀才，这是最基本的功名门槛，往后才是各省的乡试，乡试及格的则称之"举人"。秀才考试又称"小试"或"童子试"，每三年举行二次。逢丑、辰、未、戌年，称为"岁试"，文武童生并考；逢寅、巳、申、亥年，称为"科试"，只考文童生。十四岁的于谦要参加童子试了，主考官是杭州知府，巧的是他的名字虞谦，与于谦同音，主考官点名到于谦时，却不见他作答，虞谦便问于谦为何不答声？于谦上前施礼道："同名之音，师长有别，学生故不作答。"虞谦欣赏此生如此谦恭，随口出了上联："何无忌、魏无忌、长孙无忌。彼无忌，尔亦无忌！"何无忌是东晋末年持节战死的大臣，魏无忌即是战国时期四公子之一的魏国信陵君，长孙无忌是唐太宗凌烟阁二十四功臣的首席，皆是国士。见知府大人如此泱泱大度，于谦也琅琅答道："张相如、蔺相如、司马相如。名相如，实不相如！"汉初东阳武乡侯张相如，战国时"完璧归赵"典故的名相蔺相如，汉代大文学家司马相如，三人同名。上联甚妙，下联更是绝妙。

十七岁的于谦写下《石灰吟》，为自己未来岁月的使命与决心定调

他十二岁时，寄住慧安寺，专心读经书。十六岁时于谦听说杭州吴山南边有一座三茅观，观中有个先生学问很好，年轻的于谦即刻收拾行囊要去三茅观求学。三茅观在宋朝时极为显赫，有三位皇帝赐匾、赐钟。他在此学习一段时间之后，一次回家途中路过一处灰窑，看到有人正在煅烧石灰石。十七岁的于谦当时很有感慨，实时创作了名传后世的不朽《石灰吟》，这是一首托物言志诗，是于谦留世经典诗作，带着惊心动魄的气势。他巧思又有创意，以平凡的石灰作比喻，表达自己为国尽忠、不怕牺牲的意愿和坚守高洁情操的决心：

千锤万凿出深山，烈火焚烧若等闲；

粉骨碎身浑不怕，要留清白在人间。

诗句的意思是：经过千锤万凿从深山里开采出来的石灰石，对烈火的焚烧看得平平常常。只要能把自己的清白留在世界上，粉身碎骨也不怕。"若等闲"，阐论出无论面临着怎样严峻的考验，都从容不迫，视若等闲。这首诗可以说是于谦生平和人格的真实写照，咏石灰即是咏自己磊落的襟怀和崇高的人格。

创作了著名的《石灰吟》后，于谦参加了乡试，也体验了人生第一次挫折。这是一次不小的打击，在他晚年的诗集里说起："我昔少年时，垂髫发如漆；锐意取功名，辛苦事纸笔。"失败后，年轻的于谦沉下心来，持续苦读，终于在六年后考取了举人，进而在全国"会试"取得第一的好名次："会元"，这是独占鳌头的荣誉，而慧眼识英雄的是"三杨"之一的杨士奇，主试官杨士奇特别欣赏和看重这位明日之星的试卷文章，最终让于谦"会试得魁"，于谦也赢得赞誉成为大众注目焦点。

永乐十九年，春天，于谦在殿试里滑落到了最后几名。探究原因，于谦耿直性格，不为霸气十足的明成祖朱棣所喜。事情是这样的：殿试由皇上来亲自考察，此时最难的会试已过，殿试基本上就是走过场，写个应景文章，经过八位读卷官看过，名次就不差了。而于谦居然"认真过头"，借着写文章把国家大政针砭了一番，还把明成祖的不当施政逐条进行了批评与分析，幸亏此番年纪的朱棣，六十二岁了，杀气已经不似当年，最终置于谦于三甲第九十二名。补述：永乐廿二年的殿试，状元本是孙日恭，但是明成祖说"日恭"可合组成"暴"，不祥，所以这位不幸的状元候选人，就因这个理由做不成状元。

因为殿试名次太差，所以于谦没资格进入翰林院当庶吉士——政治精英养成中心，但他如愿地分派到基层当个监察员，就是政风处的小公务员。然而初生之犊有着超人的胆识和勇力，他办了几个大案子，弹劾了官场上的几股恶势力。他也出使了湖广各地，奉命安抚纯朴但剽悍的瑶民，深入险地，解决少数民族与政府的矛盾，使得当地百姓安居乐业。杰出的表现，引发监察系统最高长官——左都御史顾佐的关注。顾佐性格刚直，曾任顺天府府尹（明朝北平市市长），百姓把他与宋朝包拯相较，后来累升左都御史，朝纲肃然。顾佐这个人太刚直、太孤傲，特立独行，看谁都不顺眼，对属僚往往非常严厉，当时他有个外号"顾独坐"，可见他的孤傲不合群。同事一起聊天，他依旧一人独坐，看谁都不顺眼，但是他却认为年轻的于谦比自己出色，才华胜过自己。此外，于谦的能力，朱瞻基也看到了。

朱瞻基，是明仁宗朱高炽长子，永乐九年（一四一一年），即十三岁时被明成祖立为皇太孙，数度随成祖北伐征讨，就是说，明成祖用心栽培这位爱孙——未来的接班人。朱瞻基二十七岁登基，接替只在位八个月就去世的父亲明仁宗，这位明朝第五位皇帝的年号为"宣德"，历史称其为明宣宗。

明宣宗和父亲一样，善于倾听臣下的意见，采纳杨士奇、杨荣等人的建议停止对交趾用兵，同时他也欣赏御史于谦的想法，

《明史》记录："宣德初，授御史。奏对，音吐鸿畅，帝为倾听。"用白话解释就是：于谦奏对的时候，声音洪亮，语言流畅，皇帝很用心听取。二十八岁的于谦比皇上大了一岁，两人岁数相当，多能产生共鸣。

高煦之乱，于谦奉命口头列数朱高煦罪状，正气严切，严词厉声。

宣德元年，明宣宗执政，汉王朱高煦对此颇为不满，心怀愤恨之情，欲起兵夺权，登基称帝。仁宗崩逝，太子朱瞻基自南京奔丧。朱高煦计谋在半路伏击，仓促不果。宣德元年，八月初一，朱高煦以北京地震，天有异象为借口，在山东乐安起兵造反，史称"高煦之乱"。

朱高煦是明成祖朱棣的次子，靖难时立有战功，多次营救父亲于危难中，永乐二年，晋封为汉王。可是他恃功骄恣，凶悍不法。朱高煦不满哥哥朱高炽被立为太子，存谋逆之心久矣，阴谋夺嫡，陷害哥哥数次，都没成功。父亲明成祖也察觉到朱高煦心怀鬼胎，于是革其爵位，命其思过。当明成祖崩逝，明仁宗接位，朱高煦再次蠢蠢欲动。当在位八个月，略胖、有腿疾的明仁宗病逝，又为野心勃勃的朱高煦提供了一次夺权契机。

朱高煦在山东富饶的乐安城造反。年轻的明宣宗当机立断，自己率领大军征讨自己的叔叔。皇帝既然要御驾亲征，当然要带上一批朝中重臣同行，同时他还点名那位在都察院的小小七品监察御史——于谦，要随驾扈行。

战局一触即分出胜负，明宣宗大胜，彻底把朱高煦叛军制伏。明宣宗命叔叔出城投降，朱高煦虽然出了城，但是依然咽不下这口气，桀骜不驯拒绝下跪。这时，明宣宗派出于谦前往当众口述罪状，简单地说，就是要这位七品官"即席演讲"，官阶低是给朱高煦压压气焰，但是所派之人一定要魁梧挺拔，口才一定要气壮山河，才足以重挫对手的锐气。

于谦临场受任，张口便是吊民伐罪的正义之辞，浑身正气犹如滔滔江水，绵绵不绝，刚开始朱高煦还仰着头听，听着听着头就低了下来，接着站都站不住了，这位不可一世的朱高煦最后居然伏身在地，浑身哆嗦。顿时，乐安城下投降一边的，城外受降一边的全部惊异不已。这时，明宣宗为派遣于谦说降这一举动而欢欣雀跃。《明史》对这一场盛况记录如下："扈跸乐安，高煦出降，帝命谦口数罪。谦正词崭崭，声色震厉。高煦伏地战栗，称万死。帝大悦。师还，赏赉与诸大臣等。"赉，读音赖，赏赐的意思。

宣德五年（一四三〇年），明宣宗在"巡抚"制度上做了些努力：所谓巡抚，就是钦差"巡行天下，抚军济民"的意思，比当地最高权力的长官职权更大，第一批先设六位巡抚，等同"封疆大臣"。于谦当时位列名单，可是，他只有七品等级，怎么办？明宣宗考虑到这一现状，把三十三岁的小御史于谦，越级升任兵部右侍郎，再从兵部右侍郎上调为河南和山西两省的三品巡抚。

于谦上任了，可是要设置巡抚的省份，代表地方上一定"有忧有患"，于谦将面临何种挑战？天灾？人祸？

在《易经》有一卦《噬嗑》，所谓"噬嗑"，就是上下颚咬合，咀嚼，将吃的东西咬碎的意思。《噬嗑》是在上下颚中间，加了一个阳爻，成为咬合咀嚼的形象，所以才这样命名。此卦说的是"出现阻挠"怎么办。凡事不可能处处亨通，中间必然有障碍阻挠；如果将中间的障碍咬碎，当然就亨通了。古人以此象征"刑罚"，说的是"铲除构成障碍的不良分子"的道理，理的是"小惩大戒"的论述。

此《噬嗑》卦即是阐释刑罚的原则：法治是政治的根本，为排除障碍、保障善良、建立及保持秩序，是不得不采取的刑罚手段。然而，罪恶必须及早加以阻止，以防止蔓延。刑罚为不得已的手段，难免使人犹豫，遭遇挫折；然而，却又不能不刑罚，所以必须中庸、正直、明察、果断、刚柔并济、坚持原则、公正执行。

从《易经·噬嗑卦》看三十三岁的于谦，如何临危受命

离
震

▬▬	上九	何校灭耳，凶。
▬ ▬	六五	噬干肉，得黄金，贞厉，无咎。
▬▬	九四	噬干胏，得金矢，利坚贞，吉。
▬ ▬	六三	噬腊肉，遇毒；小吝，无咎。
▬ ▬	六二	噬肤灭鼻，无咎。
▬▬	初九	履校灭趾，无咎。

　　《噬嗑》卦，上卦离，为电，为火，为明；下卦震，为雷，为威，为动。声威动于内，明察照于外，有"用狱"的意思。雷动而威，电光而明，雷电交击，卦象如同动物咀嚼，口中上下"嗑合"食物，也喻示用刑罚罪应当如"雷电"之势，也说明当"出现梗阻"、要去除阻碍之时，需要备有一些规范，再以动静与哲理去因应。面对国难，一定有投机者、卖国者、投降者、好斗者和鸵鸟主义者，我们看看御史出身的于谦如何去除"梗阻"，将国难转危为安，化险为夷。

第一爻 · 初九　屦校灭趾，无咎。

屦，读音巨，就是草鞋的意思；校，读音轿，木制刑具的总称，架施在颈上的称"枷"，架施在双手的称之"梏"，在脚上的则是"桎"。灭，没也，是淹没的意思，不是伤灭。初九处卑下位置，象征受刑的下民，也象征人的脚趾，"屦校灭趾"像是在足部的屦校遮没脚趾，引喻"惩之于小，戒之于初"，使其不再进一步犯恶。初九居噬嗑之初，"小惩而大诫，此小人之福也"，当有小错必须惩于初，不要让星星之火引发大灾祸，河水接近漫堤，也是要尽早增高筑厚以防决堤破口泛滥。于谦治理天灾严重的河南和山西，除了灾害管控、危机处理，御史出身的他，太理解洞烛先机、防患未然的道理。"治小防大"是此爻的真意。

晋是山西省的简称，豫是河南省的简称，"晋豫奇荒"就是于谦之后十八年巡抚生涯的工作内容之一：山西地处黄土高原，旱情不断，而在黄河腹地的河南地区又是涝情不绝。历史记载：明初洪武年间以来，山西、河南的旱涝是各省中最严重的。于谦前往主管这二省，明宣宗时期灾情已经严重到难以想象的情况，黄河在开封段号称"三年两决口"，黄土高原却是缺水荒旱。于谦一手救涝，一手治荒，殚精竭虑。

然而要让这两件旱涝治理得有效率，人事是先决条件。于是于谦上任第一件事就是"惩治官场腐败"，任何时代都不令贪官污吏，大体上有两个地方最多，一是油水最多的地方，二是油水最少的地方，油水多可以理解，油水少之处需要解释：那里多是边陲野陋乡邑或是灾祸频发之处，在这里当官大家一定视为畏途，所以贬来了一些官箴不良的烂官，这些被下放此地的当是被惩戒的劣官，成了百姓的苛政猛虎，他们在干毛巾里硬要再拧出一些油水。

所以于谦一上任，即先理清官场。他有效打击了很多贪官污吏，也提拔了许多清廉、能干的循吏使其得到重用，于谦此举立刻为两省官场带来高效率的清新面貌。于谦同时常常外出，轻装骑马走遍了所管辖的地区，访问父老，考察当时各项应该兴办或需要革新的事项，"察时事所宜兴革"并立即上疏提出，一年上疏几次，稍有水旱灾害，他也立刻上报。朝廷内阁杨士奇、杨荣、杨溥主持朝政，他们都很重视于谦。于谦所奏请的事，早上进奏章，晚上便得到批准，"三杨"积极支持于谦，也理解他在灾区与时间赛跑的艰辛。

当时，不仅干旱，甚至同时暴发大面积的蝗灾，史书记载了"禾苗皆光"的惨景，于谦心忧如焚，组织赈灾、灭蝗。他不辞辛苦，一地一地视察，一村一村抚慰，总是站在抗灾的第一线，甚至亲自下田去捕捉蝗虫，百姓看着他憔悴的背影，感动不已，心疼地掉泪，梁晋父老打从心里知道于谦是真正地属于这片土地的父母官。

河南靠近黄河的大片土地，常因水涨冲垮堤岸。于谦实地在沿岸进行防护堤加厚工程，每数里就设置"亭"，配置亭长一职，负责督促修缮堤岸。于谦也下令种植行道树、路旁打井，于是

"榆柳夹路，道无渴者"。另外，大同单独远在边塞之外，巡按山西的人难于前往，他奏请朝廷另设御史管理。他强势将镇守边陲的将领私自开垦的田，全部收为官屯，用以资助边防经费。

河南、山西之间隔着太行山，太行山又名王母山、女娲山，是中国东部地区重要的地理分界线，走向为西北到东南，山脉绵延四百多公里，形势险峻，历来被视为兵要之地。于谦冬春在山西的太原办公，夏秋则在河南开封任事，也就是说，他在一年内要远途跋涉，来回两次翻越太行山。他有《登太行山思亲》诗：

马足车尘不暂闲，一年两度太行山；
庭闱缥缈孤云下，游子思亲几日还。

十八年的两省巡抚工作，五十岁时丧父，五十一岁时丧母，父母先后去世，过去当官者有"丁忧"三年的规定，然而于谦只能返乡料理父母后事，皇上便以国事为重，要求他立刻复职上任。十八年期间，于谦便如此冬春天寒地冻时北赴太原，夏秋暑热难当时南下开封。在山路有几次遇上山贼，据典籍记载："以轻骑自河南往山西，夜经太行山，有群盗各持兵戎呐喊而前，从者相顾骇惧，于谦厉声曰：'汝何为者？'群盗知是于谦，竟惊慌而散。"他的威望遍布于各地，也恩德于百姓之间。历史记录："威惠流行，太行伏盗皆避匿。"

第二爻・六二　噬肤灭鼻，无咎。

"肤"指的是"柔嫩之肉"；灭，没，淹没的意思，"噬肤灭鼻"就像张口用力咬下一块大软嫩的肉，结果"易啮而没其鼻"。六二以柔居阴，得位也得中，是六爻中最柔者，所以说是"肤"，有如嫩肉。六二以柔乘刚，跨坐在初九之上，像是位利齿之上，容易被一口咬下，甚至遮掩了鼻子。这里是说六二有柔中之德，比喻用刑，立场中正，柔中不过刚，使得犯禁者易服，如噬肤没鼻，得无咎。

《明史》记载于谦十八年晋豫巡抚任内，一直将家眷留在北京，以专心工作，而北京的家就是一处"仅可蔽风雨"的房子，而自己在外俭朴与艰辛，仅能凭借读者想象了。所以，十八年期间，几次要离开山西、河南回京述职，入朝议事，他总只带了些随身衣物和书本。一次，送行的官员同仁看到了这种情形，劝道："即不橐金往，宁无一二土物，如合芎干菌裹头之类，足以充内交际耶？"回到北京，你不带值钱礼物，总带上山西的黍粱老陈醋、野山干香菇等地方土产吧！这样比较方便官场交际。简单地说：官场的明规矩好办，非正式的"潜规则"难料，您说您于大人什么都不带，这哪行啊？史书记载，于谦一笑，把两只袍袖一抖说道："吾惟有清风而已，且交际物之几何，而闾阎短长可畏也。"就在进京的路上，于谦有感而发写下四句诗：

手帕蘑姑与线香，本资民用反为殃；

清风两袖朝天去，免得闾阎话短长。

这就是成语"两袖清风"的典故，现代的解释是："衣袖中除清风外，别无所有，比喻做官廉洁，也比喻穷得一无所有。"于谦两袖清风地回北京了，"姿态很潇洒，后果很严重"，因为"两袖清风"这句话，有个人听到了觉得特别刺耳，权当是风凉话，那个人就是：王振！

说说王振之前，要先谈谈明宣宗朱瞻基，这位与他在位仅八个月的父亲明仁宗，当政期间政治清明，合称"仁宣之治"，后代史书对仁宣之治有高度的评价，这是明代历史上少有的吏治清明、经济发展、社会稳定的时代。有学者甚至将"仁宣之治"与周朝的"成康之治"、汉朝的"文景之治"相提并论。明宣宗是个大胡子，爱好翰墨，擅绘事，常以书画作品赏赐近臣。他所画的山水、人物、走兽、花鸟、草虫均是佳作，取材于具有寓意的对象：花鸟、畜兽、墨竹……风格明显受到文人画的影响，注重线条和墨韵的表现，算是一位文化素质高的皇帝，他的作品多收藏于台北故宫博物院，二〇一二年，故宫还帮他开展："宣德宸翰：明宣宗书画展"，共计十七件作品。

提拔于谦任事晋豫巡抚的明宣宗，整顿统治机构，罢免"贪津不律"、"不达政体"、"年老体疾"的官员，实行精简和裁冗措施，以振朝风。同时实行了一些减轻民困的措施，减免税粮、复业流民、赈灾救荒等。但是，他在宦官问题上处理不当，宣德元年，一四二六年，明宣宗下令，设置"内书房"，教导宦官们读书，宣宗虽是明君，然而此举在无意之中却开启了明代宦官干政之厄运先兆。宣德十年（一四三五年），朱瞻基死于乾清宫，仅享年三十八岁。皇位由朱瞻基的长子——九岁的朱祁镇接任，史称明英宗。在位初期由太皇太后张氏辅政，内阁由"三杨"主持，这段时期仁宣之治得以延续，年号"正统"。

明英宗还是太子时，他的身边就是宦官王振。"侍于东官"的王振随着他的小老板登基，鸡犬升天，成了明朝第一位专权太监。回溯朱元璋创建明朝，鉴于历朝历代因宦官专权而亡国灭朝的教训，对宦官限制极严，曾立下"四不"规章制度，不许宦官读书识字，不许宦官兼任外臣文武衔，不许穿戴外臣所著的冠服，品级不得超过四品等。还在官门挂一块高三尺的铁牌，上面刻有"内臣不得干预政事，预者斩"几个大字。

王振略通经书，科举不顺，成了乡学淡味教书先生。他不甘寂寞，竟然一狠心净身进宫。明宣宗虽不重用宦官，但待遇很优厚，在宫内设立内书堂，让大学士陈山教宦官读书。宦官虽未到达擅权乱政的程度，但条件已经成熟了。史称王振"狡黠"、善于伺察人意。王振入宫后，明宣宗也很喜欢他，任职东官局郎。由于王振不同其他的宦官和教师，他知道很多对小太子来说闻所未闻、见未所见的事物，两人很快就亲近起来，这位小太子更尊称王振为"先生"，王振自此从一班宦官中脱颖而出。当九岁的朱祁镇登基后八个月，便任命王振入掌司礼监，这个职位是明朝宦官二十四衙门中最崇高的，换句话说，王振已经是宦官首领了。

刚开始，小皇帝身旁有张太皇太后，左右有三杨内阁，王振不敢胡作非为。正统七年，明英宗十六岁，张太皇太后逝世，杨荣也在两年前去世，年事已高的杨士奇、杨溥渐被架空。明英宗亲政，王振开始作威作福，他嚣张跋扈，目中无人，百官若有不满均被逮捕。正统九年，八十一岁的杨士奇病逝。正统十一年，七十五岁的杨溥过世。王振的权倾朝野，一人之下，万人之上，廷臣人人自危。

就在这样的时势下，忠臣于谦自然难逃王振的政治迫害。他很快找到诬陷于谦的由头，即于谦回京述职时举荐了山西参政王来、河南参政孙原贞，王振让手下弹劾于谦，说于谦举荐这两人顶替自己的位置，是因为于谦倦职，为何倦职？那是他在这位置干了十几年还没升官，对朝廷、皇上心生怨恨。这个大帽子，是大不敬的罪，要判死刑！

这下子舆论哗然，尤其河南、山西的百姓，组成了几千人的请愿团进京声援于谦，王振始料未及，最后找个理由，说他搞错了另一个同名同姓的于谦，才释放了已经入狱两个半月的于谦，但于谦还是从三品官降为四品官，改任大理寺左少卿。当降职改用的消息传到河南、山西，排山倒海的"伏阙上书"涌入朝廷，王振否决百姓的要求，不再让于谦继续巡抚晋豫。

然而同一年，山西的旱荒危机已现，粮食无收，流民开始迁徙河南，而河南的黄河水事渐长，另一个危机也迫在眉睫。朝廷热议此晋豫灾情，没人能解决这个烫手山芋。于是在明英宗亲自干涉下，被降职的于谦，"临时暂任"晋豫巡抚。这位四品大理寺左少卿，就在危难之际，又到了山西、河南。

第三爻·六三　噬腊肉，遇毒；小吝，无咎。

> 腊肉，就是经过腌渍风干的坚韧肉块；毒，就是指腊肉收藏不当或陈置太久，不仅有异味而且食后会导致身体不适。六三以柔居刚，像是腊肉的特质，因为肉是柔，而腊肉则是刚。六三遇毒，那是六三失位不中，如同咬了有毒的腊肉，伤了口，引喻这是小灾难，非大灾祸。噬，是用刑；腊，是不服；毒是怨生。六三此爻不乘刚但承于四，失位不中，失政刑人，如啮腊肉，难以服人，易生怨咎。总的说此爻小有鄙吝，但是无咎。

于谦回到晋豫，任临时巡抚，负责救灾事宜。灾后，他终究回到京城任职，凭着功绩累进到兵部左侍郎，相当于国防部的副部长，这是个文职，并非直接接管军事，但是他有敏锐的军事直觉和清晰的军事统筹概念，所以得到同仁的赞誉与信任。

顺带提及"北元"这个名词，元朝的大都（今北京）被徐达大军攻陷后，元朝的帝国宗室退居蒙古高原，因为地处塞北，所以历史称之"北元"。明朝初期则称北元大汗为"元君"，称其国为"残元"、"故元"，一直到洪武廿一年（一三八八年），北元为鞑靼、兀良哈、瓦剌三个主要部落所取代。

多年混战后，西蒙古的瓦剌先后收服其他二部，实力已经可以重新和大明王朝对抗了。随着瓦剌的壮大与兴起，南方的大明王朝理当居安思危，有所准备，可是，此时刚好是王振宦官乱政之际。瓦剌在"也先"的统治下，势力东到朝鲜，西达楚河、塔拉斯河，北抵南西伯利亚，南临长城，疆域比大明广阔。也先在统治初期，维持与大明的亲密关系，每年都派使者来向明朝朝贡，王振摆阔气，对这些贡使大加赏赐，蒙古人乐得每年增加朝贡人数。到了正统十四年（一四四九年），来了两千多贡使，而且虚报三千人要领赏赐。

结果，王振翻脸，一改作风，严格核实人数，同时削减赏赐，这些瓦剌贡使的期待落空，心怀不满愤恨异常。他们终于找到与大明撕破脸的借口。于是，也先率领大军进犯边塞重镇大同，分兵骚扰辽东、宣府、甘肃，可是明军久疏战阵，作战经验不足，根本不是也先的对手，《明史》记载，瓦剌军"兵锋甚锐，大同兵失利，塞外城堡，所至陷没"，大同参将吴浩战死在边塞猫儿庄。失利战报传来，朝野震惊。

前线连续惨败的消息传到明英宗的耳中，朱祁镇急急找王"先生"商议，王振这时有个荒诞自私的念头，他竟打算自己率军出征，以期得胜后可以震古烁今啊！于是力劝朱祁镇御驾亲征，二十三岁的明英宗正值热血年纪，也幻想自己神威广大，武功盖世，能像高祖父朱元璋、曾祖父朱棣一样，亲征漠北，创下不朽功绩。于是他决定接受王振的荒唐请求，天真地宣布：朕要率六军亲征！

当然，百官力谏皇上，吏部尚书王直："今敌肆猖獗，违天悖理，陛下但宜固封疆，申号令，坚壁清野，蓄锐以待之，可图必胜。"又说："陛下不必亲御六师，远临塞下。况秋暑未退，旱气未回，青草不丰，水泉犹塞，士马之用未充。兵凶战危，臣等以为不可。"兵部尚书邝埜、右侍郎于谦等认为"六师不宜轻出"，也劝谏皇上不要亲征，结果明英宗依旧带上满朝重臣，文武百官共计一百多名随同出征。留下不讨喜的王直，和王振讨厌的于谦，令他们留守京城，明英宗唯一的弟弟郕王朱祁钰则是监国。

王振征集了京师附近与北方诸省各路人马，共计五十万人，声势惊人。七月，明英宗浩浩荡荡出了居庸关，过怀来，抵宣府。然而此次出征，由于准备仓促，途中军粮不继，加上一路风雨交加，军心渐显不稳。八月，到了大同，听到前方再次战败，大同总督宋瑛战死，前方全军覆没。王振惊慌撤退，撤出大同，当然他没把真相告诉皇帝。王振想从紫荆关退兵，"顺便"邀明英宗临幸他的家乡蔚州，借此在乡亲面前炫耀权势。有了这层私心，他不顾大同总兵郭登一些人的反对，匆忙之间改变行军路线。可是，行进四十里后，王振想起大军过境会损坏家乡庄稼，于是又急令军队转往宣府。在此折腾之际，瓦剌大军追至，负责断后的恭顺伯吴克忠与弟弟都督吴克勤，双双战死沙场。接着负责阻击的成国公朱勇、永顺伯薛绶在鹤儿岭遇伏，五万骑全部覆没。

危机步步逼近，加上王振无能、失当、毫无章法，明军被围困在土木堡，那是河北张家口附近的一座小城堡，近居庸关，属于长城防御系统的一部分。明军长期无水，将士饥渴难耐，人马失序。两军交战，明军全部溃败，被屠杀过半，明英宗只得盘坐在地，束手被俘。此时护卫将军樊忠高呼："我为天下诛此贼！"众人乱刀愤杀王振，樊忠最后力战而死。乱战中，仅有少数人侥幸逃出。这段历史称之"土木堡之变"，也是明朝的"腊肉之毒"。

第四爻·九四　噬干胏，得金矢，利坚贞，吉。

肉有骨，谓之胏。干胏，带骨头的肉，比腊肉还硬。参看易学大师王弼注："金，刚也；矢，直也。噬干胏而得刚直，可以利于坚贞之吉，未足以尽通理之道也。"另外，程颐的《易传》云："干肉而兼骨，至艰难噬者也。干胏，比喻有势力的犯官。金，刚强；矢，正直"。九四"噬干胏"就是要加刑于有势力的犯官。九四，以刚居柔，失位不中，与初九不应，实施刑法像咬带骨头的肉那样困难，但因具有金箭般的刚直品德，坚贞之后，得吉。于谦以"金箭般的刚直品德"决断国家生死存亡的关键问题，应对国难从容不迫。

中秋节当天的土木堡兵败，全军覆没。十六日晚上，消息传到京城。正在兵部当值的于谦，已经几天没有回家了，他一直关注前线的战况，当听到五十万人尽殁的消息，皇上生死不明，不禁向着北方跪拜了下来，仰天大哭："誓不与虏俱生！"

深夜三更时分，明英宗被俘的消息传入北京，宫中闻报，一片混乱，太后想用重金赎回皇帝儿子，便集中了宫中大量金银珍宝，整整装了八骑，贤淑的皇后也搜罗值钱的财物用于赎人。也先笑纳了这些财物，但没有放人。也先是想以皇帝为人质，逼明朝城下议和，这样得到的金银财物将是天文数字。

在明朝殿廷上的情形呢？文武百官一片恐慌，号啕大哭，慌的是皇上被俘，哭的是大半同僚死于漠北。太后下诏立两岁的英宗长子朱见深为太子，说是两岁，其实未满周岁，这位九个月大的小婴儿就是后来的明宪宗。太后同时命英宗之弟，二十二岁的郕王朱祁钰"辅政"。

因为精锐部队全被召往漠北，歼灭殆尽，京城中仅剩疲卒羸马，不足十万。在此人心不宁，惶惶不安之下，郕王召集群臣讨论战守之策。翰林侍讲徐珵称其夜观星象，火星入南斗，是不祥之兆，天命已去，只有南迁才能避祸。话音一落，立刻有人反对，那人就是兵部侍郎于谦，他高声厉喝："建议南迁者，可以论斩！京师为天下根本，一动则大势已去，难道不知道宋室南渡的历史么？"徐珵大为惶恐，不敢再言。郕王听后称是，留守策略始定，而徐珵因此对于谦怀恨在心。后话，八年后就是他陷害于谦的。

回来说说明朝国家大事：于谦的主张得到众位大臣的支持，郕王于是出榜告示，声明决心固守北京，并且任命于谦为兵部尚书，负责指挥军民守城。同时，在满朝文武强烈要求下，郕王下令抄没王振全家，籍没其家产。大明朝廷，有了瓦剌挟英宗胁迫明朝的不利形势，兵部尚书于谦提出"社稷为重，君为轻"的口号，获得吏部尚书王直等大臣支持，大家拥立朱祁钰即位，年号改为景泰，史称明代宗（或称明景帝），遥尊英宗为太上皇。如此一来，也先的勒索不能得逞了，因为他手中筹码变得不那么值钱。而明朝这边有了新皇帝，更方便统一部署抗击瓦剌。

于谦重用了几位在狱中的罪将，一个叫杨洪，因救援不力；一个叫石亨，因在土木堡之战中伏战败。两人在土木堡之变后，被锦衣卫逮捕入狱。其实，于谦很明白土木堡之败全是王振将帅无能累死三军，石亨领京城兵马，杨洪则速回宣府，于谦又提拔郭登让他全权负责大同边关。宣府、大同是当时面对瓦剌方向最重要的两个边关重镇。

果然瓦剌大军来叩关了，也先挟持英宗在宣府城下：你们的皇上来了，快快开门！杨洪聪明地让人回话"天已暮，门不敢开"，这是朝廷的老规定，天色已晚就要关闭城门。也先气得押着英宗到城下亲自喊话，没想到杨洪遣人回话，说杨洪出差了，没人能做主。过了两天，也先又押着英宗转到大同去了，郭登直接喊话拒绝："赖天地祖宗之灵，国有君矣！"我们有新皇帝了，你手上的那一位已经作废了。

这时一位汉奸太监喜宁，他与英宗一起被俘，建议也先为何不绕过宣府、大同，取道紫荆关，直接攻取北京城，现在京城空虚应该赶紧动手。也先同意喜宁的主意，率领七万精锐铁骑攻破紫荆关，直奔北京城。这时，距土木堡之战已有一个半月。

于谦料定瓦剌必将大举进犯，京城兵械不多，早已上疏请多方备战，京城军民此刻已不再人心惶惶，士气低落，经过于谦稳定政局，调度兵力，重整军容后，此时北京已经是同仇敌忾，众志成城的复仇之城。一场历史有名的"北京保卫战"即将展开。

第五爻·六五　噬干肉，得黄金，贞厉，无咎。

> 干肉，坚硬的肉。"噬干肉"比"噬肤"难，却比"噬腊肉"、"噬干肺"容易，为治狱在难易之间的卦象。"得黄金"者，黄，中也；金，刚也；六五居于中是黄也，"以柔居刚"是金也。既中而行刚，"能行其戮，刚胜者"，所以说"得黄金"。六五以阴处阳，以柔乘刚，得中不正，但仍是用狱之主，自上用刑于下，治罪于人。虽有不服，但其势如同噬干肉。整个意思：刑戮得当，虽厉而得无咎。此爻说明于谦以文人出身非军事背景，运筹帷幄是"虽得中但不正"，众将在不解当中，去除疑虑，众志成城击退瓦剌铁骑。

也先大军到了，他在离北京城二十里处扎营，不攻城，他仍幻想利用手中人质，兵不血刃地取下北京城，先遣使者到明军阵营，说你们家的皇上在我手上，我们来谈判！于谦派了两位使者，一位是六品的王复，一位是七品的赵荣，派这两位芝麻官，其实是复制当年于谦还是七品小官时，被明宣宗派去痛骂汉王朱高煦叛国的故事。这两位低阶使者谈了几天，来来去去双方阵营，当然协调不出所以然，但已多争取了几天布阵防城的时间。同时，从各地调来勤王的军马也陆续抵达。

大战在即，最高统帅于谦召集军事会议，将领代表石亨率先提出策略：严防死守！北京城高墙厚，坚壁清野，跟瓦剌军死耗，也先久攻不下自然就走了。于谦反对，他说："贼张甚矣，我又先弱，是愈张也。"意思是瓦剌挟着胜利余威而来，而我方示弱不敢与其对战，也先的气势将更高涨，相对我方守城的危险度将会更高。唯一对策：出城迎战！于谦仔细解释作战兵法与布局，他将京城九门分为九个战区，每门各派有一个指挥部将，听完如此胆识与豪气的军事宣言，所有部将纷纷表态，愿听凭调度。共识有了，于谦开始点将：

安定门，都督陶瑾！
东直门，广宁伯刘安！
朝阳门，武进伯朱瑛！
崇文门，都督刘得新！
正阳门，都指挥李端！
宣武门，都指挥汤节！
阜成门，镇远侯顾兴祖！
西直门，都督刘聚！

于谦停顿下来，还剩一个门——正北方的德胜门，直直对着瓦剌军扎营的方向，这是最关键的城门，大家都看着石亨，应该是他！没想到于谦大声宣布："德胜门……兵部尚书于谦！"大家还在发愣之际，于谦声色俱厉地说："战端一开，即当死战。临阵，将不顾军先退者，斩其将。军不顾将先退者，后队斩前队。"违反军令者，杀无赦！这就是明代历史上著名的"军战连坐法"，此后的明代名将大都沿用这一方法。

听到这振奋人心的宣言，大家看到的不再是儒雅书生于谦，此刻他已经成为了一位意志坚定，果断严厉的战场指挥官。于谦接着下最后一道将令："命监军太监兴安督锦衣卫巡查城内，见到有不出城作战的将士，立刻格杀勿论！"至此，这帮武将们算是服气了。

喜宁提醒，也先终于搞懂于谦派这两位不痛不痒的使者来谈判，就是争取时间。他派出一千名瓦剌军分队率先到城下试探，结果在彰义门附近遭到上万明军狙击，几乎全灭。这个意义非凡的小胜利，于谦立刻上奏景帝颁下圣旨，嘉奖此战的将士。这是内部的士气宣传，对军心的振奋太重要了，甚至对去除土木堡战败的心理障碍，有立竿见影的效果。

也先下令总攻击，派出他的弟弟博罗领着一万精锐铁骑当前锋，目标是于谦的德胜门。他知道明军虽有二十二万，但是分守九个门，每个门不足三万人，所以他的七万铁骑依旧占有绝对优势。于谦虽没有作战经验，但是兵书上的"伏击"倒是心领神会，他在已经撤空的城门外的市集巷弄之间，埋伏了神机营的万杆火枪。所谓神机营，就是明朝的热兵器部队，拥有火枪和火炮，当时在京城就设有此最具战斗力的神机营。瓦剌的铁骑虽然神勇快速，但是进了窄街瘦道的村镇，当"巷战"伏兵四出，火光夹击，爆破不绝，瓦剌战马受到惊吓根本跑不起来，埋伏四周的火枪，顷刻歼灭了所有铁骑，博罗也阵亡其中。

也先大队骑兵急急赶来救援，歼灭战已经结束，恨怒的也先将大军团推到德胜门前，赫然发现明军列阵在前的也是一排排的精锐骑兵，这是石亨特训的骑兵突击队，由侄儿石彪率领。这个画面跟也先想象的完全不同，还在奇怪于谦怎会派出骑兵，明朝怎么还有骑兵。一声炮响，眼前的明军骑兵以石彪为尖点，队伍成三角直冲了过来，《明史》记载"持巨斧突入中坚，所向披靡"，石彪的神勇打乱了瓦剌军的队形。这时石亨率领两翼精锐骑兵也轰然奔出，左右夹击瓦剌军，神机营都督范广从后面掩杀了过来，形成四面合击之势。

也先终于知道德胜门是明军主力，他转向西直门，果然西直门兵力薄弱，一阵冲击厮杀，明军守将孙镗支撑不住了，要求城门监军程信开门，让将士退回城内防守。但是，认真执行于谦军令的程信，趴在城头劝说："孙大人，你不要急，你打跑了他们，我就开门让你进来。"孙镗知道退路是没指望了，重新定下心思，杀吧！于是返身再战。这时德胜门的石亨、石彪骑兵队赶到，也先知道大势已去，只得撤军。

双方僵持了两三天，夜里，于谦来劫营了，明军偷偷运来的几十门大炮一阵巨响连天，也先惊醒，看大势已去，他率先挟着明英宗北撤。于谦知道了明英宗已不在瓦剌营区，下令集中火力猛轰，顽抗到底的瓦剌军死伤上万，最后狼狈退回关外。北京保卫战落幕了，于谦勇敢而智慧的领导，保住了胜利的果实。

第六爻·上九　何校灭耳，凶。

何，通"荷"，肩负也；校，读音轿，木制刑具的总称；灭，没也，没而不见。上九，以"刑狱"而言是形容有极恶之人，以刚处噬嗑之极，积小恶酿成大罪，上九终被绳之以法，其肩荷木枷，以致遮没其耳，凶之甚也。在于谦的故事里，至此他成了政变的攻击首要目标，虽然用狱之道，说的是莫大于咸与明，在此，于谦反而成了政变祭坛上的"何校灭耳"，哀叹。

景帝开始重赏，由首功于谦开始。但是，于谦坚持不接受封赏，他垂着泪真诚地说道："四郊多垒，卿大夫之耻。今但不城下盟，何功也？"景帝一再坚持，于谦坚持不受，半个月后，朱祁钰感动之余，封他为大司马、太子少保！太子少保是一品职，整个大明，生前晋序为一品者，加起来不到二十人，虽然于谦依旧任兵部尚书，"此儿救时之相也"预言算是成真了。

但是，他所坚持的辞退封赏，让排序后面的有功人群也不好意思多领，所以，背后的议论与指责是不间断的。于谦的态度？一笑置之，不须多分辩，他还有许多国家重建大事要忙，许多整军改革要做。然而这些非议传到朱祁钰，"曾子杀人"效应，最后耳根子软的景帝，也怀疑自己是否看错于谦，当时有人弹劾于谦，景帝心志动摇地问周遭对于谦的看法。结果，司礼监兴安（太监长）答："日夜与国家分忧，不要钱，不爱官爵，不问家计，一子一女不顾。朝廷正要用人，似此等寻一个来换于某。"意思是，有本事去找一个来换于谦吧！年轻的景帝至此才全心依赖于少保。

不久，也先与明廷讲和，并宣称"迎使朝来，大架西去"，这个人质皇帝你们可以领回去了。可是当时景泰帝已经坐稳地位，真不想派人迎回哥哥太上皇。在于谦保证"皇位还是你的"的情形下，景泰元年（一四五〇年），朱祁钰遣都御史杨善往迎。英宗归途中，他让人替他写了"罪己诏"，他知道要交出悔过书才能回宫。

又是中秋节，土木堡之变刚好一年。二十四岁的朱祁镇与二十三岁朱祁钰命运大不同。没有礼遇，短暂的仪式后，刚回来的英宗被幽禁于紫禁城东华门外的南宫，门外是大粪场和乱坟岗。朱祁钰保持戒慎，命将大门上锁并灌铅，由锦衣卫看守，食物由小洞递入，英宗被彻底软禁了。有送饭的老太监跟英宗多聊了几句，几天后被以意图谋反的罪名杀了；英宗在夏天喜欢到墙边一排树下乘凉，说这里也是乐土啊，第二天景帝派人将南宫四周树木全部伐光……七年后……

景泰八年（一四五七年）正月，趁景帝卧疾南郊，将军石亨、宦官曹吉祥联合徐有贞等人发动了"夺门之变"，拥立英宗复辟，改元天顺，废景帝、迁居西官，没几天，朱祁钰被缢死。他们怀挟私心、仇恨、忌妒，诬陷于谦谋反，以"立外藩"、"谋逆"等罪名，要将于谦处死。英宗本来犹疑不决，觉得于谦有功，不忍加害。徐有贞对英宗说："不杀于谦，今日之事无名。"英宗遂决意杀于谦。六十岁于谦被害当天，京城百姓哭声震天，行刑之时，"阴霾翳天，行路嗟叹"，天下冤之。有个叫朵儿的指挥，本来出自曹吉祥的部下，他把酒泼洒在于谦尸首周遭，这是古礼，称之"酹"，恸哭。曹吉祥发怒，鞭打他。次日，他还是照样酹酒在地表示敬奠。最后，都督同知陈逢感念于谦的忠义，收敛了他的尸体。于谦家属被发配戍边。

锦衣卫抄查于谦的家产，什么值钱的东西和罪证也没查出来。只见于谦的房屋仅能挡住风雨，家徒四壁，屋里空荡荡的，"家无余赀，萧然仅书籍耳"。只有一间正室"鐍钥甚固"，打开一看，里面恭恭敬敬放着景帝所赐的蟒衣、剑器等。锦衣卫被他的高风亮节所感动，不禁失声恸哭。

皇太后听到于谦被处死的消息，叹息、哀悼了好几天。事后，英宗也后悔自己错杀了一位忠臣。而那些诬陷于谦的人，不到一年的时间，接二连三地因贪污或谋反罪落狱，于谦的冤情大白于天下。明宪宗成化二年（一四六六年），于谦死后十年，他的冤案昭雪，宪宗在诏书中赞叹于谦道："当国家之多难，保社稷以无虞，惟公道之独恃，为权奸所并嫉。在先帝已知其枉，而朕心实怜其忠。"诏书被天下人传诵，历史终于还于谦以公道。

于谦墓位于杭州西湖西侧三台山麓，墓旁有座于谦祠，石牌坊上镌刻着一幅楹联"血不曾冷，风孰与高"。清代文人袁枚曾来此悼念，写道：

　　江山也要伟人扶，神化丹青即画图；

赖有岳于双少保，人间始觉重西湖。

　　据说因为在西湖埋葬了岳飞和于谦这两位英雄，西湖才显得如此端美。可见人的美名是可以与美景永存的，墓前立"大明少保兼兵部尚书赠太傅谥忠肃于公墓"碑一方。我们下回说说同为位居少保的岳飞，他的"振飞与顿挫"。

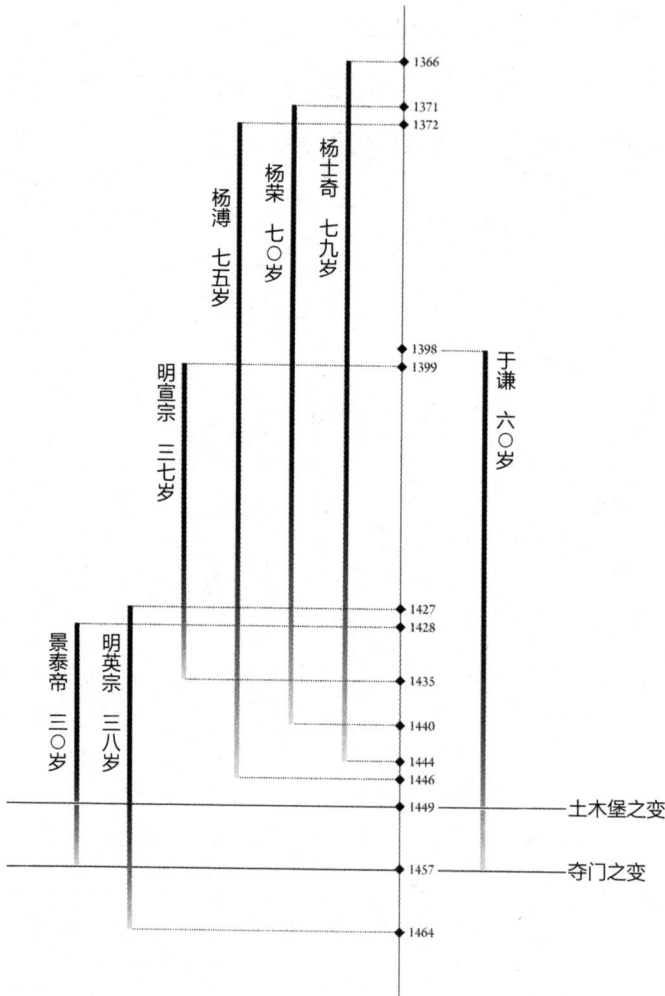

于谦

杨士奇　七九岁
杨荣　七〇岁
杨溥　七五岁
明宣宗　三七岁
景泰帝　三〇岁
明英宗　三八岁
于谦　六〇岁

1366
1371
1372
1398
1399
1427
1428
1435
1440
1444
1446
1449　　土木堡之变
1457　　夺门之变
1464

岳飞

已三更，起来独自绕阶行

坎

为

水

上六　系用徽纆，寘于丛棘，三岁不得，凶。

九五　坎不盈，祗既平，无咎。

六四　樽酒簋贰，用缶，纳约自牖，终无咎。

六三　来之坎坎，险且枕，入于坎窞，勿用。

九二　坎有险，求小得。

初六　习坎，入于坎窞，凶。

农历二月十五日，岳飞的诞辰纪念日，台南依循古礼释奠

二〇一三年三月二十七日报纸，有一则报导："'怒发冲冠，凭栏处、潇潇雨歇…'台南仁德区著名的岳王庙昨天举办岳武穆王诞辰九百一十周年纪念释奠大典，祭仪遵古礼进行……各界踊跃参拜，最后还合唱《满江红》，场面庄严、隆重。"

农历二月十五日是岳飞的诞辰。九百年过去了，南宋的精忠报国岳飞，在台湾台南郊区竟然有人依然馨香以释奠大典祭祀，这是何种光景与感动啊。历经宋、元、明、清，再漂洋过台湾海峡，"祭典于昨天上午展开，当地长兴小学以精彩的鼓术表演开场，庙方人员穿着传统服装迎神，随后依照古礼敬献牲礼、鲜果，除了正献官、陪献官之外，现场还有祝寿官、纠仪官等编制，相当隆重，各界信众涌进参拜，气氛热烈。"

位于仁德区太子路六十四号的"岳王庙"，创建于道光二十八年（一八四八年），初称"元帅庙"，到了民国三十八年（一九四九年），正式称之"岳王庙"。在台湾岳飞神祇多附祀在关帝庙或武圣庙内，专属庙宇不多，只有十二座，其中以台南郊外拥有七座最多，又以仁德区太子村的"岳王庙"较有名。

桃红柳绿的西湖，三台山麓于谦祠，栖霞岭南麓岳王庙

最著名的岳飞庙，是杭州西湖的岳王庙。岳飞的英勇事迹没有被后人遗忘，其后被追封为鄂王。当年他就是以"莫须有"的罪名在杭州风波亭被处死。而杭州西湖的岳王庙，即是他的墓地，故又称岳坟或岳飞墓。位于西湖西北角，栖霞岭南麓。

西湖的春天"桃红柳绿"，这成语来自王维的《田园》诗："桃红复含宿雨，柳绿更带春烟。花落家童未扫，莺啼山客犹眠。"西湖有白堤、苏堤，"苏堤"南起南屏山麓，北到栖霞岭下，全长近三公里，是苏东坡任杭州知州时，疏浚西湖，利用挖出的葑泥构筑而成，后人名为苏堤。长堤卧波，连接了南山北山，给西湖增添了一道妩媚的风景线。

"白堤"原称"白沙堤"。横亘在西湖东西向的湖面上，从断桥起，过锦带桥，止于平湖秋月，长约一公里。诗人白居易任杭州刺史时有诗云："最爱湖东行不足，绿杨荫里白沙堤"，说的就是这道堤。后人为纪念白居易，称为"白堤"，白堤的特点是一株柳树一株桃，所以每到春天桃红柳绿、芳草如茵的时节，游人散步白堤似在画中行。

西湖也有北宋大诗人苏东坡题诗。宋神宗熙宁六年（一○七三年），苏轼任太常博士、开封府推官，因与王安石政见不合，请求外任，出为杭州通判。三十七岁的苏东坡写下《饮湖上初晴后雨》：

水光潋艳晴方好，山色空蒙雨亦奇；
欲把西湖比西子，浓妆淡抹总相宜。

西湖的风景太漂亮了，如同西施般的柔美，宋朝人们心领神会，开始称西湖为西子湖。岁月如梭，历史更迭，江山跨越了宋、元、明三朝七百年，清朝散文大家袁枚重新给西湖下定义，说的是西湖今日不只是风花雪夜，她多了岳飞少保、于谦少保双双葬于山麓水畔，于谦的故事《粉骨碎身浑不怕，要留清白在人间》已谈过，今天我们要说说气壮山河的岳飞，让人心痛的故事，而西湖也因此多了悲凉风韵，《谒岳王墓》：

江山也要伟人扶，神化丹青即画图；
赖有岳于双少保，人间始觉重西湖。

岳飞死后，遗体被狱卒隗顺背负盗出，越过城墙，草草葬于九曲丛祠旁。二十一年后，南宋宋孝宗下令给岳飞昭雪，并以五百贯高价悬赏并索求岳飞遗体，将其隆重迁葬至现址。嘉泰四年（一二〇四年），也就是岳飞死后六十四年，朝廷追封其为鄂王。杭州岳王庙则建于南宋嘉定十四年（一二二一年）。

岳王庙为二层重檐建筑，正中悬挂"岳王庙"门匾，两侧有"三十功名尘与土，八千里路云和月"的对联，为岳飞所作《满江红》中的名句。山川门后有一方院落，迎来正面为正殿忠烈祠，中间高悬横匾"心昭天日"，这四个字正是来自岳飞生前所叹"天日昭昭"。大殿内塑有岳飞大尊坐像。殿中高悬"还我河山"匾额，为岳飞手迹。

大殿右侧为岳飞墓，建筑风格为南宋型式，墓呈圆形，墓碑上写"宋岳鄂王墓"字样。旁有其子岳云墓。正对石墓有与岳飞被杀有关的秦桧、王氏、万俟卨（音同墨棋谢，万俟是复姓）、张俊等四人跪像，为白铁铸造。四人像均无上衣，袒胸露乳，低头面向石墓。跪像后有楹联，上书"青山有幸埋忠骨，白铁无辜铸佞臣。"

苏东坡死后两年，汤阴城外乡下，岳飞出生了

建中靖国元年（一一〇一年），这是新登基的宋徽宗赵佶第一个年号，他总共用了六个年号，这个年号才用了一年。同一年，辽的年号是"干统"，西夏的年号是"贞观"，大理的年号是"开明"，大理的皇帝是段正淳——金庸小说《天龙八部》段誉的父亲——第十五任皇帝。

这一年，因为宋徽宗赵佶登基，被贬谪的六十五岁苏东坡得以离开儋州，转往廉州。他获得大赦，复任朝奉郎。北归途中，苏东坡病倒于常州，七月廿八日卒，一代文学大家陨落，也象征北宋走入另一个历史关键阶段。两年后，崇宁二年（一一〇三年）冬天，一位小娃诞生在相州，那是河南的汤阴城外乡下地方，当地著名的羑里城遗址——周文王曾被商纣拘于此。这位小娃哭声

洪亮，他的乐善好施的父亲岳和，正思索着要为这位男婴取什么名字呢，巧有一只大鸟呱呱鸣叫飞越屋瓦，岳飞因此得名。

岳飞生日三月二十四日（农历二月十五），字鹏举。《宋史》记载："未弥月，河决内黄，水暴至，母姚氏，抱飞坐巨瓮中，冲涛乘流而下，及岸，得不死。"岳飞出生二十八天，父亲外出，黄河决堤，吞没了一个又一个村庄，母亲抱着岳飞不知如何是好，正好一口大瓮迎面飘来，急中生智，抱着小岳飞坐进缸瓮，洪水载着这只水缸浮沉了几天，最后母子抵岸获救。

岳飞从小就做些杂活，到野地打柴割草。长期的艰辛劳动，练就了他结实的身体与坚强的意志。宋代的农村，冬季农闲会请来老师教孩子们念书识字，称为"冬学"。小岳飞就在科学时节接受启蒙教育。他沉厚寡言，天资敏悟，强记书传。夜晚拾薪为烛，诵习达旦不寐。父亲见岳飞性乖巧、聪明，特别请了家庭老师来教导他读经史，并勤练书法。我们从岳飞留下来的书法及文章，可看出他年轻时必定受过系统扎实的教育。

在重文轻武的背景下，岳和十分支持岳飞习武。童年时，村子里来了一位七十岁老先生周侗，武艺高强，弓道精湛，小岳飞便拜在门下向他习武。周侗（也有称之周同），陕西人，师承少林派武师谭正芳，精通多门武功，江湖人称其"陕西大侠铁臂膀周侗"。这位大侠晚年旅居汤阴乡间，隐姓埋名，教乡里小儿基本武术，以此糊口。

民间稗官野史：周侗早年在御拳馆（国家武术中心）当家掌门，有两个记名弟子：一个是玉麒麟卢俊义，一个是豹子头林冲。

卢俊义广有田产，不做官；林冲则继承了周侗的掌门地位，担任宋军中的八十万禁军教头。这两位弟子都是《水浒传》里的大英雄。周侗的记名弟子共有三个半，除了岳飞、林冲和卢俊义，那半个是过景阳岗赤手空拳打死老虎的武松。小岳飞即是周侗的关门弟子，这是事实。

《宋史·岳飞》记载："少负气节，沉厚寡言，家贫力学，尤好左氏春秋、孙吴兵法。生有神力，未冠，挽弓三百斤，弩八石。学射于周同，尽其术，能左右射。"

"同死，朔望设祭于其冢。父义之，曰：'汝为时用，其殉国死义乎。'"周侗死后，每值初一十五，岳飞必备妥酒肉祭拜恩师，并在坟前射箭三矢，以示没有荒废武功，礼毕，再将祭酒洒在地上环绕成圆，祭奠起誓。父亲曾经问他如果有一天必须殉死国家，如何？岳飞回答既然父亲允许，有何不可？岳飞这些平日大是大非的教诲，逐渐将岳飞引导向一个不同凡响的人生。

宋徽宗宣和四年，一一二二年初，二十岁的岳飞从军入伍

辽朝，又称大契丹国。辽朝国祚长达三百一十一年之久。契丹族首领耶律阿保机在九〇七年称"天皇帝"，九一六年，耶律阿保机登基称"大圣大明天皇帝"，国号"契丹"。九三六年辽太宗耶律德光获得石敬瑭送的"燕云十六州"，数年后南下中原，攻灭

五代后晋后改国号为"大辽"。与南方的中原诸政权长期对峙，北宋真宗"澶渊之盟"后，双方平等往来，辽自称"北朝"，称大宋王朝为"南朝"。

回忆一下历史：石敬瑭，是五代时期后晋开国皇帝，九三六年——九四二年在位。石敬瑭为了灭后唐，割让"燕云十六州"给契丹当是谢礼，并被辽太宗耶律德光称为"儿皇帝"。这么重要又辽阔的"燕云十六州"被大辽笑纳，当然，之后的大宋从此没有北方的国防天险，加上大宋重文轻武，"乖乖给钱"成了买国防保险唯一途径。百年来大辽乐得伸手拿钱，安逸惯了，久之被大宋麻痹、宠坏了。忘了背后有了个强悍的新兴国家"女真"。

东北长白山女真分为几十个部落，其中完颜部较大。一一一三年，完颜阿骨打继立，一一一五年，完颜阿骨打统一女真各部，并驱逐契丹的统治，建立金朝，国号为"大金"。金建国后，就展开以辽五京为战略目标的灭辽之战，很短的时间打下了辽国的北方首都上京。然后与北宋建立海上之盟，共同对抗辽国。可是宋徽宗昏聩，大金最终知道北宋就是纸老虎，与大辽对战之际，常常"顺手"袭击北宋北边疆域，岳飞的家乡曾遭金军残酷蹂躏。

一一一九年，岳飞的长子岳云出生。这一年岳飞十七岁。

王佐、朱孝等人很欣赏岳飞的才智与武功，积极邀他加入造反集团，岳飞在抗金与造反之间举棋不定，母亲知道后说："现在金兵南犯，国土沦陷，生灵涂炭，好男儿应当精忠报国，为国立功，为民除害，怎能趁国家危难举兵造反，与国与民为敌？"之后的故事，我们就都很熟悉了：母亲拿起绣花针在他的脊背中央刺上"精忠报国"四字。岳母成了四大贤母之一，其他三位分别为：孟子的母亲、欧阳修的母亲、陶侃的母亲（在《过尔优逸，恐不堪事，故自劳尔》文章已介绍过）。

宋徽宗宣和四年（一一二二年）初，二十岁的岳飞从军，投奔真定宣抚使。当时相州经常有土匪出没，小队长岳飞率领百余骑剿灭了他们，从此以智勇得有名气。不久，三十七岁的父亲去世，他返乡守丧。两年后，岳飞再度入伍，他投奔河东路平定军。

一一二五年，灭辽成功后，获得辽国的大部分土地的金国，与宋国的联盟破裂，大宋朝廷的天真政客清醒了。这一年岳飞二十三岁。金大举攻宋，并在宋朝北部建立了齐、楚等傀儡政权。稍后几年，北方这些土地都纳入金的路州行政制度中。

宋徽宗宣和七年（一一二五年），十月，金军大举南下，年底前，赵佶无法应付，急忙禅让天子的宝座给他儿子赵桓——史称宋钦宗，赵佶自己则当"太上皇"，只享乐不负责任。一一二六年九月，金军围攻首都汴京，朝廷风雨飘摇。

在《易经》有一卦《习坎》，卦象拟取两"水"迭连流至，就是喻示"险陷"众多，也是"辛苦的时候"，甚至"举步维艰"。全卦揭明谨慎行险，以及脱离险难、走向亨通的道理。古人说"险"有三类，第一"天险"，说的是天道规律不可抗拒的险阻。第二"地险"，是大地上自然生成的阻险，比如山川丘陵。第三则是"人险"。习坎是险，人要从天险地险中学习利用险，学习天险之不可逾越，学习地险的布置形态，从而设置人险。"王公设险以守其国"，把不利因素化为有利因素，懂得怎样利用险阻，这才算学懂《习坎》这一卦。

坎坎

上六	系用徽纆，寘于丛棘，三岁不得，凶。
九五	坎不盈，祇既平，无咎。
六四	樽酒簋贰，用缶，纳约自牖，终无咎。
六三	来之坎坎，险且枕，入于坎窞，勿用。
九二	坎有险，求小得。
初六	习坎，入于坎窞，凶。

《习坎》卦，上卦坎水，下卦坎水，卦象就是水连续流来。水流就下，水也润下。坎者，陷也。意思是"事物不可能总是顺利通过"，喻示"低陷险阻"。八卦之"卦德"：乾健，坤顺，震动，艮止，离丽，坎险，巽入，兑说（悦）。其中只有坎险非"基德"，为君子所不取，但需从中学得"重重险陷"的智慧与坚毅。所以，"纯卦"（就是重卦）之中，只有"习坎"为名。要知道《易经》六十四卦的次序，始于乾、坤，继之六个卦是：屯、蒙、需、讼、师、比，都有"坎"，这非偶然。要知道坎虽以"险"为义，实为万物胚胎之始。

第一爻·初六　习坎，入于坎窞，凶。

习有重习、积习的意思。习坎，即是重坎，是险中复有险之象。窞，深穴也。初六处重坎之下，落在坎下之坎，以柔居阳，质柔而用刚，入于坎险，非但无力出险，反而更加陷入深穴之中。这一爻说初六是陷得太深了，无法走出来，故"凶"。靖康之变是宋朝之耻，是皇帝与宗室之耻，更是百姓灾难的开始，老帅宗泽、小将岳飞都陷入习坎之中。

宗泽是元祐进士，有文武才，是宋代有名的军事家、政治家。本来任莱州掖县县令，因得罪朝廷使者被贬为登州通判，登州即是今天的山东蓬莱。当女真开始壮大，大宋朝廷派使者从登州渡海与女真结盟，谋划两国合作夹攻大辽。宗泽观看局势，对亲近的人说："天下从此多事了！"自此辞官隐居东阳，结庐山谷间。

靖康元年金兵入侵，当时太原失守，两河官员纷纷借故不上任。宗泽说："食禄而避难，不可！"当天率羸卒十余人单骑，前往磁州，准备共赴国难。磁州经过敌骑蹂躏之后，人民逃窜迁徙，钱粮荡然一空。宗泽抵达之后，开始修缮城墙、疏浚护城河、制造守城器械、招募义勇，开始作固守不移的打算。宗泽上书说："邢州、洺州、磁州、赵州、相州五州各蓄精兵二万人，敌人进攻一郡则四郡策应，这样一郡兵常有十万人。"宋钦宗嘉许，任命他为河北义兵都总管。

宗泽就此屹立在抗金前线——磁州。金人攻破真定之后，引兵南取庆源，从"李固渡"津头渡过黄河，金兵怕宗泽截断后路，数千骑兵直扑磁州城。六十八岁的他临危不惧，身披盔甲，亲登城楼，指挥若定，粉碎金兵攻势，斩敌数百，缴获大量战利品，这是宋军首次击败金兵。

康王赵构"再次"被钦宗遣派出使金国，行至磁州时宗泽迎接拜见说："肃王一去不返，如今敌人又用谎言诱来大王，希望大王不要前行！"康王听劝，返回相州。不久，局势又变，宋钦宗改命赵构在相州（岳飞的故乡）建立大元帅府，诏令以宗泽为副元帅。赵构举着"天下兵马大元帅"的旗帜招募义勇民兵。统制官刘浩的部队是大元帅府的基本队伍之一，刘浩推荐岳飞任职大元帅府的"承信郎"，这是个小军官职，此后他随着刘浩与金军对战。

宗泽随同康王起兵，入援京城开封。宗泽认为应该紧急会兵"李固渡"，断敌归路，康王不同意。宗泽于是独自率部队前往李固渡，途中遭遇金兵，宗泽领军大破金兵。金兵战败后，依然留兵分守与宋军对峙，宗泽派人夜捣金营，攻破三十余寨。自此金兵对宗泽钦佩与畏惧有加，称宗泽"宗爷爷"。

同年，十二月酷寒，金军持续围困开封，而岳飞随刘浩与金兵相持于相州（今河南安阳）。一天，岳飞率领百余骑在滑州南准备冰渡黄河，不料与金兵突然遭遇，仅领有一小撮骑兵的岳飞临危不乱，对手下将士说道："敌虽众，未知我虚实，及其未定击之，可以得志。"果然金兵尚未搞清楚状况前，被岳飞等冲杀，几千金兵成了刀下魂，岳飞大胜，得马数百。英雄了得，他被升为秉义郎，这是从八品的武官。

不久，赵构改派岳飞至宗泽麾下，六十八岁的老帅宗泽遇见二十五岁的小将岳飞，命其赴澶州援救开封。靖康二年，岳飞在澶州与曹州两次小胜金兵。其中澶州之役，岳飞先发两箭射中金军的两名旗兵，使其失去标志，然后纵骑突击。曹州之战，岳飞则"挥四刃铁简，自犯虏阵，士皆贾勇，无不以一当百"。

岳飞神勇异常，深得宗泽宠爱。一天他授岳飞"阵图"说："尔勇智材艺，虽古良将不能过，然好野战，非古法，今为小将，还可应付，他日为大将，非万全计也。"意思是说今天你是智勇小将，擅长野战，但他日当了大将，需摆阵与敌对战，此阵图将来可以帮上大忙。

之后，宗泽再问岳飞读后心得，岳飞回答道："所赐阵图，飞熟观之，乃定局耳。但古今不同，怎可按固定的阵图呢？兵家之要，在于出奇，不可让敌人看清，才可取胜。况且我是小将，带兵不多，使阵一定，虏人得窥虚实，我军必败。"宗泽再问："如尔所说，阵法不足用耶？"岳飞回道："阵而后战，兵法之常，但不可拘泥于情势，而且运用之妙，存于一心。"听完，宗泽沉默良久说道："尔言是也。"岳飞以过硬的心理素质，论述正兵与奇兵转换在于临场，而非临摹古阵以自缚手脚，老帅宗泽同意他的见解，认为眼前这位青年英雄将青出于蓝。

靖康二年，闰十一月，这时已是一一二七年一月九日，开封京城陷落，金人俘宋徽宗、钦宗二帝北行，史称"靖康之变"。宗室蒙尘，皇室中被俘的六千女性下场极度悲惨，此处不忍多述。"靖康之变"又称靖康之乱、靖康之难、靖康之祸、靖康耻。

第二爻·九二　坎有险，求小得。

> 九二、九五是唯二的阳爻，两刚居中，为有孚诚信之象，"有孚维心"谓维系其心诚一，故能亨通。九二陷在二阴之中，是陷入坎险之象，但九二以刚居中有能力济险，虽未能出险，以刚中之才，却足以自保而且"小有所得"。年轻岳飞的耿直，直言不讳，或许不讨喜于高宗，但武功熠熠，智勇双全，自可在战场发光发热，建立属于自己的功名。

宗泽听说二帝被俘后，随即领军赶往滑州，经过黎阳，到达大名府，想径直渡过黄河，截断金人的归路，或许可以夺还二帝，然而勤王的兵马无一抵达大名府，宗泽孤掌难鸣。宗泽又听说张邦昌僭位，于是想先诛讨张邦昌。此时宗泽得到大元帅府命令，要宗泽移师逼近京城开封，然后按兵不动以观其变。宗泽回复康王说："人臣岂有服赭袍、张红盖、御正殿的道理？自古奸臣都是外为恭顺而中藏祸心，从未有像张邦昌这样窃据宝位，放肆改元、大赦，恶状昭著的。如今二圣、诸王都被金人劫持渡河北去，只有大王在境，天意可知。大王应立即顺天讨伐，兴复社稷！"宗泽对致"社稷倾危"的叛国之徒张邦昌，深恶痛绝。

宋臣张邦昌，历史会记住的傀儡皇帝名字。话说，金兵围困开封时，他力主议和。金兵说要谈？可以！派"一位亲王、一位宰相"来当人质表示诚意，双方才能开始谈。张邦昌，就是那位人质宰相，康王赵构即是人质亲王，他俩前往金国，请求割地赔款以议和。张邦昌历任宋朝尚书右丞、左丞、中书侍郎、少宰、太宰。这次谈判当然不会成功，因为金朝怀疑康王是冒牌货，要求宋朝换另一个亲王来替换。被怀疑的康王赵构因此逃过一劫。

靖康之变，金兵攻陷汴京，掳走徽钦二帝及皇族四百七十多人，及文武百官一万五千多人北归。开封的局势是：金兵立张邦昌为大楚皇帝，张邦昌前后做了三十二天的皇帝。金国退兵之后，张邦昌脱下帝袍，去除帝号，南下归顺康王。他的理由非常冠冕堂皇："如果当时我不勉强当皇上，金兵会杀戮更多百姓。"这个论述获得康王的理解与同情。

康王即帝位于南京应天府（亦称之为归德府，今河南商丘，非江苏省的南京市），改元"建炎"，建立南宋，史称宋高宗。宗泽入见新皇上，涕泗交流，奏陈兴复大计。当时宗泽与李纲一同入朝，两人相见谈论国事，宗泽慷慨流涕，李纲引以为奇，直想这位老将军也太爱哭了。宋高宗想留下宗泽在朝廷任职，但是近臣黄潜善等人作梗，宗泽被改授龙图阁学士、襄阳知府，远离中央核心圈。

金人提出要南宋以割地换和约，宗泽上疏说："天下是太祖、太宗的天下，陛下应当兢兢业业，思虑传之万世，为何匆忙商议割让河东、河西，又商议割让陕西蒲州、解州？金兵第二次攻京城，朝廷未尝任命一个将领、派出一支部队迎敌，只听见奸邪之臣早上进一言，说要议和；晚上入一说，说要求和，最终导致二圣北迁，宗社蒙耻！臣本以为陛下会赫然震怒，将奸臣尽行贬斥，再造王室。"当然，新皇帝高宗没有反应。

开封劫后，形同无政府的乱城，府尹职务空缺。宰相李纲说要光复旧都，非宗泽不可，宗泽随即被调任开封知府。当时女真敌骑留屯黄河岸上，交战金鼓声日夜不息，而开封城防尽废，兵民杂居，盗贼横行，人心惶惶不安。宗泽老帅一向威望极高，到残破不堪的开封就职，上任后首先捕杀盗贼数人，下令说："强盗不分赃物轻重，一律军法处置！"宣示决心，自此盗贼销声匿迹，百姓得以安定。附近巨寇也纷纷归顺，为宗泽所招降。宗泽上疏请求宋高宗还京，但是高宗胆怯，一心挂意继续南巡——尽量往南一点——可以远离金兵。

不久，赵构罢免了李纲，重用投降派黄潜善、汪伯彦执政。黄潜善任右仆射兼中书侍郎，主和议苟安，与虏人画河为界。汪伯彦知枢密院事，后迁右仆射兼中书侍郎，他也是投降派。李纲任宰相仅仅七十五天，就被驱逐出朝。

年轻的岳飞看穿朝廷的偏安心态，他不管自己"轻分量"，回营后特别用工整的楷书写了一份奏折上疏表示：执政团队企图偷安，还打算退守。他建议高宗改变主意，回到京城，亲率大军北伐，以收复中原失地。赵构看到岳飞的奏章，正好说中他内心的弱点，不免恼羞成怒，宋高宗确实没有光复中原的勇气与意图，却又无法驳斥岳飞堂堂正正的议论，汗颜之火熊熊升起。当宋高宗搞清楚原来是个小小的秉义郎"教训"他，龙颜大怒便以"小臣越职，妄言国事"罪名，撤除岳飞的官职，换言之，岳飞失业了，军职归零。

岳飞受了处分，不知何去何从，听说张所在河北招募军士，遂前往投奔，重新投入军旅。张所知道岳飞的威名，大喜过望地迎接岳飞，任命修武郎，担任中级军官。张所问岳飞："汝能敌几何？"你能够对抗多少敌人？岳飞回答："勇不足恃，用兵在先定谋，谋者，胜负之机也，故为将之道，不患其无勇，而患其无谋。栾枝曳柴以败荆，莫敖采樵以致绞，皆谋定也。"张所听之讶然，因为岳飞引用两则《左传》典故阐述己见。

"栾枝曳柴以败荆"，栾枝是春秋时期晋文公的大将，晋与楚在城濮对战，晋军悄悄地埋伏在道路两旁，栾枝令几名士兵驾着马车拖着树枝，沿路狂奔，树枝在泥地刮起漫天滚尘，楚军看到灰尘飞扬，以为是晋军人马败逃的迹象，追赶而去，却遇到晋军伏击，才知中了栾枝的诱敌之计。结局自然是楚军大败，这里的"荆"指的是楚国。

"莫敖采樵以致绞"，莫敖是春秋时期楚国的官名。楚武王有个儿子屈瑕，官至莫敖。一次，楚国要去攻打绞国，屈瑕建议楚军不要大张旗鼓，应该悄然前进。到了绞国附近，也不惊动采柴的樵夫，于是，绞国的君民都不知道楚军已经兵临城外，毫无防备的绞国被灭。

张所知道岳飞不仅是骁勇武将，还是懂得兵法的智将，破格任命他为中军统领，成为麾下得力军官。在这段时间，岳飞渡过黄河，收复新乡，在太行山之役，生擒金朝大将拓拔耶乌，又曾单枪匹马，手持丈八铁枪，刺杀黑风大王，由于功业彪炳，引起了张所的手下将领王彦的嫉恨。被排挤的岳飞转往开封，重新回到宗泽麾下。

第三爻 · 六三　来之坎坎，险且枕，入于坎窞，勿用。

六三居下坎之上，上坎之下，不管进往或是退来都是"险"。此处的"之"，往也，所以说"来之坎坎"。枕，息而未安也。六三以柔居阳，失中不正，所以即使居亦难安。称"险且枕"，是说既然进退皆险，宁于可止之地，暂时歇止，如此虽未出乎险，亦不致陷于坎窞之中，所以才会有"勿用"之诫。宗泽死了，岳飞背后大山已颓，世局更加险恶，在紫金山重理脚步，在宜兴休息等待时机，即是"险且枕"的意思。

宋高宗建炎二年（一一二八年），春天，岳飞奉宗泽之命，带兵渡河，连胜几仗。

宗泽前后请求宋高宗还京的奏疏多达二十余篇，总是被黄潜善等人扣留。建炎二年六月，宗泽忧愤成疾，背上发疽。将领们前往探视，宗泽矍然说："我因为二帝蒙尘，积愤至此！你们如能歼敌，我死而无憾！"将领离去后，宗泽叹息道："出师未捷身先死，长使英雄泪满襟。"这是杜甫慨叹诸葛孔明北伐失败，命丧汉中五丈原的《蜀相》诗句。第二天，风雨大作，昏天黑地，宗泽连呼："过河！过河！过河！"阖目溘然长逝，没有嘱咐家事，享年六十九岁。

宗泽遗体由子宗颖和岳飞扶柩至镇江，与夫人陈氏合葬于京岘山麓，墓茔倚山面北，老帅虽死依然北望，意义深远，墓门面向长江，墓前竖白云石碑刻有："大宋濒危撑一柱，英雄垂死尚三呼。"

建炎三年（一一二九年），北宋首都开封残破，盗贼王善、曹成、孔彦舟等合兵五十万，进攻南门。岳飞当时仅率领八百兵士，众人都担心寡不敌众，岳飞说："吾为诸君破之。"我为各位清除障碍，一手持弓，一手拿着长矛，直冲敌阵，锐不可当，贼乱，大败之。岳飞以功"授真刺史"，这是十分荣耀的官职。

然而当时开封留守杜充——宗泽去世后接替其职位——岳飞的新上司，决定弃守，南撤建康。岳飞力争说道："中原地尺寸不可弃，只要一南撤，以后要回来，非数十万军不可。"杜充不听，全部放弃了抗金起义不断的河北各地，以致河北所有起义部队都被金兵镇压，由此彻底丢掉了北宋末年被金国侵占的达三分之一的土地。赵构的朝廷成了名副其实的"南宋"。

岳飞无奈随着杜充南撤。金兵继续大举南下，宋高宗无力抗御，从扬州逃到建康（南京），又逃到临安（杭州），后派杜充为江淮宣抚使守建康，率领行营兵十余万；韩世忠为浙东制置守镇江；刘先州为江东定抚使守太平、池州。

金兀朮分兵渡江，一路从蕲春、黄岗攻江西，一路从滁州、和州攻江东。这位民间称为"金兀朮"的金兵指挥官，善骑射，历史常称他"完颜宗弼"，女真名是完颜兀朮，也有说是完颜乌珠，他有汉姓"王"，名宗弼。金太祖完颜阿骨打第四子，江南称他"四太子"。当时金太宗完颜晟，则是完颜阿骨打的弟弟，也就是完颜宗弼的叔叔。

建炎三年（一一二九年），冬，完颜宗弼大举兵，杜充终日宴居，不省兵事。除了诛杀无辜以立威之外，杜充没有任何应敌之方。杜充闭门不战，诸将屡请，仍不理会。岳飞曾强行进入杜充的卧室，泪流满面地慷慨陈词说："胡虏大敌，近在淮南，睥睨长江，包藏不浅。卧薪之势，莫甚于此时，而相公乃终日宴居，不省兵事。万一敌人窥吾之怠，而举兵乘之，相公既不躬其事，能保诸将之用命乎？诸将既不用命，金陵（建康府别名）失守，相公能复高枕于此乎？虽飞以孤军效命，亦无补于国家矣！"

金兵渡江，南宋在长江下游的防线，已被金军突破，土崩瓦解。杜充派岳飞、戚方、刘立、路尚、刘纲等人统兵两万赶往马家渡迎战，又命王燮指挥一万三千兵马策应。两军激烈交战，而王燮不战而逃，其他诸将皆溃去，只有岳飞孤战，后援不至，士兵乏食。

杜充率三千亲兵投降，宋高宗得知杜充不战而降，哀叹道："朕待充自庶拜相，可谓厚矣，何故是？"识人不明的赵构，难过得"不食者累日"。金兵军威猛锐，进围建康，户部尚书李棁与沿江都制置使陈光邦献城出降。在越州的宋高宗决定"航海避敌"，先逃到定海，再从海上逃走，漂泊于温州、台州沿海一带，金兵从海道追出三百多里，三四个月仍然没能抓住他，随即大肆掳掠后北还。

孤军岳飞退屯建康东北的钟山（紫金山），但是兵士信心动摇军心涣散，将士中有人想投降，情势危急混乱，岳飞"洒血厉众"音容慷慨，进行了一场经典演讲，陈述自己"忠义报国"的决心，国家待我们甚厚，我们应以忠义报效国家，立功名留史册，就算壮烈牺牲也永垂不朽！讲毕，"士为感泣"，异志不存。岳飞弭平了一次严峻的信任危机。

宜兴县令听闻岳飞威名，特别送来邀请信函，称城内粮食足够军队食用十年，岳飞便率军至宜兴，县令亲自迎接岳飞。消息传开，常州的官吏、士人、居民也放弃家业来到宜兴避兵祸，不计其数。

岁末，岳飞乘完颜宗弼主力往临安集中时，一些金兵部队松散，他在广窦境中对敌六次，皆捷。我们来看看岳飞写给皇上的捷报："恭依圣旨，将带所部人马，邀击金人至广德军见阵，共斫到人头一千二百一十六级，生擒到女真汉儿王权等二十四人，并遣差兵马收复建康府溧阳县，杀获五百余人，生擒女真汉儿军伪同知溧阳县事渤海太师李撒八等一十二人。"从此之后，金兵称岳军为"岳爷爷军"，还有万余人回过头投效岳飞，军威大盛。这一年，岳飞才二十七岁。

"一樽之酒，二簋之食，瓦缶之器"都说明简朴不讲究。
簋，是古代器皿，内方外圆，祭祀时盛入黍稷稻粱于四簋，以
合乎礼制。缶，是瓦器，没有青铜器贵重。纳，是纳入；约，
是简约；牖，是窗户。"纳约自牖"是说这种简约的祭品从窗户
送进去，这是古代女子非正祭的一种"牖下之祭"。但祭祀主要
是要有诚敬之心，并不取决于规格高低，所以最终没有咎害。

六四是近君之臣，以柔居阴，当位得正，上承九五刚中之
君，值天下险难之际，刚柔并济，上下合志以出险。此爻有深
意：人心有所蔽，有所通，所蔽者暗处也，所通者明处者也。
意思是人心同时有光明面和黑暗面。自古"善于谏人"者，没
有"不明白所蔽、所通微妙之处"。如果只强劲讦直，指责不
是，当然"取忤"作收，只有反效果。宋高宗是个懦弱之君，
不能与之谈渡江大事，岳飞提出夺取襄阳六郡计划。

建炎四年（一一三〇年）三月，高宗从海上回越州，
他要大反攻了。任命张俊为浙西路江东路制置使，"诸将
并受节度"，命其收复京城建康。四月，岳飞在清水亭首
战告捷；五月，进屯牛头山，率三百骑兵、两千步兵在
建康城西北十五里设伏，击败完颜宗弼，收复建康，金
兵北撤。从此，岳飞威名传遍大江南北，建立起一支纪
律严明、作战骁勇的抗金劲旅——"岳家军"。

主帅张俊回朝后"盛称岳飞可用"，七月，朝廷以岳
飞为武功大夫、昌州防御使、通泰镇抚使兼知泰州。岳

飞的英名从此传遍大江南北，声震河朔（黄河以北地区），获得朝野的普遍尊敬与重视。他与刘锜、张俊、韩世忠等宋将齐名，史称"中兴四将"。

同年，岳飞的大儿子岳云从军，他在通泰镇抚司前军统领张宪麾下，简单地说，岳云的上司是张宪，张宪的上司是岳飞。然而，这一年，小岳云才十二岁，他是历史少有的杰出少年英雄，自幼习武，在祖母教育下（岳飞已离婚，又再婚，前妻生的两位儿子由祖母隔代教养），立下保家卫国的大志。年轻的张宪与年轻的岳云，即将进入我们的视野，请记住他们的名字，因为他们也将配祀在岳王庙，供后人祭祀景仰。

张宪，岳飞的首席爱将，二十岁弱冠从军，使一条虎头錾金枪，投奔岳飞，一直隶属麾下，被倚为左膀右臂，每有攻战，都率部先行，骁勇绝伦，冠于三军。后话，岳飞之次女岳李娥，幼年时即指婚给张宪。她十三岁时，父兄与未婚夫张宪冤死，欲为他们鸣冤，不果，抱银瓶投井而死，世称"银瓶小姐"。今在岳飞故居东南方仍有一井名"孝娥井"；河南汤阴岳王庙侧有一座"孝娥祠"。

话说小岳云，军队生活很艰苦，他不但没有得到父亲的特殊照顾，反而得到父亲特别严厉的要求。有一次小岳云跟一队战士练习从山坡上飞马下山，结果不慎人仰马翻倒在地上，状甚狼狈，结果岳飞非常生气，怒斥说："前驱大敌，亦如此焉？"当场下令将岳云斩首，后来大家拼命地求情，岳飞才让了一步，打了岳云小朋友一百军棍。

回来说说岳飞收复建康，是历史上的大事件。他意气风发地在宜兴张氏园壁上，书写着自己在胜利后的愉快心情和"迎二圣复还京师"的夙愿。我真心喜欢他的"潇潇雨歇又壮怀激烈"的豪气：

> 总发从军，大小历二百余战，虽未及远涉蛮荒，讨荡巢穴，亦且快国仇之万一。今又提一垒孤军，振起宜兴，建康之城，一举而复……即当深入虏庭，缚贼主，蹀血马前，尽屠夷种，迎二圣，复还京师；取故地，再上版籍。他时过此，勒功金石，岂不快哉！

在这段时期，金兵虽然军威迅猛，但所占领的大片江山，却难巩固。因为他们所到之处掳掠烧杀，引起各地百姓的反抗，义军蜂起，正规战打不过你，游击战保证你坐立难安。所以金兵数次大规模南下、进攻陕西，夺取占领了黄河两岸许多地区并深入江淮，最后均被迫撤兵。

建炎四年（一一三〇年），金兵改变策略，采取"以和议佐攻战，以潜逆诱叛党"。以和为饵，招降纳叛，扶持傀儡政权。九月，为便于统治，在中原（冀、鲁、豫）地区建立了一个藩国，国号大齐，册立叛宋降金的济南知府刘豫为大齐"子皇帝"，建国都于大名府，都名称北京，年号称阜昌。次年，从大名迁都于开封。

为了从南宋内部瓦解，破坏抗战力量，女真人把随同徽、钦二宗被掳到金国的秦桧遣回，让他"倡和议，作内应"。秦桧妻王氏，熙宁年间宰相王珪的孙女，也是童贯（徽宗时的六贼之一，宦官）的干女儿。为什么要介绍秦桧妻"王氏"？因为她也是陷害岳飞元凶之一。

秦桧回到了南宋，宋高宗认为他"朴忠过人"，称其为"佳士"，先任礼部尚书。绍兴元年（高宗把年号改了），一一三一年，八月，任秦桧为右仆射、同中书门下平章事兼知枢密院事，这是宰相职。《宋史》记载："桧两据相位者，凡十九年，劫制君父，包藏祸心，倡和误国，忘仇斁伦。一时忠臣良将，诛锄略尽。其顽钝无耻者，率为桧用，争以诬陷善类为功。"从这些文字可以理解南宋将更加沉沦，而忠义之士即将受苦受难。暂时不管岳飞的命运将来会如何，我们回头看看完颜宗弼新制定的西攻策略：

完颜宗弼将主力十万调至陕西，集中力量进攻汉中、四川，企图控制长江上游。三年多的时间，他多次大举进攻，也令大齐"子皇帝"刘豫手下的大将李成率领二十万大军南侵，企图迫使南宋放弃江北土地，两国议和。南宋朝廷想议和，又不愿放弃江北之地。最后，还是调兵围堵，岳飞因此被派往湖北前线，任江南西路蕲州制置使，后来，又兼荆南、鄂、岳州制置使等职。

岳飞提议"襄阳六郡"地形险要，位置关键，是将来收复中原的起点。宋高宗同意岳飞夺取六郡的提议，但不准再越界进兵，提兵北伐。因为赵构仍存有私心，想要与金通使议和。

第五爻·九五　坎不盈，祗既平，无咎。

九五是全卦主爻，称卦主。坎是水，又有流动之象，坎也是低洼，水性平，故有"坎不盈"之说。"祗"是语辞，略含"只"的意思。既，是已经。"祗既平"意思是虽不满，但已经齐平，并没有溢的意思。比喻坎水流至下游，再流入大海，适至于既平，而无盈溢之患。险失其险，故无咎。九五阳刚中正，有中庸之道，不骄满横溢，但还不够光大。为何"不够光大"？因为九五在两个柔爻之间，柔爻为小，柔爻为暗，被小暗所拘，还不够光大。能行为适中，故无咎；不够光大，所以不说吉。光大即是广大。

绍兴四年（一一三四年）五月，岳飞率军往襄阳前去，一场伟大的战役即将开打。

岳家军自鄂州渡江攻郢州，岳飞在江心对幕僚们发誓："飞不擒贼帅，复旧境，不涉此江！"

五月五日，岳飞率岳家军三万五千人至郢州，歼灭七千余人，收复郢州。之后，兵分两路。六日，克随州，十六岁的岳云也在部队中，在这次战斗中，岳云手持铁锥枪，冲锋在前，勇不可当，第一个登上随州城。此后"上阵不离父子兵"，岳飞父子成了最佳典范。

十七日，岳飞率大军至襄阳攻城，在四十里外迎战"大齐"李成十万大军。李成左临襄江布下阵势：左列骑兵于江左，右列步兵于平地。岳飞一眼看出破绽："步兵之利在阻险，骑兵之利在平旷"，李成之阵刚好限制各自优势发展，岳飞举鞭对王贵下令："尔以长枪步卒，由成之右击骑兵。"又对牛皋说："尔以骑兵，由成之左击步卒。"两军激烈交锋，李成的骑兵部队前段果然"马应枪而毙"，"后骑皆不能支"，后面骑兵大都被逼进江中淹死。另一方面，岳飞的骑兵冲击李成的步兵，"偾死者无数"，李成连夜逃跑了，襄阳也被岳飞收复。岳飞手下五虎将：张宪、王贵、牛皋、汤怀、杨再兴各个战功彪炳。

六月初，李成不甘心，又率三十万大军在新野扎营，伺机挽回大局。这次，岳飞以"饵兵之计"派出王万率兵到清水河诱敌，李成中计，被岳飞与王万夹击，李成连续兵败，不断被岳飞夺回邓州、唐州、信阳。在邓州之役中岳云骁勇浴战，从此军中皆称小岳云为"赢官人"（官人为宋代对男子的尊称，"赢"此指常胜不败的意思）。持续了两个月战争，岳飞连克六郡。正是由于岳飞连战强敌，保证宋军得以进抵黄河南岸，与河北义军汇合。

一切局势大好，可是高宗仅仅同意岳飞的"营田之法"，即为了稳定襄阳六郡的经济与军事的经营措施。但是，高宗不同意他以精兵二十万直捣中原的计划。因为高宗无意北进，只求议和，偏安江南。这段历史是岳飞"第一次北伐"，他完成了自南宋开国八年以来，第一次收复了大片失地的目标。

当年秋天，完颜宗弼率五万金兵与大齐刘豫连手，号称七十万大军卷土重来，向淮阳地区进发，被韩世忠在大仪击败，史称"大仪之战"。之后又被增援而来的岳飞击败于庐州，这时，金国的第二任皇帝金太宗病危，完颜宗弼率军返国。

这些战斗日子，岳云屡立大功，却多被父亲隐瞒不报，岳云毫无怨言（后来同为朝廷命官的张俊知道了岳云的功绩，坚持给岳云报了军功）。朝廷也多次欲赐岳云官位，但岳飞上书推辞说岳云"尚存乳臭，恐不得军功"，十分坚决地推辞了朝廷给岳云的封赏。

绍兴五年（一一三五年），也是金国的天会十三年，正月，第三任皇帝金熙宗即位，立即着手对金的政治制度进行改革，宗弼是辅助熙宗进行改革的重要人物之一。一一三七年，宗弼升任右副元帅、封沈王。十一月，废"大齐"政权，将政令收归金朝廷。

一一三七年，也是南宋的绍兴七年，岳飞已经率军驻守在陕西一带的商州（今陕西商州市）全境和虢州（今河南三门峡市）的部分地区。这是发生在去年夏天的事，史称岳飞"第二次北伐"。

这里有一段插曲：北伐前四个月，岳飞母亲去世，他是历史上有名的孝子，和老母在一起时总是全天伺候，亲自调药换衣，无微不至。母亲死后，岳飞和岳云等人扶着灵柩，光着脚徒步到江州的庐山。丧葬完毕，岳飞就留在东林寺为母守孝。古礼"丁忧"三年，如有特殊情况方可"起复"——居官守丧。岳飞坚持礼法，满朝上下均一致反对，宋高宗也反对，岳飞"三诏不起"，最后高宗动怒"如依前迁延，致再有辞免，其属官等并当远窜"，就是说你如果坚持丁忧不起复，你的部队全部受罚。

挚友李纲也单独给岳飞写信说，"宣抚少保以天性过人，孝思罔极，衔哀抱恤"，恳切希望他不要"以私恩而废公义"，"幡然而起，总戎就道，建不世之勋，助成中兴之业"。岳飞终于放弃礼法，重返鄂州带兵镇守襄汉，同时将母亲"刻木为像，行温清定省之礼如生时"。第二次北伐成功，李纲在接到岳飞的捷报后回信说："屡承移文，垂示捷音，十余年来所未曾有，良用欣快。"

岳飞第三次北伐，发生于绍兴六年（一一三六年），十一月期间。岳飞率岳家军反击刘豫的进攻，是一次小规模的北伐，进军至蔡州一带收兵，俘获刘豫几十员将领，几千名兵士，并俘获战马三千匹。

第六爻 · 上六　系用徽缲，寘于丛棘，三岁不得，凶。

系，同系，用绳子拴缚。徽缲，都是绳子种类，三股为徽，二股为缲。寘，放置的意思，也有囚禁的意思。丛棘，是牢狱，古代断狱的外朝种九棘，所以有此解释。爻辞是说被绳子捆缚起来，定成大罪，投入牢狱，三年不得出狱，凶。古代的法律，"上罪三年而舍，其不能改而出圜土者，杀。"有悔改者三年后释放，如无，或偷偷越狱者，杀！岳飞的冤狱，天理昭昭，历史会还他公平。

绍兴九年（一一三九年）一月一日，宋高宗与金朝达成和议："甘称臣，贬称号。"这是国耻，自此南宋向金称臣纳贡，降为金朝的属国，金则将河南、陕西地区归还南宋。当然，朝野上下愤慨不平。岳飞力陈道："金朝不足信，和议不足恃！"三岁娃都知道这是金兵的缓兵计，他们随时会再度发起大规模的进攻。

果然一年多，在绍兴十年五月，完颜宗弼撕毁和议，分四路南下，渡过黄河。完颜宗弼以女真族精锐在郾城与岳家军大战。二十二岁的岳云身先士卒，率全体"背嵬军"骑兵冲撞敌阵，挫敌锐气，来回冲杀，为这场重要的主力决战获胜立下大功，此战是史上少有的大规模骑兵遭遇战。所谓"背嵬军"，就是岳飞亲兵，岳家军精锐以八千余名骑兵为主，战斗力极其强悍。

"郾城之战"后不久，金兵又获得增援，以十万兵力改攻颍昌，这次战局更险恶，岳家军守军约三万力抗。岳飞预先令岳云率部分背嵬军赴援，战前，岳飞对岳云说："不胜，先斩汝头。"岳云率军在金兵阵中来回冲杀数十次，杀得人为血人，马为血马。因金兵数量远胜，岳军主将王贵一度怯战欲退，却为岳云坚拒。鏖战半日后，金兵士气低迷，岳家军留守部队五千人趁势开城杀出，一举击溃金兵。此战诛杀了完颜宗弼女婿夏金吾，还生擒金军大小首领七十八人，杀死敌军缴获军器等不计其数。

在颍昌主战场，岳飞亲率四十精锐亲兵铁骑突出阵前。看到统帅亲征，都训练霍坚怕有闪失，上前劝阻："相公为国重臣，安危所系，奈何轻敌！"岳飞回答："非尔所知！"跃马冲出，拉重弓以箭射金军阵地。岳家军将士看到统帅亲自出马，顿时士气大增，全力死战。完颜宗弼下令将重铠"拐子马"投入战斗，岳飞当即派出训练有素专门对付金军这套战术的精锐步兵上阵，以长柄麻札刀专剁重铠"拐子马"的马腿，只要一匹马被砍掉一腿即倒地，如此，重铠"拐子马"三匹马组合就无法奔驰，此时岳家军精锐步兵立刻以重斧砍杀跌落马下的骑兵和马匹，重铠"拐子马"军于是乱作一团。杀到天黑，完颜宗弼全军溃败逃走。这次战役，史称"颍昌之战"。但是，阳再兴（五虎将之一）率三百轻骑到小商桥侦察之际，被金军主力包围，杀敌二千余人，力战殉国，"后获其尸，焚之，得箭镞二升"。

战后，完颜宗弼震惊难平，仰天长叹道："岳少保以五百骑破吾五十万众，撼山易，撼岳家军难！"这句话成了岳飞神勇的脚注。

岳家军连战皆捷，全线进击，包围开封。正当抗金形势大好，收复中原在即，卖国奸相秦桧着急了，他与宋高宗——畏惧抗金成功导致徽、钦二帝南归而威胁帝位的赵构，两人决定牺牲岳飞的胜利，密令韩世忠、张俊、杨沂中、刘锜等将从淮北撤退，又令陕西方面停止作战，使岳飞军队陷入孤军状态，然后以"飞将军，不可久留"为辞，勒令退兵，一天连下十二道金牌逼迫岳飞折返。

绍兴十年（一一四〇年）七月二十日，岳飞涕泪交流，大放悲声："十年之功，废于一旦！"不得已由郾州退兵，民众遮马挽留"哭声震野"，"所得州郡，一朝全休！社稷江山，难以中兴！乾坤世界，无由再复！"刚收复的中原郡州又被金兵占领。岳飞"第四次北伐"因政治因素，以失败作收。

回到原有驻守地鄂州，岳飞写下《小重山》，描写心理幽微，半生戎甲，尽忠为国，朝中却没有多少人支持，皇帝也大加猜忌；

他只觉身心疲乏，人也日见苍老白发。此词在他被秦桧十二面金牌急召而回的情境下细读，当有无限悲凉：

昨夜寒蛩不住鸣，惊回千里梦。
已三更，起来独自绕阶行。
人悄悄，帘外月胧明。

白首为功名，旧山松竹老。
阻归程，欲将心事付瑶琴。
知音少，弦断有谁听？

“必杀飞，始可和”，绍兴十一年（一一四一年），四月，岳飞奉朝廷之命，从河南班师回到临安京城，岳飞到了京城立刻向高宗辞职。朝廷则坚持将岳飞升官为少保、枢密副使、武昌郡开国公、食邑六千一百户、食实封二千六百户，但是撤销湖北、京西路宣抚司，这是以升官之名解除兵权，兵权由张宪暂时代理。秦桧的杀机渐渐逼近。九月，为了编织岳飞的罪行，张俊（从中兴四将到历史罪人，他是秦桧好友，也仇视岳飞，后来也跪在岳飞的坟前）对张宪严刑逼供，利诱威胁要他抖出伪证，然而张宪体无完肤，仍不肯诬陷岳飞父子。张俊无奈，只得编造口供，呈报秦桧，移交大理寺。十二月，御史中丞万俟卨定案，判处岳飞斩刑、张宪绞刑、岳云三年徒刑。但宋高宗却下旨，岳飞特赐死，张宪、岳云并依军法施行。

岳飞父子被秦桧以谋反罪名予以逮捕审讯，由于找不到证据且无审讯结果，最终秦桧以“莫须有”的罪名。除夕当天，岳云二十三岁、岳飞的准女婿张宪三十岁，两人同时被斩于临安闹市。

一代名将岳飞，除夕夜在杭州大理寺狱里的风波亭，被毒死，时年三十九岁。岳飞被害前，在狱中写下绝笔字：

天日昭昭，天日昭昭！

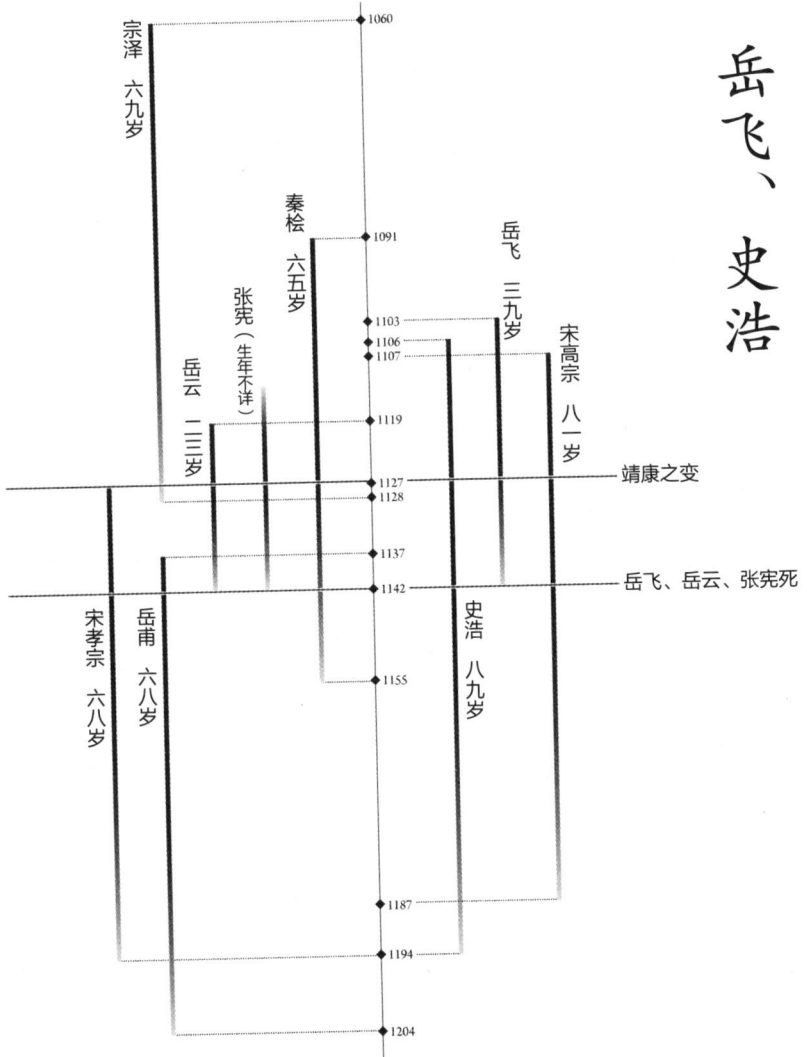

岳飞、史浩

- 1060　宗泽　六九岁
- 1091　秦桧　六五岁
- 1103　岳飞　三九岁
- 1106
- 1107　宋高宗　八一岁
- 1119　张宪（生年不详）
- 1127　靖康之变
- 1128
- 1137
- 1142　岳飞、岳云、张宪死
- 1155　史浩　八九岁
- 1187
- 1194
- 1204

岳云　二三岁

宋孝宗　六八岁

岳甫　六八岁

史浩

行李萧萧一担秋，浪头始得见渔舟

坤
震
复

上六 迷复，凶，有灾眚，用行师，终有大败，以
其国君，凶，至于十年，不克征。

六五 敦复，无悔。

六四 中行独复。

六三 频复，厉，无咎。

六二 休复，吉。

初九 不远复，无祗悔，元吉。

从岳飞的长孙岳甫，看到南宋史浩的历史身影

认识史浩，是因为写作岳飞的长孙岳甫的遭遇时，翻阅大量史料知晓的这一位英雄。

当时落笔写下岳飞死时三十九岁，岳云二十三岁蒙难。进而对岳飞之后的境遇感到好奇，他们的后代究竟怎样了呢？岳府被抄家了，四岁的长孙岳甫与祖母、母亲被下放到岭南——那个年代让人闻之胆怯的蛮荒溽热之地，遥远的毒虫瘴疬之域。据后来岳甫与两位叔叔合写的《赐谥谢表》里提到下放期间"形骸沟壑，痛固无穷，妻子蛮夷，鬼亦不食，兴言及此，流涕涟如"，那个悲惨世界，连鬼都不屑嗜食他们。

经过二十一年的流放生涯，寡母孤儿终于盼来朝廷对岳飞冤狱平反的特赦令，白发苍苍的岳飞夫人和大部分岳家儿孙幸存了下来。宋孝宗——宋朝第十一任皇帝——赵昚，也是南宋第二任皇帝，于绍兴卅二年（一一六二年），六月登基，七月下诏追复岳飞和岳云的官爵，依官礼改葬。

岳飞已经去世二十一年了，为何有此重大转折？除了宋高宗禅位给宋孝宗外，主要缘于三十六岁新皇帝身旁的五十七岁翰林学士史浩强烈建议。史浩是皇上贴身的首席智囊，君臣关系匪浅，因为赵昚还是皇子时史浩是他的老师。

"依官礼改葬"，可是岳飞尸首在何处？

当年，一生戎马倥偬的岳飞在狱中饮毒酒殒命，大理寺（古代掌管刑狱的中央审理机关）的狱卒隗顺景仰岳飞，也不舍岳飞

死于非命，尸骨野曝，冒死背负岳飞的尸身，潜出临安城钱塘门，草草埋葬于北山山麓九曲丛祠旁。坟前种上两株橘树当作标记，坟内遗体腰间下置放一枚沾着血迹的玉环也当作标记，这只岳飞生前佩带的玉环，是当年夫人李娃相赠的新婚玉饰信物。宋孝宗下令给岳飞昭雪，并以五百贯白银高额奖金征寻岳飞的遗体。隗顺已死，他的儿子把父亲藏尸的真相告之官府。宋孝宗以礼改葬，因此岳飞的遗骨才得以迁葬杭州西湖畔栖霞岭。

故事的曲折到此，我顿时对这位年纪比岳飞年轻三岁的史浩充满好奇心，心生尊敬，便开始寻找他的历史身影。

史浩的童年与承担，看到人格淬炼完整的养成路径

我们先来认识史浩的先祖。他的祖上史惟从慈溪迁户到鄞县洗马桥东，直至曾孙史诏，四代都是布衣，不曾迁居。直到有一天，宋徽宗下诏征求民间具有八种优良道德品行的人，入朝做官。大观二年（一一一七年）十月，乡下教书郎史诏被乡里推荐。朝廷派人前来征召，他当面婉拒登门的郡守，宋徽宗知道了这事，赐号"八行之家"，表扬具有八种优良道德品行的家风。低调而尴尬的史诏，只得引着母亲及家眷，悄悄迁到东钱湖的大田山隐居。随迁的还有他的大儿子史师仲，三儿子史木，四儿子史禾三家。

洗马桥旧家只留次子史才一家，因为史才翌年要赴京考试。

次年，史才中举，他成了史家第一位做官的后代。而随着父亲移居的长子史师仲，刚搬到了大田山，不久得子，这个新生命是家族的长孙。这天，阳光明媚，湖风和畅，师仲望着浩渺无边的东钱湖，若有所思，遂给襁褓中的儿子取名："史浩"。

史浩从小好读书，就学桃源书院。"桃源乡"有个美丽传说：相传东汉有刘、阮两人上武陵山采药，迷路之后，幸得仙女指木为桃赐食，才得以出山，为感谢仙女救命之恩，两人就此定居下来，遍栽桃木，渐成村落，号称桃源。如今桃源乡的溪岸都是桃林、竹园，到了阳春三月，桃花竹林红绿相映，"深竹桃源万树青，竹林桃林林隔林"。小史浩就在此地灵人杰，又书香鼎盛的桃源书院读书，累积丰厚的知识。

宣和六年（一一二四年），史浩的父亲史师仲逝世，当时史浩十九岁。史师仲临终遗言，作为长子长孙要承担起孝顺祖父的责任。以后数年，史浩一直陪伴在祖父史诏身边。建炎四年（一一三〇年），家乡明州被金兵攻陷，叔叔史才有效地组织家族成员与乡民逃难海上，二十四岁的史浩扶着祖父史诏逃难。家族幸免于难，但返家后不久，七十四岁的祖父终因禁受不起战火的惊吓和奔波的劳累，就去世了，史浩代父守孝三年。因为家中财物尽为金人所掠，家境日处贫困，但史浩却谢绝了叔父史才的接济。家庭中长子长孙的角色，生活中的种种磨难，养成了史浩有事能忍，处事多思的性格，可谓年少老成。

为了随母亲的心愿，史浩携母亲洪氏投靠天童街亲友钱氏（"街"是宋的行政区单位）。史浩则自己隐居鄮峰读书，自号真隐居士，这儿距离天童寺（创建于西晋）很近，史浩也常陪母亲听法。因此熟识了天童寺主持宏智正觉禅师，他是一位文采丰富的禅学大师，说法时往往清空灵动，既富有禅家的理趣，也能传达出超远的意境。史浩不知不觉地接受了正觉的"默照禅"，放下自我执着，是"默"；清清楚楚地知道，是"照"。这种启发对他的思想有深远的影响。

绍兴十一年（一一四一年），史浩三十五岁，居住在下水。从他的〈下水庵晓望偶题〉诗文得知他的才情，也探得他的心志更稳重深邃了：

疏树梢头露晓星，薄寒侵榻睡初醒，
沙鸥何处惊飞起，点破遥山一抹青。

自助后有入助天助，史浩被观音预言与北宋文彦博齐名

绍兴十二年岁末，岳飞冤死大理寺狱中。这年，史浩三十六岁，与母亲居相州城外下水乡间。

绍兴十四年，母亲六十岁花甲大寿，虽然家贫，出于对母亲的一片孝心，史浩还是想举行盛大寿宴，便到天童街透过亲友向钱坊（这是地方政府创办的银行）借钱为母亲祝寿。史浩安排礼节十分隆重，却因此欠下了一笔数目不少的债。钱坊本属浙江常

平司，到了秋天，因为还不了贷款，三十八岁的史浩只能避居绍兴，赁居一位卖饼的汤婆婆家里，一边读书，一边忧心忡忡。

乡试日期渐渐靠近，史浩不能返家赶考，更加郁郁怅望。卖饼婆问道："秀才为何惧怕官府？"史浩把事情始末说了。次日，卖饼婆将儿子们召集在厅堂说："我已积了一千钱，预作后事之用，现在想将其借给史秀才用于还钱，好让他一心去应试。我想一旦乡试结束，他会立刻还钱，你们不要担心。"史浩获得卖饼婆善心帮忙终于回乡，参加了乡试，而且金榜题名。史浩信守承诺，马上将钱如数归还给卖饼婆。那年史浩三十九岁。

绍兴十五年（一一四五年），四十岁史浩登进士第。

次年春天，尚未就职的史浩和鄱阳友人一起游普陀，普陀山是浙江舟山群岛中的一个岛屿，是四大佛教名山之一，也是观音菩萨的道场，享有"海天佛国"之誉。两人一早访视潮音洞，炷香供茶，回寺。吃完早膳，又来到洞门，观看垒石海涛，壮阔澎湃，尽兴后准备返回，有一僧人前来引路说："岩顶有一空，可以从哪儿往下看到奇景。"他们攀缘上岩，前后瞻顾之际，忽现金色照耀，昀然之间，观音菩萨瑞相现身，讶然的两人看着观音眉目清晰，史浩还看到观音菩萨的双齿洁白如玉。这实在太让人惊喜了，心神驰骋的史浩遂在壁上题词记述。

当夜，有一老僧访他俩客房，秉烛长谈，语重心长地说："公当为太师，比文潞公，但官家用兵，须切谏，二十年后，将与公会于绍兴。"文潞公即是北宋著名宰相文彦博，任职期间，秉公执法，世人尊称为贤相。官家，即是皇上。老僧话语的意思是史浩将来会当南宋宰相，比同北宋贤相文彦博的声誉，但是未来皇上要挥兵作战前，务必谏言敦劝慎重再三。

后话，史浩从宰相职位被贬知绍兴（二十年后），官邸果然来了一位道人，自称与史浩旧识，守卫拒不接纳。道人便索笔写了："黑头潞相，重添万里风光；碧眼胡僧，曾共一宵清话。"遂去。史浩读了短柬，回忆起当年普陀之事，知道长者僧人及碧眼道人都是大士示现相，马上追去，但来不及了。

普陀归来，史浩的第一份工作是余姚县尉。任满后史浩到京都临安待命，秦桧曾想笼络他，企图给他越级高官，史浩婉拒。不久依循制度，出任温州教授去了，在温州，他与郡守张九成熟络，这是史浩贵人之一。张九成是绍兴二年的状元，受到宋高宗的恩遇，但他在朝廷不与秦桧沆瀣一气，被以"鼓倡浮言"遭陷害，贬谪福建南安军营，这一待就十四年。后来张九成担任温州的知州。就在这里，史浩与张九成相识，两人年纪相差十四岁，成了忘年之交。

当史浩三年温州教授任满，回到临安，这时早已回临安的张九成，遂向宋高宗推荐史浩任太学正，不久升国子监博士（皇家大学的四书五经博士），也开始与高宗有了频繁的接触。史浩与高宗赵构相差一岁，但有许多共同话题。

在温州从事教育工作三年后，史浩回京，成了王府教授

话说宋高宗赵构没有子嗣。唯一的儿子赵旉，三岁时因"苗刘兵变"惊吓而死，那是发生在建炎三年（一一二九年）的军事逼宫事件。二十三岁的赵构对唯一的儿子疼爱有加，知道幼儿骤逝后，大哭三天。同一年，在扬州偏安的赵构，因为金兵突袭攻城，吓得他行房中断，落荒而逃，宋高宗因此罹患阳痿，从此无法再有子嗣。

宋高宗等待有一天他还能再生个儿子，时间拖久了，"立太子"这件事还是要面对，赵构在群臣压力下，选出两位宋太祖的后裔当皇子，为何？答案有双层：大部分宋太宗的后裔皆在靖康之难被金人掳去了，只能退而从宋太祖后裔中选取。这是表层理由。

里层：所谓宋太祖后裔与宋太宗后裔之分，这里面牵涉宋朝第一谜案"烛影斧声"。话说宋朝开国皇帝宋太祖赵匡胤暴毙，死得不明不白，弟弟赵光义"疑似"弑兄篡位。赵匡胤死前一晚，赵光义留宿宫内，"将五鼓，周庐者寂无所闻，帝已崩矣"。天快亮时，赵光义急急唤人，叫皇子都来，说赵匡胤已经薨逝。赵光义就在灵柩前即位，而且不循惯例次年改年号，他即刻改元"太平兴国"，史称宋太宗。

之后，从第三任皇帝真宗、仁宗、英宗、神宗、哲宗、徽宗、钦宗、高宗都是宋太宗的后裔。然而，宋高宗选取宋太祖后裔的

秘辛，根据《异迹略》的记载，传说宋太祖显灵托梦高宗，称"汝祖自摄谋，据我位久，至于天下寥落，是当还我位"。意思是：自从你的祖先用了计谋，占据我的帝位很久了，到达了天下稀寥破落的局面，是应当把帝位还给我了。

高宗从太祖的后裔中选出养子，初选了十名幼子，最后剩下两名，一胖一瘦，考虑再三，决定留下胖小子，赐了三百两赏礼让瘦的回去，那孩子还未走出大门，高宗还是迟疑："叫他回来，我再仔细看看。"一胖一瘦小孩，就站在内宫。这时，殿中来了一只猫，走向两位，瘦孩子没动，胖孩子却伸脚踢猫，这个举动让高宗改变了主意：瘦小孩留下来！

瘦小孩本名赵伯琮，入宫后则改名赵瑗，高宗让张婕好抚养。而受高宗得宠的吴才人，撒娇说她也想抚养一个，故又增选了赵伯玖（改名赵璩）。时间一过就是十年，两位小孩都已长大。绍兴十五年（一一四五年），赵瑗晋封普安王，赵璩晋封恩平王，这是"郡王"非"亲王"。

在宫中的赵瑗受到良好教育，但是这位天资聪颖的准王储与秦桧的关系很僵，主要是赵瑗厌恶秦桧的屈辱求和，秦桧则顾忌他的能力强。几年后，赵瑗的生父病故，身为宰相的秦桧趁机上奏，要求赵瑗出宫守丧三年，因为赵瑗皇太子身份并未确定，这个要求不过分，高宗予以准奏。秦桧的小算盘是自此废去他的皇储候选人身份，但是守孝期满，赵瑗还是被宋高宗召回宫内。

绍兴廿五年（一一五五年），中秋后，秦桧病重，赵瑗及时得知此内幕消息，告之宋高宗，皇上亲自去相府探视其病情轻重，果然病笃，暗中忖思结党弄权的秦桧应无活命可能了。终于等到这一天，宋高宗松了一口气，准备动手除去秦桧。回顾过往，宋高宗养虎为患，秦桧独占相位十七年，擅权专政，高宗渐渐也受到秦桧的钳制，相权大于皇权。晚年的秦桧加紧策划让其子秦熺继承相位，他先凭着他的权势把秦熺内定为科举榜眼，然后一路高升，六年后，官位已是知枢密院事，仅次于秦桧。

这一切擅权举动，高宗都不动声色。直到当天，赵构亲自前往相府探病。病榻旁秦熺迫不及待地问："由谁代任宰相之职？"高宗冷冷地回答："这件事不是你应该问的！"次日，秦桧、秦熺与孙子秦埙、秦堪三代一起被免职。得知皇上的旨意，秦桧当晚一命呜呼。有趣的是，秦桧三代的名字部首：木、火、土，这是五行的排序，秦埙、秦堪，还有一位小孙子秦坦，他们三人都是在襁褓中就以恩荫补官，秦埙九岁已经官拜直秘阁，赐三品服。他家三代的故事罄竹难书，果然自作孽不可活。

任职太学正的史浩提议高宗该决定立嗣了，他说道："普安、恩平二王宜择其一，以系天下所望。"高宗一直犹豫不决，总想有一天再生个儿子，这事就迎刃而解。现在，他要认真面对这个严肃问题，任命史浩为王府教授。史浩就此成了二位郡王的老师。这时，两位郡王已经近三十岁，自己都拥有王爷府。

史浩被任命为建王府教授兼直讲，两年后任起居郎兼太子右庶子

高宗为了试探两位郡王学问，便要求赵瑗与赵璩各写五百本《兰亭序》进呈，史浩老师说："君父之命，不可不敬。"普安王感到为难，史浩提醒他们这是高宗对两位的考验，普安王写了七百本进献给高宗。而恩平王赵璩呢？却一字没写。

又一次，高宗赐宫女各十人奉侍二王。史浩又提醒他们："这些都是平时侍奉皇上的人，应当用庶母之礼仪相待。"月余后，高宗把宫女召回，普安王的宫女都禀报赵瑗对她们彬彬有礼没有冒犯，仍都是处子，而赐给恩平王的宫女无一不受到赵璩玷污。高宗自己虽然好色，但他明白谁才是正确人选。

经过这两次考验，遂于绍兴三十年（一一六〇年），改称赵璩为皇侄，立赵瑗为皇子，再度更名为赵玮，封"建王"——从二字郡王成为一字亲王。下诏给建王府配直讲、赞读各一名，史浩被任命为建王府教授兼直讲。

话说，绍兴议和之后，宋金停战多年，南宋军力日益废弛，良将或死或老，士兵缺乏训练。渐渐地，南宋的安定完全要看金人的脸色。赵瑗立为皇子的次年，绍兴卅一年，金朝海陵王完颜亮，调集大军准备南侵。当时的社会背景是，十二年前，完颜亮早于绍兴十九年，发动国内政变，夺取了金朝帝位。他一直希望统一天下，尤其他读到柳永描述杭州"有三秋桂子，十里荷花"诗句，更是倾慕不已，不顾群臣反对，妄图突破南宋长江防线。

于是，金兵军威赫赫，战鼓频催。

南宋朝中大臣多数主张南迁，逃离临安，已经三十五岁的赵瑗十分气愤，请求领兵与金兵决战。史浩适时提醒，"应该避免高宗疑心"，赵瑗心领神会，再次上书，改以"请求在高宗亲征时随驾保护，以表孝心与忠心"。

完颜亮的大军势如破竹，横越淮河，进逼长江，南宋王朝岌岌可危。幸好宋军这边横空出现了一位英雄：虞允文！

当时的军情是：虞允文被委任"督视江淮军马府参军"，他正在采石矶犒军。然而，完颜亮这时战鼓频催，金兵横越淮河，进迫长江，要大举渡江，可是宋军这一边，新替任的主帅还未赶到前线，采石的防务处于群龙无首状态。面对十万火急的军情，虞允文毅然说道："国家有难，我义不容辞！"扛起重任，书生领兵，下令诸将严防死守，他将水师分成五部，明的三部列阵，另两部藏身于港湾之中。两军对阵，宋军将士用命，竟然在长江津口采石矶重创金兵。就这样，五十二岁的虞允文"资深书生"，率领不到二万守军遏止了百万金兵的攻势，挫败的完颜亮只好退兵，途中被部下诛杀。这次金兵南侵草草告终，宋朝幸免兵败。此战役史称"采石大捷"，又老又病的六十四岁刘锜（南宋初年中兴四将之一）拉着虞允文的手说："朝廷养兵三十年，武将一筹莫展，大功却由一介书生所立，真让我辈愧死。"

经过这次战役，高宗已是心力交瘁。绍兴三十二年（一一六二年），逃难外出的高宗回到临安，委任虞允文为"川陕宣谕使"。同时，立建王为皇太子，赵瑗三度改名为赵昚，史浩则任职起居郎兼太子右庶子。几个月后，六十五岁的高宗正式下诏退位。在禅让仪式上，赵构对着群臣说："朕做皇帝的时候失德处很多，多亏大家帮忙遮掩。"三十六岁的建王继位，史称宋孝宗，在位三十五年的高宗称太上皇，退居德寿宫。

新皇帝宋孝宗，马上升五十六岁的史浩为中书舍人，兼任翰林学士、知制诰，所谓"知制诰"就是负责起草诏命的大臣，非行政高官，是"首席幕僚长"。新君老臣二人准备重振国势，恢复大宋旧河山。南宋呈现新气象。

在《易经》有一卦《复》，上卦坤地，下卦震雷，卦象就是震雷在地下微动，喻示阳气"回复"。全卦的意旨是"运气正在恢复中"，此卦显现一种循环的状态，"复"原意是"归来"、"回来"的意思，复卦是刚长柔退的开始，具有重新取得活力而新生，君子、正气、生命力重新抬头。在《易经》中更专指阳气的归来，事物正气复转、生气更发的情状。

坤
震

上六　迷复，凶，有灾眚，用行师，终有大败，以其
　　　国君，凶，至于十年，不克征。
六五　敦复，无悔。
六四　中行独复。
六三　频复，厉，无咎。
六二　休复，吉。
初九　不远复，无祗悔，元吉。

从《易经·复卦》看五十六岁的史浩，如何引发宋孝宗萌动于初

《复》卦，所谓"一元复始"，一元指的就是复卦下方的一个乾元。一个阳爻的回来，代表天地阴阳消息又进入一个新的循环，"始"就是代表另一个循环的开始，所以"复"又有周而复始，事情另一个循环的开始之意。宋孝宗是南宋最有作为的君主，他不甘偏安，力图恢复中原，同时改革内政，希望重振国势。我们来瞧瞧南宋最佳宰相史浩，如何与北宋贤相文彦博齐名。

第一爻・初九　不远复，无祗悔，元吉。

> 六爻之中，初九是唯一阳爻，也是卦主。初九处复之始，才甫"动"即"复"。不远复，善心之萌，入德之初。盖人非圣贤，孰能无过，过则无惮改，就是"不远复"的本意。复卦主爻，犹人的"初念"，能失之不远即复归于善，而不至于有悔。祗，辞也，只是一个助词。所以说初九"元吉"。

史浩积极支持为岳飞父子平反昭雪，宋孝宗下诏，追复岳飞和岳云的官爵，依官礼改葬，岳飞的子孙也都特予录用。赵眘以五百贯白银高价征寻岳飞的遗体。话说，当年岳飞喝了毒酒，身亡狱中，尸首已经验明，不见发落。"孤忠骸骨髑髅边，有谁怜热心一片。"大理寺狱卒隗顺不忍，乘着夜半无人，背负岳飞尸骸从城垣崩坏处出城，往北山山麓而去，幸得一路无人知觉。掩埋已毕，如何认记？隗顺将近处小橘二株，移来植于冢上。有戏曲描述这段隗顺下葬岳飞时的唱词：

> 岳侯，岳侯！你头颅向许甘弃捐，又何惮荒园。只是今日呵，不得把残躯随帝辇，漫教你衔恨黄泉！我今日负你出来，只怕愁深地浅，向此处稍埋比怨。非幸免，倘泄漏肯辞严谴？

"愁深地浅"真是凄楚。隗顺因此义举留名于世，也足见"公道在人，天心未泯"。然而岳飞已死二十一年，无名墓冢杂草荫蔓。今日岳飞冤狱虽昭，而大理寺狱卒隗顺已死多年，他的儿子把父亲当年藏尸的真相告之官府，带领官府一行人往九曲丛祠旁寻找，果然发现两株高大的橘树，郁郁葱葱，挖掘墓穴，在尸骸腰间发现岳飞平日佩的玉环，今日仍系他腰下。确定之后，宋孝宗以礼改葬。岳飞的遗骨因此迁葬杭州西湖畔栖霞岭，与一湖冰心相伴。后话，这时在岭南流放的岳飞长孙岳甫与家人，已一路北返，他在岳飞与父亲岳云坟前结庐守孝。

史浩开始联络沦落金朝地区的中原豪杰，以备来日恢复中原，他还向孝宗推荐了一批有识之士。以布衣李信甫为兵部员外郎，这是那个年代的地下情报头目，潜入中原招纳豪杰，为北伐中原的战事蓄势待发。

六月，也就是赵昚即位后的第十一天，就起用了以直斥秦桧而名满天下的主战派胡铨。关于这位爱国名臣胡铨，有必要详细介绍一番：胡铨是建炎二年进士，绍兴五年（一一三五年），升任枢密院编修官。当时，朝中就金国入侵战和问题斗争十分激烈，胡铨闻知秦桧想要派人出使金国乞求和议，屈辱称臣。胡铨即以"冒渎天威，甘俟斧"的气魄，写下著名的《上高宗封事》，声明"义不与桧等共戴天！""臣备员枢属，义不与桧等共戴天，区区之心，愿断三人头，竿之藁街。"他要求高宗砍下秦桧、王伦、孙近三贼的头颅，挂在街头竹竿上，如若不然，他宁愿赴东海而死，也绝不处小朝廷求活。

秦桧闻听此言大为不满，即以"狂妄上书，语多凶悖，意在鼓众，劫持朝廷"之罪，欲将胡铨开除公职。朝中大臣多救之，秦桧迫于公论，才未将他除名，仅将他贬官于边远，辗转任福州签判。虽然遭受二十三年流放生涯，胡铨声誉远播天下，当时大家都希望能有幸结识这位有胆有识的大丈夫。宋孝宗先将已六十一岁的胡铨调任饶州知州，旋即把他召至临安，亲自接见，听取他对重大政策的意见。

宋孝宗随即驱逐秦桧党人，重用主战派领袖张浚，孝宗召见主战的六十六岁大臣张浚，说："久闻公名，今朝廷所赖惟公。"张浚大力陈说主和议的错误，劝孝宗坚持进取。于是孝宗任命张浚为江淮东西两路宣抚使，统帅军马，加少傅，封魏国公。

史浩又被升任参知政事，那是个副宰相的职务，他从幕僚走入政务，开始拟订国家大方向。

第二爻·六二　休复，吉。

休，喜也，乐也，美也，也有退而休之的意思。六二具柔顺中正之德，下比初九，有"礼贤下士"的意思。六二处阳长阴消之际，需以退为进，退而休之，使复者得以进步，其复美矣。六二志在从阳，阴退而阳复，所以吉也。这爻指的是体力的恢复。

史浩积极任事，也推荐了一批有识之士。但是，史浩清楚北伐劳师费财，重要的是，南宋目前的国力兵弱将庸，贸然出兵是冒险之举，暂时按兵不动，厚植实力，静观金人之变，伺机再动，而当今退守长江以北，才是稳当之计。史浩是务实的，可是朝廷的主战派居多，他们大多乐观地以为恢复中原指日可待。

史浩与张浚辩论五日，最终也没说服张浚。

话说在南宋各大名将中，张浚作战能力一般，志大才疏。张浚在南宋初年一度"总中外之任"，是显赫人物，后人对他褒贬不一，褒者赞誉他如王导、诸葛，并列岳飞，称他是抗金英雄。但是贬者则说他"无分毫之功，有邱山之过"。"邱山之过"是典故，唐朝时安史之乱，李光弼是战将，不是战略家，他曾有与史思明交战，惨败于邱山的纪录。后用来形容某人"没那么好，还有缺点"。

这时，宋孝宗已晋升张浚为枢密使，负责统帅全国军政。抗战派就在朝中占了优势。当时有陈康伯为左相，史浩为右相，朝中的秦桧党人都已被驱逐。所以，应该说朝廷的主流意见都是恢复中原，这个方向没有争议，可是争论的是北伐时机，经过论辩之后，彼此都被贴了标签，成了主战派与主守派。其中张浚、王十朋、胡铨、虞允文、陈俊卿、王大宝等人主张立即北伐，史浩、陈康伯等主守。

不管主战或主守，南宋终于行动起来了。新皇帝自己也常在宫内练习骑射，锻炼身体，一次伤了眼睛，大臣苦劝，他也不停歇。一次，在校场奔腾多时后，孝宗还不休息，马匹倒是闹起了脾气，狂奔往马厩而去，马厩门矮，万一骑在马上的人碰头，势必重伤，一阵惊呼中，孝宗自己跃起抓住门楣，吊在上面，众人扶下，他面不改色。这位跃跃欲试的三十六岁皇帝，让政治呈现几分朝气。

第三爻·六三　频复，厉，无咎。

> 频复，就是一次又一次地频频回来重新开始。六三上无其应，而以阴居阳位，有欲善而资不能之象。频，躁而不安。厉，危也，此处说的是"人心惟危"的危。六三失正不中，又处震卦之极，有心志不坚的样子，也没有固守善道。所谓"复道"最重要的是"安固"，所以频复，因其"屡失而不安"。此爻诫其屡失，所以说"厉"。然而，屡失又能频复，尚能无咎。

南宋国土比北宋少了一半，但是皇室开销、官饷军饷并未减少，所以南宋的税负更为繁重，商税更为苛刻。商人走后门与皇室拉关系，打着皇官旗号就无征税问题，甚至有些运粪船也插上宋高宗太上皇旗帜，对此，孝宗只好睁一眼闭一眼。高宗退居德寿官后，虽然高寿但无德，他纵容宦官梁康民开设酒库，这当然是犯"榷酒之禁"，就是在德寿官做私酒牟利，摆明无法无天。言官袁孚"亟请对，论北内有私酤，言颇切直"。高宗听到有人检举"私酒中心"后，大为震怒，孝宗只得退让，转而痛批袁孚"严于养志，御批放罢"，要把他下放。

史浩得知，出面问皇帝，袁孚有什么罪？孝宗说："是非所宜言，不逐何待。"史浩行劝解说："北内给事，无非阉人，是恶知大体？若非几个村措大在言路，时以正论折其萌芽，此曹冯依自恣，何所不至？"造私酒的，无非是太上皇宫里的内侍，若没有朝中几个乡巴佬大臣出来发扬正气，压制他们，这些人什么事做不出来？孝宗听完觉得有理，饶了言官袁孚。这件事情给我们的启示是说任何大团体，有谔谔之士或是乌鸦，终究是好的，否则一些偷鸡摸狗之徒终会无所忌惮。

第二天，孝宗从德寿宫请安回来，急急叫来史浩，对他说道："昨晚赴太上皇宫宴，喝得正高兴，不料皇父亲赐我酒一壶，上面有老人家亲笔写的'德寿私酒'四字。孝宗窘得无地自容，老人家直接耍赖了，直说自己后宫的是私酒，史浩宰相你说怎么办？"史浩说："陛下真是个大孝子。事关皇父，还是应该为他隐恶。"

最后，只能让袁孚"请辞"，这位发扬正气的言官还是离开朝廷了，而孝宗为他"除直秘秘阁"，"以职名华其行"，来了结德寿宫与谏官的纠纷。在这场直言与歪理，法与权的小小较量中，反映了史浩在弥合朝廷或宫闱的争斗，表现出无奈，但有圆融的智慧。

下面说说虞允文，干道五年（一一六九年），六十岁的他，担任孝宗的宰相。这一年，太上皇又生气了。话说每年太上皇生日，孝宗登进奉大量珍宝财物当作礼物。这年，为了节省，少了两样礼物，太上皇勃然大怒。吓得孝宗不知如何是好，只得与宰相虞允文商量。虞允文说："我进去劝解吧！"孝宗惶惶说我在门外等你。

虞允文求见太上皇，老皇帝满脸怒气劈头就说："朕老了，为人厌恶！"这种语气有没有一些熟悉？一些家中老人家当他们信心不足时，开始会耍赖，都是这般模样。虞允文不慌不忙地说道："皇帝孝顺，本来不肯这么做，罪在我等小臣。我们以为太上皇万寿无疆，而百姓所交的税赋有限，想减轻百姓的赋税，为太上皇积德增寿。"闻听此话，太上皇笑逐颜开，当即赏御酒一杯，连金酒器也一并送给了虞允文。虞允文转述给孝宗听，皇上也乐了，再增赐酒赏金。孝宗在位二十七年，有二十四年就是这般诚惶诚恐地侍候太上皇的。

第四爻·六四　中行独复。

> 六四柔得位，而下有初九的正应，又居五阴的中位，而能"中行"。群阴唯独六四与初九相应，所以说"独复"，不像其他四阴，六四展现出行列中独能"以从道也"，也能"正其谊不谋其利，明其道不计其功"。此仁人君子，已非凶吉定论了。这爻说的是"理智"的恢复。

南北对峙，双方都派有大量卧底刺探政情、军情，这些情报人员有时顺手搅和、破坏、消耗对方，都是常有的事。

刘蕴古是金人派来诈降南宋的，"以首饰贩鬻，往来寿春"，以珠宝商的身份为掩护来到寿春搜集情报，已经潜伏四年，别人都没有识破他。他常常阔论大金无能不堪，而大宋又是如何英武了得，以政治正确的言论博得注目。他又论道自己的兄弟"在北皆登巍科"受到重用，但是他只一心在大宋。寿春的将领蛊惑于这种伪装，向朝廷举荐此人，面对"忠诚调查"时，刘蕴古积极表态"苟见用，取中原，灭大金"。最后，连当年宋高宗都知道此人，这个热爱书法却昏庸的皇帝十分高兴，当即任命刘蕴古为迪功郎、浙西帅司准备差遣，当作政治宣传。这是小官，但是刘蕴古已经进了官场门槛。

在杭州吴山有一座伍员祠。刘蕴古一番祈祷，称他与这里心有灵犀，于是捐出俸禄，制作匾额刻上名字和职务，替换了原先富商的华匾。此举令当地百姓惊讶万分，舆论质疑"以新易旧，恶其不华耳。易之而不如其旧，其意果何在？"意思是，如果用更华丽的匾额替换也就罢了，结果新不如旧，那换了它到底是要达到什么目的呢？当时，有人指出这是联络其他奸细同伙的举动，可惜没有引起他人重视。而完颜亮在淮西战役败于虞允文后，金朝入侵宋朝的计划暂时中止。刘蕴古只有继续潜伏。

之后几年，有在南方滞留的北方游民万余人，应募要去北方营田，刘蕴古摆出为朝廷效忠的姿态，声称"毋使徒老未粗间"，说不能让这些人老死北方田间，他主动请缨要求去训练这群民众，然后率领他们北返。陈康伯、张焘等都表示赞同让刘蕴古带他们去，史浩却独持异议说："这一定是奸人来诈降，伎无所使，就借这件事返回金国。"

他当即召来刘蕴古，问他说："樊哙想以十万人横行匈奴，议者均以为可斩，今你得一万乌合之众，能干出什么奇迹？"刘蕴古大惊失色说道："这一万人都是无家可归的，带他们到北方去营田，决不会出什么意外事的。"史浩反唇相稽说："独不知通判盛眷，今在何所？"这一万人固然无家，但你的家眷在何处？那时刘蕴古的妻小还留在金国的幽燕之地。他自知失策，赶紧声明放弃此念头。两年后，刘蕴古私派他的仆人向金密献宋军机密，事发而伏诛，印证了史浩的先见。

我们顺便认识南宋当年的情报传递系统。举例杜甫著名的《春望》四十个字，成了情报密码：

国破山河在，城春草木深。感时花溅泪，恨别鸟惊心。
烽火连三月，家书抵万金。白头搔更短，浑欲不胜簪。

为了情报的安全，南宋有"字验"设计，先找四十个字的诗文，里面的四十个字分别代替四十项的军事活动，像是请刀（请支持更多刀械）、请弓（补给更多弓箭）、请马、请甲、请添兵、请进军、请固守、请草料、请牛车、贼多、贼少、被贼围、围得贼城等等。诗句"家书抵万金"的"金"字表示"贼多"，如果是"书"字表示"被贼围"，情报文书上即可在此诗上的"金"或"书"字做上暗记，后方收到后即知所言，加以回应。

> 敦，厚也。敦厚者，善行之固，成德之事。六五以中顺居尊，能心地敦厚于复善者也，故说"无悔"。此爻说的是"德"的恢复。

张浚急图恢复中原，屡次上奏，欲取山东。史浩肯定张浚"大仇未复，决意用兵"的忠义之心，但坚决反对他急于用兵的主张。

孝宗性格刚强，作皇子时期就倾向于主战派。他深知秦桧奸佞，也不认同高宗的"屈己求和"，即位后，他太想改变南宋弱国地位。张浚奏请御驾亲征，孝宗听完一乐，天真地想象如果能一举打过淮河，亲自直捣黄龙府，那该是多么惬意的一件事。他忽视了最重要的一点：金兵虽不比往昔，宋军也远远不如绍兴初年。

史浩则急急阻止，陈述三条理由，第一，"下诏亲征"，则无故招致敌兵反弹，何以应付？第二，若以"巡边犒师"之名，去岁曾有一次，州县供奉甚巨，朝廷自用缗线一千四百万，国库无以负担；第三，若为"移跸"，则无行宫，陛下自行，万一有一骑冲突，行都骚动，如何是好？"移跸"就是移驾，古时帝王出行时，实施交通管制，禁止人车通行，称为"跸"。泛指帝王出行时止宿的地方，如"驻跸"。

第一，皇上成了目标，直接招引危险；第二，花费不赀，我们国家没有这个钱；第三，目前也无合适的行宫。面对真实世界，孝宗无奈地低下了头，他知道不能蛮干，也不能随便找个借口御驾亲征，史浩讲的都是事实也是现实。孝宗就此打消亲自出征的念头，他明白史浩的反对是经过深思的。

在处理军国大事方面，史浩也想有作为。但他清楚地认识到以南宋目前的实力无法恢复中原。既然眼前没有十足的把握，不如暂时维持偏安一隅的现状。可是张浚就不同了，他进位枢密使后，都督江淮兵马，督府设置于建康，他摩拳擦掌，随时北伐。史浩提出了修筑长江的瓜洲（江苏扬州）、采石（安徽马鞍山）两处的城防，以保长江的主张。而张浚对此不以为然，这是自动向敌人示弱，要么，就先把前线往北推，然后在淮河的泗州设置城防。

史浩不是处处与张浚为难，因为朝廷南迁这些年来，南宋军队多由南方人组成，特质是机灵有余，而勇武不足。绍兴之议后这么多年的和平时期，军队缺乏训练，纪律涣散，根本无法跟当年"岳家军"、"韩家军"相比。在此形势之下，不致力于加强军事实力，只急着要一战定江山，真让人担心。史浩主张的是：先加强长江防线，整顿士卒，先立于不败之地，然后伺机而动。明眼人都清楚：以六万缺乏训练的宋兵向十万有备而来的金军铁骑叫阵，是一件很冒险的事！

诚然，老人家最缺乏的就是时间，然而他愿意等待，聪明地等待。新进的年轻人嘴头强硬，有的是时间，却不愿稍候片刻，急得风风火火想要出征。史浩的担心，也成了他被冷落的诱因。

六三"频复"屡错屡改。"迷复"是迷迷失失不知哪里错，也不知怎么改。之前五爻体力、理智、道德得到恢复了，行为也恢复了，内心也恢复了。在尽头的这一爻，反而茫茫无复路了，不知往何处复了。灾，自外来。眚，由己作。上六以柔居阴，处坤体之极，复卦之终，内心空虚而迷失。如同位高而无下仁之美（上六已远离复卦的初衷），远刚则无迁善之机（上六离初九阳刚最远），厚极而有离开之蔽（上六有即将舍弃复卦之象），柔中则无改过之勇（上六是六阴爻之中最柔弱，又无应无比者），当然得凶，当然有灾眚。以"迷复"而行师，则终有大败。以"迷复"而治国，则君必有凶。十，数之终也。"至于十年，不克征"，说的是迷复则终不能行也。

以其国君，凶，至于十年，不克征。

张浚本来不是武将，既不知人善任，又不善出奇制胜，只会一味主张强渡硬攻。北伐军以李显忠、邵宏渊为主将。这时，此二人又再度上奏请求引兵进取。史浩上奏制衡说："二将动不动就来请战，难道督府命令可以不行吗？"张浚不顾史浩的阻止，请求入觐，直接找皇上，请求皇上即日下诏进建康。

皇上问史浩，史浩陈述不可贸然进军的理由。退朝后，史浩又用诘问口气对张浚说："帝王的军队，应当万无一失，才可以出，岂可尝试以图侥幸？"以后他与张浚又在殿堂上反复辩论。张浚说:"中原沦陷已很久了,现在我们如果不夺取,豪杰一定会争着去收取。"史浩反说:"中原决然没有什么豪杰的,如果有豪杰的话,他们为什么不起来亡金呢?"张浚说:"那儿民间没有武器,因而不能自起,等到我军一到,他们一定会积极作内应的。"史浩说:"陈胜、吴广用锄櫌棘矜亡秦,他们一定要等我部队到才起事,这就不是豪杰了。"中原当然有豪杰,像年轻的辛弃疾就是,但是,战事是国之大事不能儿戏,史浩用的是辩论技巧,希望打消张浚的念头。

张浚刚愎自用,虽然在辩论中处于下风,但他还是在第二天上书孝宗说:"史浩的想法不可以改变了,臣恐怕失去一个良好的机会,恳请皇上作出英明决断。"此时的孝宗正是锐气十足,虽然他曾在史浩的阻拦下一度犹豫,但经过张浚的陈述,他决心一战。隆兴二年(一一六四年)四月,孝宗绕开宰相和枢密院,直接下令张浚江淮都督府挥师北伐!

在相府中的史浩,忽然得知邵宏渊出兵的命令,方才知道皇上绕过三省,直接给诸将下命令了,便灰心地向陈康伯说:"我们都兼右相,但出兵不跟我们说,还用我们做什么用!不辞去还等什么?"这是政治责任,遂请求辞相。有政治才干、头脑冷静、处事稳妥的史浩,任职右仆射仅四个月,不惜辞官而去。史浩为了坚持自己的想法和观点,君子有进有退,有行有止。

宋军出征之初,进军较为顺利,连克几县,特别是李显忠败金兵精锐"拐子马",一口气追杀了二十余里,勇夺重镇宿州。孝宗大喜,亲笔写信给张浚:"近日捷报传来,军民深受鼓舞,这是十年来未见的大捷。"其实这时军中已暗潮汹涌了，邵宏渊忌妒李显忠战功，处处闹别扭。而李显忠不肯开宿州仓重赏士卒，引发骄兵一片怨言。

张浚出师又出昏招。本来开始出兵时，李显忠为主将，可以节制邵宏渊，但邵宏渊找到张浚抗议，张浚就同意两人各领一军，互不统属。不久，金兵十万云集宿州外头准备反攻，李显忠令邵宏渊合力御敌，然而邵宏渊按兵不动，还在阵后说道："当此盛夏，摇扇乘凉还喘不过气来，何况披甲在烈日苦战？"

将军的态度如此消极怠慢，军心当然动摇。宿州城外的宋军各将纷纷带队逃跑，李显忠只能移军入城与敌相持，继续杀敌两千。金兵二十万援军眼看就要到了，李显忠连夜退兵符离。南宋部队到了符离，便不战而溃。符离溃败的关键就是因为邵宏渊不援助李显忠。而且，北伐时，前线部队在安徽，而张浚自己驻扎在扬州，距离这么远，如何指挥？焉能不败。

至此，历时仅二十天的北伐，以失败告终，李显忠见到了张浚，又羞又恨，纳印待罪。孝宗并不灰心，下诏御驾亲征，给张浚打气道："今日边事倚卿为重，卿不可畏人言而怀犹豫。前日举事之初，朕与卿任之，今日亦须与卿终之。"前日举事之初，朕与你共负责任，今后也要和你共同进行到底。然而，不久孝宗下诏反省自己，秦桧余党张退之等人把张浚赶出朝廷，准备派出求和使节。

兴隆元年（一一六三年）八月，金人提出宋仍向金称臣、纳岁币，割让海、泗、唐、邓四州。宋使卢仲贤辞行往北国谈判前，张退之私下说："你可以不理会皇上'不割四州'的底线，自己看着办。"孝宗的威信扫地。卢仲贤到了宿州的金营，不敢有任何争辩，表示愿意接受所有条件。孝宗闻知大怒，将卢仲贤革职下放。

此时两国和谈陷入僵局。孝宗召回以病辞去宰相的陈康伯。陈康伯抱病以进，稳住政局。张浚又回到中央恢复官职，不久升任右丞相，顶替史浩留下的职缺，此时孝宗内心有新的算盘。

此时，德寿宫的太上皇持续对孝宗施压，甚至对依旧抱有二次北伐幻想的孝宗说："还是等我百岁之后，再讨论这事吧！"主降派的张退之有了靠山，时时抬出高宗来压制孝宗，气焰更嚣张。与张浚、陈康伯、虞允文等人双方吵得凶时，张退之又搬出太上皇，说国家社稷大事应禀报太上皇再行，把一旁的孝宗气炸了，骂道："张退之，你比秦桧都不如！"

隆兴二年（一一六四年）五月，孝宗下令撤去江淮守备，主动放弃四州之地，也同意张浚的第二次辞职请求，孝宗开始服软。八月，张退之看到孝宗依然犹豫不决，为了急急求和，他甚至吃里爬外暗通金营，对金兵说如果你们重兵加压，我们皇帝就会乖乖就范。十月，金兵对南宋发动新的进攻，孝宗要求张退之都督江淮兵马，由他率军对抗金兵，但张退之拒绝就任，不久楚州、濠州、滁州相继沦陷，金兵已峙临长江北岸。

南宋朝野舆论哗然，声讨张退之等媚敌卖国的无耻行径，最终张退之被罢，押往永州管制，太学生张观等二十七人上书孝宗斩张退之以谢国人，在往永州途中的张退之听说此事，忧惧而死。另一方面，二度辞官的张浚，返乡几个月后，不久得疾，手书付二子说:"吾尝相国,不能恢复中原,雪祖宗之耻,即死,不当葬我先人墓左,葬我衡山下足矣。"这是张浚的自省之语,享年六十八岁。

同年,十二月,孝宗命原来停留在镇江的使臣魏杞渡过淮河,到金朝求和。行前,孝宗当面喻示:"今遣使,一正名,二退师,三减岁币,四不发归附人。"魏杞提出十七条模拟问答让孝宗确认,更向孝宗说明金朝如果"万一无厌,愿速加兵",万一北朝贪得无厌,请皇上再度出兵,不要管我生死。魏杞此行危机四伏,北上沿路,受到金兵将领的无理要求,甚至有金兵的将领因为魏杞不肯屈服,大怒,挥剑恐吓,剑及颈而止,魏杞视死如归,没有躲避敌人的剑。魏杞没有被金人吓倒,继续北上燕京。

次年,干道元年(南宋年号已由隆兴改为干道,隆兴战败,改年号以求改运),正月,魏杞在燕京晋见完颜褒,他在朝堂上扬誉自己南宋皇帝的能力,向金主道:"天子神圣,才杰奋起,人人有敌忾意,北朝用兵能保必胜乎?和则两国蒙其福,战则战士蒙其利,昔人论之甚悉。"意思是,彼此双方不要战争要和平,万一要战,金朝不见得必胜!这段话切中当时宋金两国实情。

在魏杞出色的外交争取之下,金人同意宋皇帝不再向金主称"卑臣",改称"侄儿",确定了双方国书称谓,宋国书为"侄宋皇帝昚,谨再拜于叔大金圣明仁孝皇帝阙下",金国书为"致书于侄宋皇帝",不写名字,不写尊号,不称阙下,自此成为宋金国书的定势。这一段历史有载:"金主以国书不称臣而称侄大怒,绝其饮食。杞慷慨陈义,气劲词直,金主终以礼待。"金主生气了,不给魏杞食物饮水，魏杞不惧，抗争到底。魏杞了不起，令人佩服。

和议中，宋金两国以完颜亮南侵前的疆界为准，宋向金纳银，由银、绢各二十五万两、匹，减为二十万。此和议一一六五年达成，使宋金两国成为叔侄之国，史称"隆兴和议"，又称"干道和议"，自此南宋再享有四十年和平。孝宗再也不奢想北伐之事了。老臣史浩协助新皇帝奠定恢复中原的根基，可惜受挫于赵眘的"迷复"，轻易用兵，以致北伐失败。这是史浩的遗憾，应该也是南宋的遗憾。

回头说说史浩，罢相归来，返乡途中经过慈溪，慈溪县令出城外数里前来迎接。不久，县里的其他官员也来参拜，将县衙挤得满满的，史浩站着还礼表示感谢，县令局促不安，请求免礼。史浩说："阁下与之，有名分，某与之，为乡曲，自是不同。"史浩没有因曾居高位而轻视下级官员，他自有分寸。

闲居慈溪数日，史浩去了余姚游览，拜谒严子陵墓。严子陵，东汉人，著名高士，隐居富春江一带。之后，此地成了历史所有仕途不顺的文人，来作心灵疗养的地方，李白、范仲淹、苏东坡、黄公望、范成大、孟浩然、陆游、徐渭、梅尧臣、李清照、朱熹等等都来过。在朝廷公职走了一圈后，史浩回到他的出生地，宁波东南近郊逶迤绮丽、秀峰峥嵘、连绵不绝的青山群抱中，面对父亲当年取名为"浩"的美丽一泓东钱湖，他吟下：

> 行李萧萧一担秋，浪头始得见渔舟；
> 晓烟笼树鸦还集，碧水连天鸥自浮。

干道初年，六十三岁的史浩受命知绍兴。到任后，他倾心于地方工作，兴修水利，惩除强暴，深得人望。那年的卖饼婆还健在，史浩就派人用车将她接来，让她坐在堂上，接受他恭恭敬敬的礼拜。史浩想推荐她儿子去做官，卖饼婆表示感谢，但没有接受，她说："希望丞相的子孙，如果有一天能到绍兴来做官，不要忘记我家，能给予接济就行了。"史浩应允，当成家训慎重告诉儿子。

后话，史浩儿子史弥远为常平使者之时，又到卖饼婆家去，当时她已去世，史弥远在她的画像前跪拜，与她的儿子一起坐在堂前叙旧，并送了很多金帛。到了史浩孙子史嵩之在绍兴做官，卖饼婆的子孙们都在，史嵩之也像当年祖父待卖饼婆一样对待他们。

淳熙十三年（一一八六年）十二月，四十八岁的岳甫刺使明州。来到明州，岳甫首先拜见了致仕归乡的史浩，此时史浩已经七十九岁。两人的相会，是历史的一页，史浩翔实地把当年昭雪岳飞的前后经过，说给了岳甫，岳甫依旧激动万分屡屡拭泪。之间，岳甫又向史浩了解明州州情民意，请教治理方策。后话，岳甫在地方事务履有建树。

再说说辞去相职后的史浩，隐居乡野，依然写词不懈，其中有词牌《如梦令》，词文说明他下野后的豁达，进退有节与享受人生，轻松，写意：

一笑尊前相语，莫遣良辰虚度。
饮兴正浓时，兔碗聊分春露。
留住。留住。
催办后筵歌舞。

与史浩时代相去不远的李清照，十七岁的她也有《如梦令》词文，夜半悠醉，浓睡残醒，她在思念何人？老少两人都喝了酒，史浩面对酒樽笑语不断，饮兴正浓，留住，留住。而李清照则是红颜伤情，叶重花蕤，知否？知否？

昨夜雨疏风骤，浓睡不消残酒。
试问卷帘人，却道海棠依旧。
知否？知否？
应是绿肥红瘦。

我们下回介绍李清照，史上最著名的女词人，她的情，她的愁，她的苦。

李清照

知否？知否？
应是绿肥红瘦。

兑
艮
咸

上六　咸其辅、颊、舌。

九五　咸其脢，无悔。

九四　贞吉，悔亡；憧憧往来，朋从尔思。

九三　咸其股，执其随，往吝。

六二　咸其腓，凶；居吉。

初六　咸其拇。

少年看《如梦令》中年读《念奴娇》现在咀嚼着《声声慢》

中学时读了李清照的词，深深着迷这位旷世才女的文笔与才情。深读再三，渐渐地多认识了她的词句，也发现她有两大兴趣爱好，一个是酒，一个是梅，从她的诗词里不断地出现，而且新意不绝。高兴时候，她喝酒起舞吟诗作词；痛苦时候，她也喝酒释放心情，所有离愁别恨都朦胧地加入清酒的香醇味。

有了风雪梅情，李清照情怀的"愁"字隐藏于不屈风骨之中，多了高雅情操，而且香中有韵。酒与梅之间，有时，孤独的光影稍稍一闪，有看不到的惆怅，也有遭冷落、不甘心，而又不能明说的心情，在酒意，在梅香中幽幽微启。

看似平常，细细品味，平淡中有着惊涛骇浪的情感，对于李清照的词，我有不忍释卷的赞叹与不舍。少年时读她的《如梦令·昨夜雨疏风骤》，懂得她的少女情怀；青年时读《小重山·春到长门春草青》，明白她的期待与梦想；中年时读《念奴娇·萧条庭院》，深刻同理她的挣扎与无尽孤独；现在读着《声声慢·寻寻觅觅》，还是一步一叹，一时心情，一种回味。

她的人格像她的作品一样令人崇敬。她既有女性之淑贤，更兼须眉之刚毅；既有常人愤世之感慨，又具崇高的爱国情怀。她不仅有卓越的才华，渊博的学识，而且有高远的理想，豪迈的抱负。她的词，读来尽兴。

我忍不住想要窥探她的童年，她的养成，是什么样的家庭与身世，让她的文学世界精彩纷呈。由此本文通过透视她的灵魂，她的才华，以期了解是什么样的不凡与专注，让她的轻巧笔尖绽放了绣心秀口。

"婉约宗主"是李清照的赞誉，我喜欢称她"李三瘦"

后人称李清照"婉约宗主"，这是对她文学成就的高度赞誉，但我喜欢其友人称她"李三瘦"的外号，说的不是她的纤细身材，而是对她特别才能和特色的概括。她的作品几度用"瘦"字来比拟花容月貌，有三阙词特别著名，今日读来，依然让人闲适舒畅。我们今天若用了这字来形容花朵，就让人联想到千年前的她，文学真是太神奇了。

第一瘦是《如梦令·昨夜雨疏风骤》，以海棠为例，胖了丰硕的叶，必然瘦了红花，这是植物自然的平衡，却又色彩鲜艳饱满，让人眼睛一亮。黄蓼园在《蓼园词选》中则说："绿肥红瘦，无限凄凉，却又妙在含蓄，短幅中藏无数曲折，自是圣于词者。"

> 昨夜雨疏风骤，浓睡不消残酒。
> 试问卷帘人，却道海棠依旧。
> 知否？知否？
> 应是绿肥红瘦。

第二瘦是《醉花阴·薄雾浓云愁永昼》，背景是新婚不久，李清照夫妻别离两地，她思念心切作词抒怀，寄托丈夫诉说离情别苦。杨慎在《草堂诗余》，批点她的后两句："凄语，怨而不怒。"

　　薄雾浓云愁永昼。
　　瑞脑消金兽。
　　佳节又重阳，玉枕纱厨，半夜凉初透。
　　东篱把酒黄昏后。
　　有暗香盈袖。
　　莫道不消魂，帘卷西风，人似黄花瘦。

第三瘦是《凤凰台上忆吹箫》之中的"新来瘦，非干病酒，不是悲秋"，那新添的瘦是为何？不直接说明，而是用排除的方式让人思忖，也让人多了延伸无限想象空间。想象，是文学最难得的力量。有诗评说："新来瘦三句，申言别苦，较病酒悲秋为犹苦。"

　　生怕离怀别苦，多少事、欲说还休。
　　新来瘦，非干病酒，不是悲秋。

李清照出生于宋神宗元丰七年（一〇八四年），双鱼座

然而，她的爱情，她的婚姻到底是怎样的呢？我们先从她的

童年、少女时期说起吧。李清照出生于宋神宗元丰七年（一〇八四年）。一个爱好文学艺术的士大夫的家庭，父亲李格非进士出身，以文章知遇于苏轼，成了苏东坡的学生，官至提点刑狱、礼部员外郎。藏书甚富，善属文，工于词章。

李格非世居山东济南章丘明水。顺治年间诗人田雯在《柳絮泉访李易安故宅》诗文描述："跳波溅客衣，演漾回塘路。沙禽一只飞，独向前洲去。清照夕年人，门外垂杨树。"这些沙洲杨柳，正是李格非家居日常生活中，触目熟稔的景物。根据《宋史·李格非传》："其幼时，俊警异甚。有司方以诗赋取士，格非独用意经学，著《礼记说》至数十万言。遂登进士第。调冀州司户参军，试学官，为郓州教授。"所谓"俊警异甚"就是俊逸好看，思维敏捷，而且超越他人甚多。这段叙述，说明李格非的经学成就不凡，并以严谨的学问能力，晋入仕途。

李格非的妻子是宰相王珪的女儿。王珪为宋仁宗庆历二年的榜眼进士，曾以翰林院学士知开封府。应是这个时期王珪将女儿许配给李格非，京都开封的市长女婿，市长的千金——她即是李清照的母亲。李清照诞生于父亲的故乡——齐州章丘明水镇，因为母亲系出名门，娘家几代都荣登进士，甚至到了李清照外公王珪巅峰之际，还受封为岐国公，在宋神宗熙宁时，晋升为中书省平章事，这是宰相职。

李清照的父母虽然都是书香世家，但母亲出身相府之家，她算是"下嫁"李格非，这位年轻人不过是个小小地方官。相门小姐从富贵到平凡，从此勤俭持家、娴惠淑德，势必有一个心理调整期。然而，她生产女儿时因为难产，元气大伤，身体状况一直虚弱不振，固恙缠身，在李清照年幼时便去世了。

之后，李格非在晁补之的牵线搭桥下，再娶了王拱辰的孙女。王拱辰是宋仁宗天圣八年的状元。王拱辰本名王拱寿，中了状元后，皇上赐名王拱辰。王拱辰前后娶了龙图阁学士薛奎的第三、第五女儿，而欧阳修则娶了薛奎的第四女儿。王拱辰再婚时，老婆从三小姐换成五小姐，欧阳修曾戏道"旧女婿为新女婿，大姨夫作小姨夫"。算来算去，李清照与欧阳修有了远房亲戚关系。

这位年轻的新妈妈来自奢华之家，但贤良贤淑，温柔善良，对李清照关爱有加。然而，如此状元之家的千金，知书识礼，家世显赫，肯"下嫁"死了老婆又有幼女的中年人，想必李格非的才华与人品一定有其魅力之处。而媒人"晁补之"何许人也？他是"苏门四学士"之一，其他三位是张耒、黄庭坚、秦观。

晁补之与苏东坡的关系，源于晁补之十七岁时随着父亲赴任杭州新城令，在那里，年轻的小晁，认识了父亲的好友——杭州通判苏轼。当时，苏轼看了小晁的文章，赞誉说"吾可以搁笔矣"，又赞他"于文无所不能，博辩俊伟，绝人远甚，将必显于世"。李格非与这四学士有着密切来往和深厚的友谊。李格非与廖正一、李禧、董荣，后来有"后苏门四学士"之名。后话，这些学士们都成了苏东坡的仕途共同体，当苏东坡被贬时，他们也都没啥好日子过。不管如何，李清照的文脉与苏东坡有了深远关系。

回头说说小李清照，因为父亲辗转在外做官，她则在明水老家接受"新母亲"的教诲与熏陶，从此开启了她对学问浓厚的兴趣。李清照从小是个非常聪慧的女孩，新妈妈虽然疼爱有加，但敏感多愁的少女多了些独立个性。

母亲是基础文学的教导者，父亲开通了她的文学之路

李清照除了受到母亲的基础文学的教导，关键还是父亲的指引，李格非在李清照幼年时，即已经发现这个女儿的聪慧与天分，他对于女儿的文学之路持开放态度，并不时地予以指导。除了文学能力的提升与深化，李格非的身教也深深地影响着小清照。

李格非在江西广饶任职时，辖内有位道士干尽黑心事，坑蒙拐骗，利用诈术致富，乡人对他的道行与占卜半信半疑，苦无对策，任其鱼肉。一次，李格非逮住机会，当众拆穿他的骗术，执行棍刑后逐出所治辖区，百姓欢欣鼓舞。小清照在父亲坚持正义，嫉恶如仇性格的熏陶下，逐渐坚毅正直的意志。

李格非工作之余，也勤于写作，他有许多作品，现今虽已佚失。但对常在父亲书房阅读大量书籍的李清照而言，看到父亲孜孜不倦的工作，必深受其影响。因为父亲藏书丰富，小清照大量涉猎各类先贤著作，为后来评论他人之作打下了坚实的基础。渐渐地，她的文学作品有了自己的风格，甚至日益超过父亲。清人陈景云曾说"其文淋漓曲折，笔墨不减乃翁"。

升任礼部员外郎的李格非，已不是调职频繁的地方官了，礼

部员外郎，相当于今天的教育部科长，任职于京都开封，那里是人文荟萃的中心，是繁华的首邑。李格非希望他的十六岁女儿到开封见见世面。过去李清照的生活都是在章丘明水老家度过，现在要她到浓厚的文学创作之都，更进一步地学习，同时也让京城的文学家知晓女儿的聪慧机敏与文学才华——这是身为父亲"最潜隐"的骄傲。

十六岁的李清照迁居汴京，在京城初试啼声惊喜四起

到了汴京，十六岁的少女李清照有了许多机会与"苏门四学士"叔叔伯伯学习，这些文学家们对她的思想的提升与实力的提高都有深刻而具体的影响。当时，黄庭坚五十五岁、秦观五十一岁、晁补之四十七岁、张耒则是四十六岁，这些实力强劲的苏东坡的朋友们，此刻正是他们文学创作的巅峰。而他们也激发了小李清照无限的文学创作视野与热情。

一天，张耒瞻仰了朋友相赠的《中兴颂碑》墨拓，感慨万千，提笔振飞，写下有名的《读中兴颂碑》，热血滚滚，思绪飞扬。

这碑文是元结撰作，颜真卿书写，内容为纪念平定安史之乱，碑刻上记录着平定叛乱的始末，从叛乱、潼关沦陷、唐玄宗夜奔四川、马隗坡之变、唐肃宗在灵州登基、任命郭子仪为朔方节度使等等，到最后平定叛乱。元结是天宝进士，文学表现刻意求古，

意气超拔，他也参与抗击史思明叛军，立有战功。颜真卿则更了不起，可参看《英雄的十则潜智慧》的《生死已定，何必如此多端相辱侮！》。张耒忆起颜真卿的情操，想起郭子仪的神勇威武，前朝平叛旧事，而今大宋虽兴旺繁荣，可是暗潮汹涌，国家危机四伏。张耒是熟知历史的，手持碑文，笔下生情：

> 潼关战骨高于山，万里君王蜀中老。
> 金戈铁马从西来，郭公凛凛英雄才。
> 举旗为风偃为雨，洒扫九庙无尘埃。
> 元功高名谁与纪，风雅不继骚人死。
> 水部胸中星斗文，太师笔下蛟龙字。
> 天遣二子传将来，高山十丈磨苍崖。
> 谁持此碑入我室，使我一见昏眸开。
> 百年废兴增叹慨，当时数子今安在。
> 君不见，荒凉浯水弃不收，时有游人打碑卖。

李清照看到了张耒的诗文，感受到他的激情澎湃，年轻的她熟读历史，对这段唐朝的叛乱事件始末有深刻感触，她也激动不已，居然提笔唱和了两首《浯溪中兴颂碑和张文潜》，文潜就是张耒的字。李清照这两首比张耒诗文更进了一层，她不仅写了安史之乱前后，还做了时代性的总结，她认为功绩无需用笔刻碑记录下来，碑文内容也不见得可靠，这个中兴颂碑又如何？还不是杂草淹蔓已被后人遗忘？而功劳最大的郭子仪，还不是被皇帝猜疑？随着胜利后的安稳时期，还不是又丛生其他政变？这么重大的国家问题并没有得到当局的重视与皇上的反省。李清照有更深入一层的论述：

其一
五十年功如电扫，华清宫柳咸阳草。
五坊供奉斗鸡儿，酒肉堆中不知老。
胡兵忽自天上来，逆胡亦是奸雄才。
勤政楼前走胡马，珠翠踏尽香尘埃。
何为出战辄披靡，传置荔枝多马死。
尧功舜德本如天，安用区区纪文字。
着碑铭德真陋哉，乃令神鬼磨山崖。
子仪光弼不自猜，天心悔祸人心开。
夏商有鉴当深戒，简策汗青今具在。
君不见，当时张说最多机，虽生已被姚崇卖。
其二
君不见，惊人废兴传天宝，中兴碑上今生草。
不知负国有奸雄，但说成功尊国老。
谁令妃子天上来，虢秦韩国皆天才。
苑桑羯鼓玉方响，春风不敢生尘埃。
姓名谁复知安史？健儿猛将安眠死。
去天尺五抱瓮峯，峰头凿出开元字。
时移势去真可哀，奸人心丑深如崖。
西蜀万里尚能返，南内一闭何时开。
可怜孝德如天大，反使将军称好在。
呜呼，奴辈乃不能道辅国用事张后尊，乃能念春荠长安作斤卖。

在《易经》有一卦《咸》，是爱情的卦象，"咸"的意思是
"感"，卦名有"交感"的意思，阐述的是"相互沟通，建立感
情"，也阐明事物感应之道，并侧重揭示男女交感之理。强调感应

必须动机纯正，态度谦虚，顺其自然。感应于正必吉，以能静为宜。如此才女李清照，不旋即已经知名于汴京，声誉鹊起的二八佳人，她的感情如何？我们尝试用咸卦解读她的婚姻，也说说人总是在不同的水平状态上互相感应，互相沟通。

从《易经·咸卦》看十八岁的李清照，如何与夫婿共相感应

```
上六  咸其辅、颊、舌。
九五  咸其脢，无悔。
九四  贞吉，悔亡；憧憧往来，朋从尔思。
九三  咸其股，执其随，往吝。
六二  咸其腓，凶；居吉。
初六  咸其拇。
```

兑
艮

《咸》卦，所谓"咸更胜于感"，"无心之感"讲究彼此默契已入更高境界。咸卦艮下兑上，艮为山，兑为泽，山上有泽，泽性下流，能润于下，山体上承，能受其润。以山感泽，称之"咸"。同时"艮"是少男，是刚；"兑"是少女，是柔，少男礼下少女，有刚柔交感之意。咸是无心之感，象征无心的感应，这是异性之间必然也自然的现象。学得此卦，要理得君子应该虚怀若谷，广泛容纳感化众人，更应该开放地接受他人的感应。李清照的文学成就，就是她能广泛感应众人的情感，文学的穿透力是惊人的，千年后，读着她的词依旧如此心有戚戚焉。

第一爻·初六　咸其拇。

"拇"脚的大拇指。咸卦以人的身体上下取象，咸之初就是"咸的拇"。初六应九四，有相应，有相合，也有相感。但其相感尚浅，不足感人，犹如少男追少女，拇虽动，但仍不足以进，因为感应最灵敏的是"心"，目前感应尚浅，有待深入。这一爻鼓励"外动的愿望"已有了，然咸卦六爻皆宜静不宜躁动，此乃山泽通气（止是山的天性，泽是悦的天性），所以必"止"而能"说"（悦），方能以虚受人，进而相感相得。

　　李格非打算请好友晁补之作女儿的老师。虽然二人关系笃密，但李格非担心晁补之会拒绝自己的邀请。一次在酒宴场所上，李格非试问了晁补之的心思，没想到晁补之满口答应还非常高兴。这样，李清照正式拜晁补之为师，成了文坛一段佳话。

　　在开封的十七岁少女李清照，又写了一阙《如梦令·昨夜雨疏风骤》，其中的"知否？知否？应是绿肥红瘦"让人惊艳不已，轰动汴京所有的文青，他们彼此谈论作者的蕙质兰心，用字能力的卓尔不凡，词句活泼秀丽，语新意隽。也讨论她的两首《浯溪中兴颂碑和张文潜》又是如何了得。一边气势澎湃高度峥嵘，一边又是温柔婉约楚楚动人。

　　这一年元宵，李清照与侍女一起到大相国寺赏花灯。搬来汴京已经一年多，李清照看过京都繁荣，华屋节比鳞次雕梁画栋，也逛了不少旧书册店家、古玩老店，但是花灯节倒是悬念已久。大相国寺名刹，创建于战国时期，原是信陵君的故邸，后来改建为"信陵君庙"，唐朝时称"相国寺"，宋朝时再称"大相国寺"，后殿历朝都祀奉信陵君神位。北宋时期规模宏大，建筑瑰丽，坐落在开封市中心，地位和规模达到鼎盛，辖有六十四禅、律院，占地五百四十亩，僧众数千人，不但是当时北宋的佛教中心，外围也是全国各地商人在京城开封的商品集散中心。

开封是"富丽甲天下"、"自古帝王都"的历史文化古城，历代民间向有"一苏二杭三汴州"之说，元宵这样的大节日，在皇家寺院"大相国寺"热闹举办，对于妙龄少女李清照而言，怎能轻易错过如此盛事。

李清照在花灯下穿梭，正看着花灯上的字谜与诗词出神，突然听到有人喊着她的名字，定睛一看原来是堂兄李炯，一旁还有一名翩翩少年。李清照用余光瞧了那人，风度儒雅，俊秀斯文，彬彬有礼。而那少年经李炯介绍才知道眼前这位佳人正是李清照——文风奕奕诗词隽美的汴京文学美少女，不觉呆立，热血上涌，直到李清照离去久久才回神。

这位少年正是赵明诚，当时就读于太学，二十岁。当天两人悄然相会的灯会区域，正是汴京文青举办"文朋诗会"的区域。李清照在此巧遇赵明诚，从此赵明诚罹得相思梦。当天，李清照寒暄后飘然而去，怅然的他，央求李炯告诉他更多李清照的信息，从此茶思饭想都是她的词文，她的倩影，她的容颜。

所谓"太学"即是古代中央官学，教育体系中的最高学府，就读的学生多是七品以上的官员子弟。随着朝代不同有不同称呼：五帝时称"成均"，虞舜时称"上庠"，周代称"辟雍"，隋朝后有些朝代称"国子监"。因为这种"皇家中央大学"一定设在京城里，隋以后各朝分别在京师长安、洛阳、汴京、临安、南京、北京等地随设国子监。明朝时则在南京、北京同时设国子监，在国子监读书的学生，统称为贡生或监生。所以，赵明诚这位在太学就读的贡生才俊，对年轻的文学美少女而言，是有着某种程度的"身份魅力"。

第二爻、六二　咸其腓，凶；居吉。

> 腓，小腿肚。"咸其腓"形容当人要行动时，其小腿肚先动。六二上应九五，已有上行求偶之心，六二以柔居阴，不能固守本位，有抬起小腿急躁妄进之嫌，如同少男对少女钟情，但是要从相悦到结为夫妻，其婚聘过程应循序渐进，倘若躁动而不能固守本分，则凶。然六二具中正之德，若能静以待时，固守深居，则吉。这一爻是让人稍安勿躁，躁动有凶，安居无害。

当赵明诚从太学休假回来，立刻向李迥打探李清照对他的印象如何，急急想要获知美少女的口风，在得知清照"并不讨厌"的回答时，顿时欣喜若狂。

赵明诚想去拜访李府。因为赵明诚是太学的学生，而李格非曾任太学教职，赵明诚便以学生身份拜访老师，探望老师的理由充分，醉翁之意不在酒，他渴望可以再一睹芳泽。元宵节匆匆在大相国寺的一面之缘，那一抹倩影是不能满足内心澎湃荡漾的思念。在侍女通报下，清照知道那位少年学生来访，故意在花园庭廊转弯处稍加逗留，希望能与对方邂逅。两人矜持只以眼神交流。清照闻到梅花香味，神清气爽。当天，李清照有《点绛唇·蹴罢秋千》，词句中青春俏皮的心思溢于言表：

　　　　蹴罢秋千，起来慵整纤纤手。
　　　　露浓花瘦，薄汗轻衣透。
　　　　见客入来，袜铲金钗溜。
　　　　和羞走。倚门回首，却把青梅嗅。

　　回到家的赵明诚失魂落魄，手足无措，惴惴难安，他要如何向父母开口要到李家提亲。目前自己身份是学生，父亲会同意这个阶段让他成家吗？赵明诚的父亲是赵挺之，字正夫，是熙宁三年的进士，曾为登、棣二州教授，通判德州。这时他是吏部侍郎，李格非是礼部员外郎，两家门当户对，彼此家境"族寒，素贫俭"。问题是如何向父亲开口这门亲事？

　　一天，赵明诚正在吃早餐，向父亲说昨天午寐做了个梦，请父亲大人帮忙解梦。"哦？说来听听。""孩儿梦里无一人，但远处有声音传来，声声如洪钟。""嗯，梦里听到什么？"赵明诚缓缓说道："言与司合，安上已脱，芝芙草拔。"赵挺之分析之后，大笑起来。原来，"言与司合"就是言字旁边加个司，成了"词"；"安上已脱"就是安字把宝盖拿掉，成了"女"；"芝芙草拔"其中芝芙两字的草字头拔除，即是"之夫"。合在一起为"词女之夫"。折腾半天，赵挺之终于明白家中的老三看上文叔家的闺女。

好！选个黄道吉日上门提亲！于是，偌大的京城盛传这么一个神秘而有趣的"昼梦"。

第三爻·九三　咸其股，执其随，往吝。

九三处在下卦的上端，如同下体之上，那就是"股"。九三虽是艮体，然以刚居阳，又应上六，已非能"停止"了，所以说"咸其股"。九三过刚不中，有倾向不能自持又随上六而动的样子，躁动而失正，所以说"往吝"。艮体三爻论述"少男笃诚降己以追求少女"。这一爻有想动，但有羁绊，一时动不了，如果要动则有吝难。

年轻的宋徽宗刚刚登基，建中靖国元年（一一〇一年），中秋前，两姓合婚。十八岁的李清照与二十一岁的赵明诚，有情人终成眷属。

新婚不久，经济尚未独立，赵明诚还得依靠家庭的支持，继续读太学。因值新婚阶段，赵明诚每半个月，初一十五，必定告假学校，先到大相国寺购买碑文石刻，这是赵明诚的嗜好也是李清照的兴趣，每当他买回来，便与新婚妻子"相对展玩咀嚼"，其乐无穷，这是他们的情趣雅好。

赵明诚对金石学有相当研究，著有《金石录》一书。他曾说："余自少小，喜从当世学士大夫访问前代金石刻词"，父亲赵挺之有甚多收藏，在他五岁时，黄庭坚曾经拜访赵挺之官舍，"观古书帖甚富"。这些家学，幼而好之，终生不渝的兴趣也成了李清照的乐趣研究。他俩面对古老神秘的碑文，总觉得进入了遥远的上古年代，像是陶渊明一样"自谓葛天氏之民也"。葛天氏是上古帝王，传说在他的治理下，民风淳朴。十九岁的李清照有了如同陶渊明"以上古帝王之民"一样的恬静闲适，她感到无比幸福，从《渔家傲·雪里已知春信至》明快喜悦可知：

> 雪里已知春信至，寒梅点缀琼枝腻。
> 香脸半开娇旖旎。
> 当庭际，玉人浴出新妆洗。
> 造化可能偏有意，故教明月玲珑地。
> 共赏金尊沈绿蚁。
> 莫辞醉，此花不与群花比。

结婚一年多后，宋徽宗崇宁二年（一一〇三年），赵明诚从太学毕业了，虽没参加科举但因为父亲官职的缘故，他旋即做了个小官，有了小小的经济基础。夫妻两人依然过着朴素的生活，一致决定即使未来穷困潦倒，也要游遍天涯海角搜集古文碑拓。赵家藏书丰富，但对好学的他们而言，眼前的图书还是远远不够，于是他们通过老师、同僚、亲戚、故旧借来罕见珍本，甚至朝廷馆阁的秘籍，"尽力传写，浸觉有味，不能自已"。李清照在《金石录后序》说道："常常有《诗经》以外的佚诗，正史以外的逸史，以及从鲁国孔子旧壁中，汲郡魏安釐王墓中，发掘出来的古文经传和竹简文字，于是就尽力抄写，浸感兴趣无穷，到了难以自控的地步。"

不久，朝廷颁布政令：禁止元祐党人子弟居京，党争的天平已失衡，元祐党人开始遭受清算。李清照因为父亲的关系，被迫只身离京，鸳鸯分飞，夫妻分别。诀别时，两人不忍遽别。分手后，李清照独自担荷着难以言传的苦痛，写下《一剪梅·红藕香残玉簟秋》：

> 红藕香残玉簟秋。
> 轻解罗裳，独上兰舟。
> 云中谁寄锦书来？雁字回时，月满西楼。
> 花自飘零水自流，一种相思，两处闲愁。
> 此情无计可消除，才下眉头，却上心头。

这到底是怎么回事呢？话说绍圣元年（一〇九四年），在《宋史·奸臣传》列名的章惇，他于高太皇太后死后，入京做了宰相，恢复宋神宗的新法，史称"绍述"。在他当政期间，绝大部分支持司马光（已死八年）的旧党党人都被放逐，甚至被贬到岭南，文坛领袖苏东坡就是第一个被迫害的，还有其他三十余位元祐大臣，苏门四学士当然也全部遭殃。这些人被政敌称之"元祐党人"。

当年，章惇曾对于已在京城得到认可与尊重的李格非招手，他召李格非任"检讨"一职，这是掌修国史的工作，文学地位崇高的职位，其实是拉拢他，但是李格非拒绝了。他自知受过苏轼赏识，也与苏门四学士有深厚友谊，宁肯自己被降职，也不愿站在政治利益一方，背叛苏东坡的友谊。当然，得罪章惇，下场就悲惨了。他被贬到地方担任副职。这一切的斗争，李清照都看到了，感受深刻。

　　章惇对迫害苏家兄弟乐在其中，苏辙字子由，这个"由"字像"雷"的"田"，那就贬放到雷州吧！至于，苏东坡字子瞻，瞻字像儋，下放到遥远的儋州太适合了！儋州，那是海南岛西北方蛮貊之地，苏东坡惧畏地称它"天涯海角"。直到一一〇一年，新帝宋徽宗登基，特赦元祐党人，苏东坡得以离开，在返家途中，客死他乡。六十五岁苏东坡死时那一年，与十八岁李清照结婚是同一年。李清照一生最大的遗憾之一即：未能与苏东坡大词人谋面，奉上她的词赋让老人家雅正一番。而今，她的幸福婚姻面临新上任的奸相蔡京粗暴地撕裂，李清照柔肠寸断。

第四爻·九四　贞吉，悔亡；憧憧往来，朋从尔思。

憧憧，心思心意不定。"朋"指初六，"尔"指九四。九四在九三股之上，又在九五脢之下，当然说的就是"心"这个部位。九四不明讲"心"，因为心无所不包，更何况咸就是"无心之感"。九四如同闺中少女，能贞洁自守，行为端正，则吉而无悔。

然而"憧憧往来，朋从尔思"蕴含着大道理，我们以孔子解释说明："天下有什么思虑？日往月就来，月往日就来，日月推移产生了光明。寒往暑就来，暑往寒就来，寒暑推移才成年岁。往是屈，来是伸，屈伸相互交感就产生了利。尺蠖这种小虫，把身子屈起来，是为了求得向前伸展。龙与蛇蛰伏起来，是为了保存自己。把精致的义理，推究到入神的地步，是为了取用。知道利与不利，又能致用，使自己能处于平安之中，可以提高自己的道德水平。超过这些，再往前推求，就不可知了。能够穷尽神妙，懂得天下的感化，这就是道德的盛大。"重点是：物的相感宜廓然大公，心无私系，如能感之所至，无不相应。孔子原文："天下何思何虑？天下同归而殊途，一致而百虑，天下何思何虑！"也是这个爻的深远意义。

话说一〇九四年，高太皇太后，十八岁宋哲宗亲政。这位少年皇帝积怨已久，在听从了章惇造谣的"心灵毒药"之后，愤怒下诏将这些元祐党人免职、流放、监禁。宋哲宗当年废弃"元祐"年号，四月，遽然改年号为"绍圣"。

回头说说宋朝第七任皇帝宋哲宗。他十岁登基，即由高太皇太后执政，她任用保守派的司马光为宰相。司马光上台后，不顾一切，尽罢宋神宗时的王安石新法，而小皇帝"举而仰听于太皇太后"。时间一久，他对此感到不满，时刻做好亲政的准备。十八岁时，祖母死了，他终于亲政了。历史上，哲宗是北宋较有作为的皇帝。但是由于新党与旧党之间的党争，没有获得解决，加之在他当政期间矛盾得以激化，为北宋灭亡埋下了伏笔。

元符三年（一一〇〇年），二十四岁的宋哲宗去世，留下一堆暮气委顿、沮丧疲倦的元祐学者。他父亲宋神宗有十四个儿子，他却只有一个"刘美人"所生的儿子，幼年就夭亡了。帝位，由他十九岁的弟弟赵佶继任，史称宋徽宗。徽宗日后留下三十一个儿子，几幅好画，几张瘦金体好字，和一个混乱的北宋国家。哥哥的暴政，徽宗继续施行，暴戾程度不减反增。他任用同一批人、同样的政策。章惇继续任职宰相，被加封为申国公。后话，最终章惇被斗争下野，改由曾布任宰相，但曾布不久也被蔡京排挤、拉下马。

蔡京成了新贵宰相，在小说《水浒传》里梁山好汉的头号死敌是高俅，第二号即是这位蔡京了。"禁止元祐党人子弟居京"即是这位蔡京的政令，李格非就在此时被革职，而且被赶回老家"屏居"，屏居就是隐退，而且屏客独居。然而，李清照的公公——赵挺之则被高升为尚书右丞，八月，再晋升为尚书左丞，这是辅佐尚书令的重要职位，总领纲纪。自己的父亲与赵明诚的父亲，两人境遇怎会有如此天壤之别？李清照内心大为不解。

当时，刚刚登基的宋徽宗，有段历史的小插曲：十九岁的徽宗继位初，一一〇一年，向太后（宋神宗的皇后）垂帘听政。其间，她再次起用元祐党人，废除变法新政。流放在海南岛多年的六十五岁苏东坡，就是向太后特赦的，非宋徽宗。总结苏东坡一生，"熟女是他的贵人"："顺境时都是太后们的青睐，逆境时都是年轻皇帝的憎恨"，真是不胜唏嘘。九个月后，向太后患病，归政徽宗，二十岁的宋徽宗赵佶正式执掌大权，元祐党人又要倒霉了。

宋徽宗对元祐党人的憎恨，有增无减，崇宁二年（一一〇二年），九月，徽宗亲自拟定元祐党人名单，扩大人数，并御书刻石，将碑立在礼门，以儆效尤。李格非再次被列入名单，这次他连东刑狱的官职也被罢免了。所谓"元祐党籍碑"就是宋徽宗听信宰相蔡京主张，将元祐年间反对王安石新法的司马光、文彦博、苏东坡、范纯仁、苏辙等共三百零九人列为"元祐奸党"，并下令在全国刻碑立石，"以示后世"。此碑文刻有"司空尚书左仆射兼门下侍郎蔡京谨书"。

李清照面对父亲被免职回籍的处分，内心着急，她上书她的公公赵挺之说："请看在父女的情分上，救救他吧，不要让这满腔的热血化为灰烬，他是无辜的，他只是个文学爱好者。"相对于"元祐党人"，赵挺之是"元丰党人"，李清照的上书救父是无效的，赵挺之袖手旁观，她感慨"炙手可热，心可寒"。面对政治立场对立的双方家族，赵明诚与李清照的爱情，像是莎士比亚剧作里的罗密欧与朱丽叶一般。

第二年，颁令扩大层面：禁止元祐党人的子弟在京城居住，皇室不得跟元祐党的子孙有婚姻亲戚关系，订婚者退婚。李清照不能居住在开封了，她被遣离京城，只得投奔去年已回章丘明水老家的父亲，新婚夫妇被拆散，面对如此巨大不幸，除了屈服别无他法。诀别之际，两人"举手长劳劳"，不忍遽离。

李清照离京了，在汴京的赵明诚呢？崇宁三年，二十四岁的赵明诚因为父亲的关系升官了，"备转三官"，也就是连升三级。崇宁四年（一一〇四年），是赵挺之官场风光的一年。赵挺之刻意安排他的三位儿子的官职，赵明诚最终官拜"鸿胪少卿"这一清要之职，鸿胪寺是古代主要掌朝祭仪节等的官署，少卿即是副首长。

其实，赵挺之与蔡京两人在官场明争暗斗已有一段时日，本来赵挺之已落下风，向皇上请辞"乞归青州"，刚好天有异象"彗星见"，宋徽宗"默思咎征，尽除蔡京诸蠹法"，赵挺之逆转胜，皇上把蔡京罢官了，召见赵挺之嘉勉一番。仕途顺利的赵挺之，官拜尚书右仆射兼中书侍郎，这是一人之下，万人之上的宰相之职。

崇宁五年年底，宋徽宗大赦天下，废毁"元祐党人碑"，对元祐党人的禁令解除了、李格非重新被朝廷起用。李清照则偷偷溜回京城夫婿的相府家中，虽然党派斗争逐步和缓，李清照发现她并没有受到赵家的热情欢迎，敏感的她还发现自己是赵家最不受欢迎的。李清照黯然离去，她回到了出嫁前住过的"小阁"，才几年光阴，看着一样的梅花，却有两样心情，婚前的憧憬，政争的无奈。沉浸在悲凉情绪中，不久，李清照抽离情绪，转念释怀，凋零又怎样？没落又如何？至少它把香气留在了那个季节，满身的傲骨留在庭院中，一生的高洁清韵留在我心里，即可，无争。她写下了《满庭芳·小阁藏春》给自己：

小阁藏春，闲窗销昼，画堂无限深幽。
篆香烧尽，日影下帘钩。
手种江梅渐好，又何必、临水登楼？
无人到，寂寥恰似，何逊在扬州。
从来知韵胜，难堪雨藉，不耐风揉。
更谁家横笛，吹动浓愁？
莫恨香消玉减，须信道、扫迹情留。
难言处，良宵淡月，疏影尚风流。

大观元年（一一〇七年），正月，蔡京败部复活，恢复左仆射之职，他又重任丞相了。三月，赵挺之的右仆射被罢，丞相乌纱帽被摘下来。五天后，赵挺之抑郁而终。才死三天，蔡京就以"包庇元祐党人"的罪名，将在京城的赵挺之家属、亲戚一并关进牢房，这个诬陷的奏折当然察无实证。七月，赵氏家族出狱了，但官职全免，赵家都成了庶民。

第五爻·九五　咸其脢，无悔。

脢，在口之下心之上，即是喉中的梅核，咽食而动，思虑而止。此处有传神解说，六二少男向九五少女求婚，少女激动，以致无言以对，虽是无言，但是心意却是已通。英文 speechless，（因惊愕、惊喜）一时语塞的字眼，有几分可说明"咸其脢"的意思。当咸之时，宜静不宜动，故只得无悔。

得自父亲荫庇的官位没了，眼看京城已没有值得留恋的地方，不如走吧。大观元年，二十七岁的赵明诚携着二十四岁的李清照，夫妇俩回到赵家故乡青州，隐居乡里。

到了老宅之后，两人相濡以沫，终日与书、茶、珍本、碑刻为伍，不亦乐乎。在此，并非衣锦荣归，还有点逃难避祸的味道，夫妻俩看看乡野的一切，倒是心情平静，有种尘埃落定的感觉。李清照整理了一座房子当是书房，取名"归来堂"，她向赵明诚解释：

一来，我们算是归回故里，终老是乡。二来，五柳先生在《归去来兮辞》里表达了归隐后的种种闲适快乐，此后我们也要过一番陶渊明的平淡自然田园生活了。三来，老师晁补之被免官回金乡闲居时写了《归来子名绢城所居记》一文，提到他自己取名"归来子"，修了自家"归去来园"，园中的堂、亭、轩皆以《归去来兮辞》中之词语命名。所以，我们也效仿老师的做法吧。

李清照甚至取用《归去来兮辞》里的"倚南窗以寄傲，审容膝之易安"字句，以"易安居士"当是自己的号。自此，如果在古典文学看到"李易安"即知说的是李清照。"易安"有"容易随安"的意思，能够面对复杂的变化，能够适应不断出现的新局。"居士"二字则有隐居的含意，也有参佛学道的思维。

两宋以来，儒学者及文人颇多习禅理，所以自号居士者甚多，如：

欧阳修号六一居士、苏轼号东坡居士、蒲松龄号柳泉居士、陈舜俞号白牛居士、秦观号淮海居士、陈师道号后山居士、

张舜民号浮休居士、米芾号鹿门居士、周邦彦号清真居士、

辛弃疾号稼轩居士、陈慥号龙丘居士、张元干号芦川居士等等。

赵明诚在青州老家这个时期，起初应该有苦闷情绪，从一位宰相之子到庶民，他把心思都转移到金石书画的研究。青州，在大禹时代就是九州岛之一，北宋时为京东东路首府，当时辖七州三十八县，是北宋大郡名城。青州古城还是春秋时期齐国的腹地，是古老的文化之邦，残碑巨碣数量丰富，古物旧籍依然时有发现。虽然是隐居，可是生活条件与考察探寻古迹都是方便的。十年之间的"无仕生涯"，赵明诚成就斐然，在李清照的协助下，《金石录》大致得以完成。

根据李清照自述："屏居乡里十年，仰取俯拾，衣食有余，连守两郡，竭其俸入以事铅椠。每获一书，即同共勘校，整集签题；得书画彝鼎，亦摩玩舒卷，指摘疵病，夜尽一烛为率。"他们的生活情趣在此得到丰富的满足。

夫妻都还年轻，整日两人相处相对，一起治学。沉闷之余，李清照"发明"一种茶文化，她对自己博闻强识的工夫颇有信心，提议"每饭罢，坐归来堂烹茶，指堆积书史，言某事在某书某卷第几页第几行，以中否角胜负，为饮茶先后"。彼此考对方经中的典故知识，来决定喝茶的前后次序，这是"茶令"。有一次她又赢了，乐得"举杯大笑，至茶倾覆怀中，反不得饮而起"。在这种生活态度下，李清照乐此不疲、希望能持续到终老，这是她一生最幸福的十年。

第六爻 · 上六　咸其辅、颊、舌。

上体三爻，则是以少女心悦而下应少男来说明。辅就是在嘴内的牙床，颊是在外的腮肉。舌动则辅应而颊从之，三者同步同趋相从事，皆同时用于"讲话"。想想，当我们要"言"之时，开口说话之际，需要这三个部分，彼此先沟通协调才开始讲话？用辅颊舌相感，用以形容夫妻感情融洽，知心话滔滔不绝。如同少男少女"无心感应"，而象征"咸道"大成。

大约在政和七年，即一一一七年前后，赵明诚再度离家，开始了新的一轮仕途。

李清照则依然留在青州老家，夫妻两人又有了一段较长时间的分离生活。宣和三年（一一二一年），四十一岁的赵明诚知莱州（今山东莱州市）。这一年的秋天，三十八岁的李清照离开居住了十几年之久的青州，前往莱州"寻夫"。

赵明诚离开青州，三年多过去了。这一段新仕途期间，没有带着妻子，李清照失落地望着丈夫携着年轻的侍妾上任。她的凄凉与苦楚又上心头，有一首我们熟悉的《凤凰台上忆吹箫》，能帮我们了解当时她的心情：

香冷金猊，被翻红浪，起来慵自梳头。
任宝奁尘满，日上帘钩。
生怕离怀别苦，多少事、欲说还休。
新来瘦，非干病酒，不是悲秋。

休休！这回去也，千万遍阳关，也则难留。

念武陵人远，烟锁秦楼。

惟有楼前流水，应念我、终日凝眸。

凝眸处，从今又添，一段新愁。

　　三年来被冷落，在青州的日子里，一些邻家姐妹经常来陪她，安慰她。赵明诚新任莱州知州之后，大家鼓励她去找丈夫，以便挽回昔日的爱情。秋天，她启程了，路过昌乐之际，她在驿站写信给在青州的姊妹们，《蝶恋花·晚止昌乐馆寄姊妹》，字里行间流露她的担忧和疑惧：

泪湿罗衣脂粉满，四迭阳关，唱到千千遍。

人道山长山又断，萧萧微雨闻孤馆。

惜别伤离方寸乱，忘了临行，酒盏深和浅。

好把音书凭过雁，东莱不似蓬莱远。

　　三年未见，重逢了，可是赵明诚对他们的重逢是不满的，他要李清照尽快回青州，她忍气吞声选择安静和沉默。李清照坚定地留下来，她依然想要挽回丈夫的心，终日将自己关在赵明诚所安排的小屋，读书作诗，满腔的悲愤和愁苦都写在诗词中，有一阙《感怀》记载着她受到的冷遇："寒窗败几无书史，公路可怜合至此。青州从事孔方君，终日纷纷喜生事。作诗谢绝聊闭门。燕寝凝香有佳思。静中我乃得至交，乌有先生子虚子。"其中"静中我乃得至交"，独处时，我得到一个最好的朋友就是"安静"，那个悲凉中的笃定力量，真让人心疼。李清照以沉静而低调的从容心态，试图融解冷漠，挽回丈夫的心。

最后，在李清照耐心不懈与爱情感化下，赵明诚回心转意，两人的关系渐有好转。又过了一段时日，赵明诚转到淄州上任，两人的感情生活加温了许多。可惜，好景不长，国难临头，李清照与赵明诚又要当"各自飞"的林中鸟了。

话说宣和七年（一一二五年），冬，灭辽后的金朝，大举进攻北宋。四十四岁的宋徽宗急急退位，二十六岁的长子赵桓在十二月十三日继位，史称宋钦宗，改年号为靖康。说到这里，大家都知道要发生什么事情了：一连串的失策和无能，加上懦弱与畏战，靖康元年，闰十一月，金兵攻破汴京。次年二月，一一二七年，宋徽宗与宋钦宗被俘往燕山府（今北京市），宗室、后妃、皇子、贵戚等三千多人也被撤往北方，大量的辅臣、乐工、工匠、百姓等十万多人也是被强制迁移到金朝。宋朝皇室的宝玺、舆服、法物、礼器、浑天仪、皇家藏书、天下府州县地图等也被搜罗一空，金人满载而归。北宋从此灭亡，史称"靖康之变"。

就在北宋亡国前，赵明诚的母亲在金陵去世了。老母亲似乎预感到国家将亡，一场万民流离之苦，即将展开，抑郁之下因病而终。母亲死了，古制有丁忧，三年期间，子女要在家中守丧，不赴宴、不婚娶、不应考、不做官，但是宋真宗时对此古制，诏令"不得离任"，所以，赵明诚不必辞官，又因他在淄州知州有建功，正等待新的派令。赵明诚于是与李清照商量，他自行直往金陵奔丧，料理后事。李清照则先返回青州，将十几年来节衣缩食，访遍各地寻来的古册、碑拓、珍本整理打包，再运到金陵。两人分奔两地，相约在金陵会合。

赵明诚低估了他在青州多年来的收藏，他的金石书画已经占满十几间房屋，李清照独自在慌乱中"四顾茫然，盈箱溢箧，且恋恋，且怅怅，知其必不为己物矣"。她明白必须尽快完成整理、搬运，以免落入金兵战火沦为灰烬。她采取删去法，"既长物不能尽载，乃先去书之重大印本者，又去画之多幅者，又去古器之无款识者，后又去书之监本者，画之平常者，器之重大者。凡屡减去，尚载书十五车。至东海，连舻渡淮，又渡江，至建康"。总共简化成整整十五车，车上尽是珍贵的，体积较小的书画器具，真不晓得如此庞大任务，小女子是如何完成的。

母亲后事料理毕，守孝期间赵明诚被任命为江宁知府。他前往赴任。可是，不久后他因弃城逃跑，落罪被革职。《通鉴》史料记载了这一段历史：赵明诚的部下李谟向他报告，军队中御营统制官王亦谋划叛变，以纵火当是信号。赵明诚没有作任何部署，也无任何指示。后来，李谟"率所部团民兵伏涂巷中，栅其隘"，他设伏兵让王亦知难而退，叛军"遂斧南门而去"。机敏的李谟把叛变在萌发时就化解掉了，事后，李谟来汇报军情，结果发现赵明诚已经顺着绳子从城垣潜逃了。

赵明诚被革职了。他带着李清照四处流落，因为天下到处都是硝烟弥漫，难有安身立命之处，青州老宅早已被金兵烧得一干二净，连南宋新皇帝宋高宗也四处逃窜，这个时刻只能走一步算一步了。在逃难期间，赵明诚意外得到朝廷新的任命——湖州知州，他羞愧自己上次的胆小，发誓这次一定要有所作为，接到任命后，他独自冒着炎炎烈日往湖州奔去。他指示李清照自己渡江去吧！我安顿后，再寻你相会。

李清照回到住所，继续整理珍贵文物，不久收到丈夫生病消息。原来还没到任所，半路上赵明诚染上了有热无寒的疟疾，已经严重到不能起床。李清照知道丈夫性子急，一定服用寒药，这会使病情更加恶化，于是她抛下一切直奔湖州，日行三百里。果不其然，赵明诚服用着大柴胡、黄芩等性寒退热泻药，病情加重，最后病入膏肓，无药可救。李清照祈求上苍，但是赵明诚已是风中残烛。

南宋建炎三年（一一二九年），八月十八日，赵明诚看着悲泣的妻子，也流着泪，让她拿笔来，写着："取笔作诗，绝笔而终，殊无分香卖履之意。"

"分香卖履"是个典故，曹操《遗令》原文："吾婢妾与伎人皆勤苦，使着铜雀台，善待之。于台堂上安六尺床，施穗帐，朝晡上脯糒之属。月旦、十五日，自朝至午，辄向帐中作伎乐，汝等时时登铜雀台，望吾西陵墓田。余香可分与诸夫人，不命祭。诸舍中无所为，可学作组履卖也。"大意是说，我的婢妾和歌舞艺人都很勤劳辛苦，就让她们居住在铜雀台，好好安置。在铜雀台的大厅上放一张六尺的床，挂上带穗的帐子，早晚食物都要供奉干肉、干果、干饭之类，每月初一、十五，从早上到中午，要朝着帐子歌舞，宛如我还活着。你们要时常登铜雀台，看望我西陵墓田。多余的香，分给诸位夫人，不必用来祭祀。各房的人没事可做，可以学着制作鞋子去卖。

"分香卖履"，用来比喻临死时对妻妾的爱恋之情。听起来似乎很浪漫，其实是四十九岁的赵明诚自己做了一生总评：刚出生就有执笔写诗的意愿，将死时也是拿着笔逝去，我的一生只爱妻子李清照一人，别无二心。赵明诚写完不久溘然而逝，独留哭泣的李清照。

　　料理了后事，李清照带着丈夫毕生心血的收藏，继续在兵荒马乱之中流浪，她沿途写词掉念亡夫。我们就以《南歌子·天上星河转》当是对这位伟大女词人的感怀与不舍吧。她的爱情故事也在此停笔……

　　　　　天上星河转，人间帘幕垂。
　　　　　凉生枕簟泪痕滋。起解罗衣，聊问夜何其。
　　　　　翠贴莲蓬小，金销藕叶稀。
　　　　　旧时天气旧时衣。只有情怀，不似旧家时！

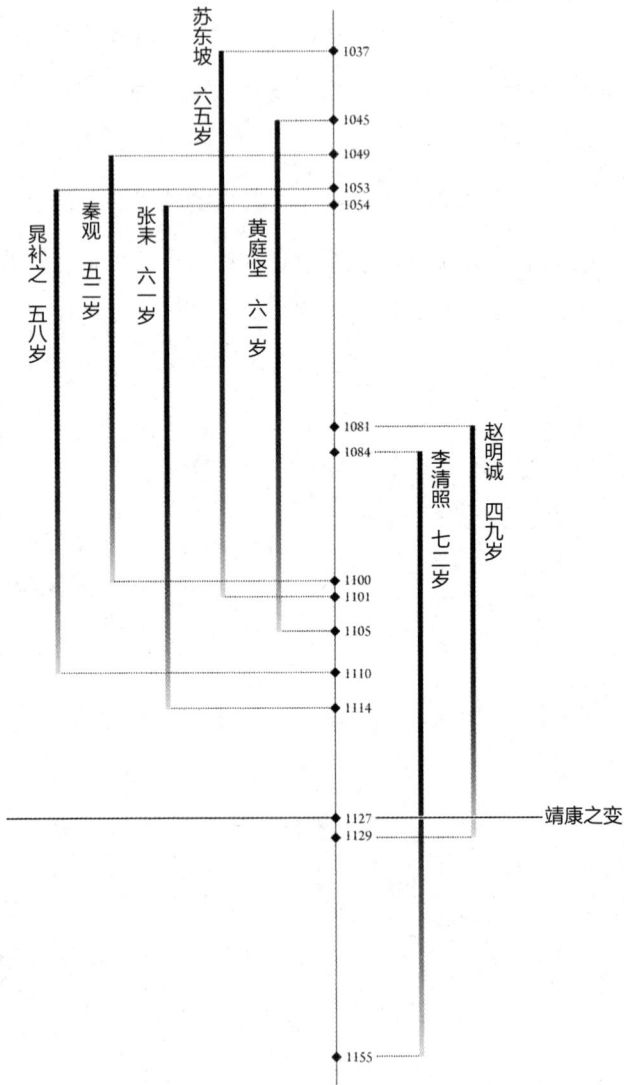

李清照

苏东坡　六五岁

1037

1045

秦观　五一岁

张耒　六一岁

1049

晁补之　五八岁

1053

1054

黄庭坚　六一岁

1081

赵明诚　四九岁

1084

李清照　七二岁

1100

1101

1105

1110

1114

1127　——靖康之变

1129

1155

文天祥

而今而后，庶几无愧！

坎
兑
节

上六　苦节，贞凶，悔亡。

九五　甘节，吉。往有尚。

六四　安节，亨。

六三　不节若，则嗟若，无咎。

九二　不出门庭，凶。

初九　不出户庭，无咎。

年轻的文天祥是美少年，有魏晋间风雅高士的气质

文天祥童子试时，主考官见他袖子里掩着一朵桃花，顺口出了上句"小童生暗藏春色"，没想小小文天祥立即对出"老宗师明察秋毫"，聪慧的童年，长得俊俏，出类拔萃少年得志，受到师长的喜欢。

史书说年轻的文天祥："体貌丰伟，美皙如玉，秀眉而长目，顾盼烨然。"神采奕奕，重要的是他的气质颇似魏晋间的风雅高士，这样的形容非常盛美，也十分鲜活。下面我们来更进一步认识文天祥。江西人，吉州庐陵县。他的先祖是成都人，五代时迁居到江西吉州。他的五世祖文炳然居永和镇，为南宋庐陵地区的博学之士，在绍兴年间与周必大是好友，周必大后来官至南宋宰相，而文炳然毕生热衷教育，是当地知名的书香世家。高祖文正中再由永和徙居富川。

文天祥的父亲文仪，颇有才名，终身未仕，家境富裕，倒也乐善好施，邻里称颂"有德君子"。历代祖先虽是书香传家，但没有当过官，都是平凡的庶民，所以文天祥一再声称自己是"起身白屋"，就是这个道理。

文天祥出生于一二三六年，南宋端平三年，五月初二日，属猴，双子座。

"端平"是宋理宗赵昀的第三个年号。宋理宗，是宋朝的第十四位皇帝，南宋的第五任，在位四十年，享年六十岁。他本不

是皇子，是宋宁宗（宋朝的第十三位皇帝）的远房堂侄，宋宁宗先后有九个儿子，但是在未成年时就纷纷夭折，在位三十年后，无子可以传位，之后有一段隐晦的宫廷故事，最后王位就落在路人甲赵昀身上。然而，二十岁的宋理宗因为权臣史弥远一手拥立的关系，侥幸有龙椅可坐，所以，前几年他对政务完全不能过问，一直到一二三三年史弥远死后，理宗才开始亲政。南宋有个问题：相权大于皇权，而关键是拥有皇权的人能力品行也不怎么样。

换言之，文天祥出生时，宋理宗才亲政不到三年。

文天祥童年成长的时代，宋理宗昏庸好色国势低迷下滑

宋理宗没有政治天分，对政治也不感兴趣，将国家大事交给他的前后几任丞相处理，晚年转为喜好女色，三宫六院已满足不了他的私欲，开始把色手伸向临安的街坊歌妓舞女，将她们留在宫里，日夜宠幸，史家笔下称之"召妓入宫"。其中有一位名妓唐安安，更是仗着宋理宗的宠爱，装修起居十分奢华，家中的用具从妆盒酒具，到水盆火箱，都是用金银制成的。卧室帐幔茵褥，也都是绫罗锦绣，雕梁画栋无所不用其极。

除了外来艳妓，宫内也有妖媚高手让宋理宗神魂颠倒，她是阎贵妃，姿色妖娆艳不可方。宋理宗对她赏赐无数，有一次这位骄横放肆、恃宠弄权的贵妃想修建一座"私人"功德寺，宋理宗

不惜动用国库，耗费巨资，甚至为了适当的梁柱建材，竟然想砍伐灵隐寺前的晋代古松。

灵隐寺位于杭州西湖西北面，创建于东晋咸和元年（三二六年），距现在近一千七百年，相传当年有天竺（古印度）僧人慧理来到杭州，看到此地山峰奇秀，是"仙灵所隐"之地，便在此建寺，称之"灵隐"。南宋建都临安，即是杭州，灵隐寺成了皇家佛寺，建立灵隐寺离宋理宗当年也有九百多年历史久远，中国最早的佛教寺院和十大古刹之一，历代名僧无数，据说济颠和尚（民间喜称济公）就在此寺出家。而与灵隐寺仅隔飞来峰的"荐福寺"，即是南宋的皇家御园，而左旁的"显亲报国寺"则是皇家"功德寺"。时间久远，其实这些佛寺早已相连一片了，说这些，就是要彰显灵隐寺的皇家地位。而这位贵妃竟然要砍古松来兴建自己的私人功德寺。

古松有难了，幸好灵隐寺住持僧元肇，写了一首诗给皇上："不为栽松种茯苓，只缘山色四时青；老僧不许移松去，留与西湖作画屏。"宋理宗听取了僧人的建议，这才保住古松。然而，这座贵妃功德寺前后还是花了三年才建成，耗费极大，修得比皇家的功德寺还要富丽堂皇，当时宋人在不满声中，嘲称之"赛灵隐寺"。

宋理宗还是做了些事，他把九位儒学大家配祀孔庙

这位色欲熏心的宋理宗，还是做了些正事。

宋理宗一直希望将"理学"做为国家正统官学，早在宝庆三年（一二二七年），就追封朱熹为信国公。淳祐元年（一二四一年），宋理宗再分别追封周敦颐为汝南伯、程颢为河南伯、程颐为伊阳伯、张载为郿伯。

景定二年（一二六一年），理宗排定的入祀孔庙的名单包括：司马光、周敦颐、程颢、程颐、张载、朱熹、邵雍、张拭、吕祖谦，此举称之"配祀"。其中除司马光外，剩下的都是理学代表人物。

配祀孔庙，共享香火，需要作一番解释。今天如果前往台南孔庙，建筑群中的东庑、西庑，分别祀有先贤先儒八十位、七十九位，一字排开颇为壮观的牌位，这个配祀系统并非台南自创，而是历朝历代所累积下来的传统。其中九位即是宋理宗下旨促成（其中朱熹在康熙年间又晋升为十二哲之一，列祀于大成殿）。难怪这位赵昀皇帝死后的庙号称之"宋理宗"。《宋史》："后世有以理学复古帝王之治者，考论匡直辅翼之功，实自帝始焉。庙号曰'理'，其殆庶乎！"

根据我近年的爬梳，这一百五十九位先贤先儒，其中孔子门下六十六位、孟子门下四位、子夏门下一位，其他周朝四位、秦朝一位（伏胜）、汉朝十位、三国一位（诸葛亮）、晋朝一位（范

宁）、隋朝一位（王通）、唐朝二位（韩愈、陆贽）、宋朝三十一位、元朝五位、明朝十七位、清朝四位，其他几位待查。数据可以看出端倪，宋朝是仅次于孔子门下人数最众。这个以文学治国的朝代，确实儒家能量惊人，大师如云。可惜，南宋皇帝尊重他们，并未重用这些理学大师们。

后话，这位宋理宗仅有两名儿子，却都在幼年夭折。换句话说，宋理宗无后！他传位给宋度宗赵禥（宋理宗的侄儿），二十五岁登基，在位十一年，当然这也是一位，智力不足的皇帝。

宋理宗病重时，曾下诏重赏，征求全国名医为自己治病，但无人应征。

六十岁病逝，死后葬于会稽附近的永穆陵。他死后不过十五年，其陵墓，包括"南宋六陵"，被一个叫杨琏真珈（他是吐蕃高僧"八思巴"帝师的弟子）僧人盗挖，宋理宗的尸体因为入殓时被水银浸泡，所以还未腐烂，盗墓者便将其尸体从陵墓中拖出，倒悬于陵前树林中三日以沥除水银，再将理宗头颅割下，镶银涂漆，制成"骷髅碗"喇嘛密宗法器，送交北方大都——元朝统治者忽必烈，再由忽必烈转赠帝师"八思巴"。

这些遭遇，想是宋理宗生前万万没有料到的。然而，文天祥就在这样衰败、不幸的宋朝，学习，成长，准备科举。显而易见，文天祥所处的时代，北方的蒙古逐渐兴盛。一二三四年，宋理宗的端平元年，蒙古的窝阔台率领蒙古铁骑灭了大金的女真骑兵。从成吉思汗到窝阔台，期间所发动的大规模南侵金朝的战争，前后二十三年，大金亡国了。蒙古磨刀霍霍，随即南下侵宋……

金朝被大蒙古国灭了；年轻的文天祥与弟弟赴京赶考

文天祥出生前，北方的大金王朝已经剩最后一口气了，受到北方的蒙古国大举南侵，国势中衰，内部也昏庸内斗，加上民变不断，最终被迫南迁到开封（汴京，原北宋的首都）。

一二三〇年，窝阔台发动三路伐金，窝阔台率大军渡黄河直攻汴京。一二三二年，窝阔台的四弟拖雷成功迂回至汴京，窝阔台也率大军渡河了，几次战斗，金军精锐溃败。金哀宗退至蔡州，蒙古铁骑杀到，围攻城池，他们也约了南宋将领孟拱、江海率军与粮食联合围攻。一二三四年正月，蔡州岌岌可危，金哀宗不愿当亡国之君，将皇位急急传给完颜承麟（他是金军统帅也是金哀宗族亲），史称金末帝（就是金朝末代皇帝）。结果：蔡州城陷，金哀宗自杀，金末帝死于乱军中（金末帝，大敌当前，草草完成大典立刻带兵出迎，在位不到一个时辰，堪称在位最短的皇帝），金朝亡国了。

两年后，文天祥出生，蒙宋之间的战争已经拉开序幕了。但庐陵地处大后方，距前线甚远，文家尚未感受到国家在战火涂炭的阴影下。因为家境较为富裕又是书香世家，加上文仪又好藏书，小文天祥在故乡无忧无虑地长大，也接受了良好的儒家教育。大约五六岁时，父亲开始聘请西席到家中，教他们兄弟读书，当地的宿儒曾凤成为文天祥的启蒙老师。自此无论寒暑，开始在贴满格言警句的书斋中与弟弟一起诵读、写作、谈古论今。

庐陵地区文风鼎盛，出了一些乡贤大儒，包含欧阳修、胡铨等，浓郁的文风对小文天祥有深刻的影响，也对他忠义气节的思想萌发有所影响。当然，父亲文仪喜好读书，只要一书在手，就废寝忘食，乐以忘忧，他经常一盏孤灯，通宵苦读。这样学识渊博又好读的父亲，以身教深深影响文天祥。

文天祥十八岁时，参加乡试，获庐陵考试第一名。二十岁，身为贡士的文天祥，进入吉州的白鹭洲书院就读。这个时期虽不满一年，但对文天祥是重要的成长阶段。白鹭洲书院是新学校，宋理宗登基后不久，由吉州地方官江万里创设的，带有明显的官学色彩。校长，即是书院的山长为欧阳守道，他也是吉州人，家境贫苦，完全靠自学成材，以德性为乡郡儒宗，受人景仰。风流倜傥的文天祥在此受到他的经史严格训练，二十岁的文天祥也与四十四岁的欧阳守道有了忘年友谊。

同一年，文天祥要到临安，同行的还有弟弟文璧。当时的情形：父亲文仪，带着兄弟俩赴京参加省试，画面像极了北宋苏洵，风光地带领两位儿子苏轼、苏辙到汴京应考，想必当父亲的文仪此刻也是满腔"压抑下的欢心"。兄弟双双通过了省试，接着就等着礼部的殿试。

二十岁的文天祥在殿试大放异彩，状元及第

殿试在"集英殿"举行。

这次殿试的策论题目，宋理宗问道："近来天变不断，民生艰难，国家缺乏人才，而士子的风气很轻浮，财政困窘，军事力量薄弱，又有许多盗贼叛乱，边防也变得很急迫。难道是我的才能、道德不足以治理天下吗？还是有些政策没有得到很好地贯彻？"文天祥以"法天不息"为主题，写出了上万余言的策论。他的首段洋洋洒洒，摘录于下：

臣对：恭惟皇帝陛下，处常之久，当泰之交，以二帝三王之道会诸心，将三纪于此矣。臣等鼓舞于鸢飞鱼跃之天，皆道体流行中之一物，不自意得旅进于陛下之庭，而陛下且嘉之论道。道之不行也久矣，陛下之言及此，天地神人之福也。然臣未解者，今日已当道久化成之时，道洽政治之候，而方歉焉有志勤道远之疑，岂望道而未之见耶？臣请溯太极动静之根，推圣神功化之验，就以圣问中"不息"一语，为陛下勉，幸陛下试垂听焉？

文天祥有感于人心的不安与政局的动荡，以深厚的社会责任感，表达了循从古范、忠义浩然的志节。关于天变与民怨，他指出皇室的奢侈和腐败，是造成民生艰难的主因，朝廷应当体恤民间困苦，减轻百姓负担。"臣愿陛下持不息之心，急求所以为安民之道，则民生既和，天变或于是而弭矣。"

关于人才与士风："何谓'人才之乏，士习蛊之'也？臣闻穷之所养，达之所施，幼之所学，壮之所行，今日之修于家，他日之行于天子之庭者也。"文天祥认为人才缺乏是由于士风唯利是趋，将科举视为博取功名的途径、缺乏真材实料。"臣愿陛下持不息之心，急求所以为淑士之道；则士风一淳，人才或于是而可得也矣。"

关于军事与财政："何谓'兵力之弱，国计屈之'也？谨按国史：治平间，遣使募京畿、淮南兵，司马光言：'边臣之请兵无穷，朝廷之募兵无已；仓库之粟帛有限，百姓之膏血有涯。愿罢诏禁军，训练旧有之兵，自可备御。'"文天祥主张集中有限的财力供应军事所需，而对于民间寺观的建造与奢侈消费加以限制。"臣愿陛下持不息之心，急求所以为节财之道，则财计以充，兵力或于是而强矣。"

关于外敌与内乱："何谓'虏寇之警，盗贼因之'也？谨按国史：绍兴间，杨么寇洞庭，连跨数郡，大将王燮不能制。时伪齐挟虏，使李成寇襄、汉，么与交通。朝廷患之，始命岳飞措置上流。已而逐李成，擒杨么，而荆湖平。"文天祥认为最可怕的是内乱与外敌相沟通，而首要的是清除内部盗贼，然后边防就可以得到加强。"臣愿陛下持不息之心，求所以弭寇之道，则寇难一清，边备或于是而可宽矣。"

文天祥的殿试成绩初列第七名，弟弟落榜。当时规定前十名的试卷要进呈给皇帝审阅，最后定出名次。宋理宗看到他的试卷后，亲自将文天祥提升为第一名，就是状元！当时宋理宗看着他的试卷说："此天之祥，是大宋的祥瑞！"如此赞誉，也成了文天祥改字"宋瑞"的源由。当时的考官、著名的学者王应麟在奏章中说道文天祥的试卷："是卷古谊若龟鉴，忠肝如铁石，臣敢为得人贺。"当年同科进士有陆秀夫、谢枋得，这两位都是宋末的爱国志士。

在《易经》有一卦《节》，说的是"节止之时"的道理。古人说"节"，事之会也，君子见吉凶之几，发而中会之，谓之"节"。也说无节者不识事之会，或失则早，或失则莫也。所谓"节"，《易经》要教我们什么？竹中虚，本应柔弱，但有"节"却是坚贞强盛。节，也是节制、节约，节省和节俭，舍弃纵欲与率性，转而固守节操、节止，本是不易之事。《易经》说"天地节而四时成"，天地有节止才形成四季。"说以行险，当位以节，中正以通"，喜悦而去行险，居于当位来节止，中正而能通顺。在"贪欲难抑"之际，如何守节？在兵祸灾难里，如何尽节？

从《易经·节卦》看二十岁的状元文天祥，如何乱世守节尽忠南宋

坎
兑

上六	苦节，贞凶，悔亡。
九五	甘节，吉，往有尚。
六四	安节，亨。
六三	不节若，则嗟若，无咎。
九二	不出门庭，凶。
初九	不出户庭，无咎。

《节》卦，上卦坎水，下卦兑泽，卦象就是沼泽上有水，水量有限，喻示"节制"情况，有时水量过多有溃堤危险，则又应通畅，不该闭塞。全卦揭明事物在发展过程中，有时必须适当节制的道理。《节》卦是谈节制行动的卦。潇洒的文天祥，倜傥英姿有魏晋名士之风，然而国难当前，大蒙古国的铁骑已经挥兵南侵，朝廷倾颓，社稷飘摇。时穷节乃见，文天祥的"节"最终成了这个民族的脊梁，令人景仰。

第一爻·初九　不出户庭，无咎。

下卦的三爻，论兑泽之通与塞，这是"节人者"。户庭就是户外之庭。初九以刚居阳，又是"节之初"，处在"闭塞在下"的境地，不能走出门户庭外。初九与六四有正应，应在坎险，不可以行。所以，诫之"谨守，不出户庭"，虽过于谨慎，获得无咎，自止无妨。所谓"户"就是节人的出入，"泽"就是节水的出入。初九是泽底，刚阳则能闭塞在泽底，有时，当塞则塞，当闭则闭。故能蓄水于泽底，至少无干涸之虞。

此处孔子有更深刻解释："乱之所以生，则言语以为阶。君不密则失臣，臣不密则失身，机事不密则害成。是以君子慎密而不出也。"祸乱的产生，常常以言语当阶梯，君王不能保密就会失去臣子，臣子不能保密，就会招来杀身之祸。事前几微之中不能保密，就会造成失败，因此，君子总是谨慎保密而"不出"。文天祥不急着出仕，不出，以闲养智。

文天祥状元及第，好不风光，但同时期他父亲病倒，病情严重。文天祥在参加及第进士的庆贺仪式之中，不等结束，急急赶回客栈照顾父亲。几天后，父亲不治，客死异乡。从大喜到大悲，文天祥经历了人生的第一次生命震撼，来不及接受朝廷授与的官职，他与弟弟扶柩返乡，接着丁忧三年。

一二五八年，丁忧期满。这一年，南宋宝祐六年，大蒙古国宪宗八年。文天祥二十三岁，宋理宗五十四岁，蒙古国的蒙哥汗五十岁。文天祥没急着赴临安谋求官职，他多闲置了一年，等弟弟明年再次参加科举考试之际，兄弟一起同行临安。这一年期间，在家乡闲读，因为酷爱下棋，文天祥陆续撰写棋谱，记录了"单骑见虏"、"为主报仇"、"玉屑金鼎"等四十个危险致胜的奇绝棋局。

文天祥爱好象棋，自嘲"棋淫"，其实这是家传兴趣，文天祥的祖父、父亲、叔叔都是当地的象棋高手。他从小就养成了弈棋的习惯，四岁时即能与成人对弈而不落下风，八岁时就名声在外。所以，尚未赴京前，甚至后来他在罢职家居期间，与当地象棋名手对局极为频繁，几乎日日不断，最后还形成"江西弈派"组织。在文天祥的诗作中，经常会出现和象棋有关的诗句：

"钓鱼船上听吹笛，煨芋炉头看下棋"

"夜静不收棋局，日高犹卧纱窗"

"巡笛静看棋"、"羽扇看棋坐"

"纷纷玄白方龙战，世事从他一局棋"

"闲云舒卷无声画，醉石敲推一色棋"等等，其中《山中》一诗如下：

> 倏忽当年遇，蒙茸几度披。
> 水霞明画卷，草树幻骚词。
> 鸟过目不瞬，江流意自迟。
> 世人空黑白，一色看坡棋。

文天祥还有一绝，夏日家居时，他爱一边游泳，一边以水面为棋盘，凭记忆与棋友下"盲棋"，除了棋艺，这还需要超人的水性和记忆力。关于"盲棋"，维基百科有定义："蒙眼棋（Blindfold

Chess），有时称作盲目棋、盲棋、闲目棋，指不看棋盘和棋子，蒙上双眼，透过口述来表达走法的比赛方式。"这样的比赛，多出现在西洋棋和象棋。西洋棋早有盲棋比赛，最早纪录是一二六六年，在意大利的佛罗伦萨（文艺复兴运动的诞生地）。在中国象棋界，高中状元的文天祥在一二五八年，已经一边游泳一边下盲棋了。东西历史的偶然真是令人惊叹。

有史实记载的最早下盲棋的人，就是文天祥。记载，文天祥有超人的记忆力，能与象棋高手周子善在赣江中游泳对弈。他俩"于水面以意为枰，行弈决胜负，愈久愈乐，忘日早暮"。年轻的文天祥知道，弈棋是脑力运动，而且可从棋道弈经中悟出处世之道。他在诗中写道："众人皆醉从教酒，独我无争且看棋。"这是一种淡定和豁达。

第二爻·九二　不出门庭，凶。

文天祥始任官职，
大蒙古国开始挥兵南下，
南宋开始风雨飘摇

门庭，门内之庭。九二以刚居阴，上与九五无应，而且失位不正。"不出门庭"，宛如只知道"塞"不知道"通"，好像水已由泽底涨至泽中，水位上升，这时"当通不当塞"。如果九二如初九，以为刚毅足以闭塞，死守在家里，而不走出庭院门户，将会导致泽水的横溢之灾，当然得凶。这爻，是说身处通达而未动，致凶。吉凶祸福主要取决于时势的通塞，以及个人面对通塞的时势应当采取的行动。

文天祥向朝廷报到，没等到任派结果，便先回庐陵待命。等到他再到临安接受朝廷任命时，国家的局势已发生骤变。

因为大蒙古国近年来攻宋的战线，已经渐渐推进，危及南宋政权。蒙哥汗于一二五八年二月，为了建立超过父祖的功业，决定亲率大军攻宋。蒙哥汗兵分三路南下：自己率主力进攻四川，一路所向披靡，攻克四川北部大部分地区；四弟忽必烈负责攻打鄂州（湖北武昌），另外兀良哈台从岭南领兵北上，与忽必烈会合。一二五九年，蒙哥汗在合州（今重庆市）受阻，遭遇顽强抵抗，进度缓慢，但是，忽必烈却顺利渡江，包围鄂州。

蒙古军的攻势震撼了南宋朝廷，君臣陷入恐慌。宋理宗下诏罪己，同时罢免宰相丁大全。这时，宋理宗最宠幸的宦官董宋臣（负责召妓入宫，供理宗享乐）建议迁都四明，就是今天的宁波，结果"人莫敢议其非者"，众臣惧于董宋臣权倾朝野，即使不赞成，也无人敢说不。而血气方刚的文天祥毅然向宋理宗上了奏书，提出四项改革主张，甚至请求理宗斩杀奸人董宋臣，来祭祀宗庙的神灵，消解朝廷内外的怨怒，向天下表明皇上悔悟的真诚。奏书掷地有声，但理宗却不予理会，没有采纳文天祥的提议，依然我行我素。

这时一位奸臣走上历史舞台——四十七岁的贾似道，台州人，因其姊为理宗爱妃而受理宗宠信。理宗派遣贾似道率军支援鄂州，同时在军中拜其为右丞相。贾似道根本不具备军事能力，于是在出征后与蒙古军私下议和，并游说蒙古人，表示宋朝廷会向蒙古进贡，而志在夺取南宋领地的忽必烈，完全不理会他的建议。

意想不到的事情发生了：一二五九年八月十一日，天佑大宋，蒙哥汗死于四川前线，蒙古军军心不稳，乱作一团。这段隐晦的历史，小说家金庸在《神雕侠侣》有精彩的描述。而阿里不哥（成吉思汗第四子拖雷的幼子，忽必烈的弟弟）在大蒙古国的库里尔台大会上被推举为新的大汗，正在包围鄂州的忽必烈，急于北返争夺王位。此时天赐良机，贾似道的密使轻松地与忽必烈达成协议：大宋称臣、岁奉二十万银两、绢二十万匹。

私下议和后，贾似道会师其他将领，偷袭蒙古军的退军，杀伤了敌军仅仅一百七十多人。但是，贾似道夸大战功，连连"捷报"，"诸路大捷，鄂围始解，汇汉肃清。宗社危而复安，实万世无疆之福"。当然，他没有报奏蒙古军撤退的真正原因。理宗收到情报后，赐贾似道为卫国公与少师，大力赞扬贾似道，令朝中的文武百官恭迎贾似道"凯旋"。

忽必烈北返与阿里不哥争夺王位，此继位之争共有四年，大宋政权又多了苟延残喘的几年，战争危机暂时解围。一二六〇年，文天祥被任命为地方官的副手，不过被他拒绝了。他申请了一份闲散的官职，表明他的不满。不久，他被改任"秘书省正字"，那是中央官职负责草拟朝廷文书，勘正校订国家收藏古籍的工作。之后，因为兼任景献太子府教授，他给太子讲授四书五经，理宗满意他的授课，赐给他金碗一只，升官为刑部郎官，相当于科长等级的官。后话，当他的老师欧阳守道（原白鹭洲书院的山长）生活遇到困难时，文天祥把这只御赐金碗给了他，并代老师拿到当铺抵押，安慰老师说金碗在山林中没有实际的用途。

第三爻·六三　不节若，则嗟若，无咎。

若，相当于"……的样子"。嗟，是嗟叹，指后悔而悲叹。
六三在兑泽的最上端，柔爻没有闭塞泽水的能力，水量增加，
有随时溃决的危机。所以，六三只能"嗟若"，嗟叹自悔。然
而，九二之节，节于未满，那是相对容易的，所以可说"节者
甘焉"。但是六三之节，节于即将要溢的时刻，节之者嗟，旁人
见到"节者"苦焉。油然明白"苦节者人之所不能堪"，所以不
再归咎之，知六三之不得已，所以无咎。

不节若，就是"无法节止的情况"。文天祥身处社稷
飘摇，奸人当道，朝政荒废不治的时代背景下，他"尽
其所能节止"地以书生本色对抗朝廷黑暗势力，自然伤
痕累累，身心俱疲。下面，我们来说说他三次被逐出朝
廷的故事。文天祥经历了种种政治打击，从京官到地方
官，从出仕到归隐。文天祥在宦海沉浮，但他依然秉持
忠义之心，持续上书针砭弊政。

被宋理宗贬到外地的董宋臣又被召回，而且成了文
天祥的上司。文天祥上疏弹劾董宋臣，要求皇上收回成
命，他以自己的立场表达出君子与小人形如水火的态度。
上疏自然无结果，文天祥不甘在董宋臣手下任职，遂辞
职准备返乡，最后在贾似道斡旋下，文天祥到了瑞州。

瑞州在江西，曾被蒙古军攻破，遭受焚掠半毁，社会秩序尚未建立，百姓生活艰辛。知州文天祥对百姓采取宽缓政策，对骄横兵卒严整严惩，加上一些民生救济措施，一年内成绩斐然。他修复"三贤堂"，这是祭祀北宋的余靖、苏辙和南宋杨万里的祠堂。话说余靖与苏辙曾被贬瑞州，余靖是两袖清风的正直好官。苏辙是才气俱佳的诗人。而杨万里一生力主抗金，与陆游、范成大、尤袤合称南宋"中兴四大诗人"，他又与文天祥同是吉州同乡。这三人是瑞州人的典范，也是文天祥报国丹心的影射。

第一次被逐出朝廷：一二六四年，宋理宗病逝。贾似道拥立二十五岁的太子赵禥继位，史称宋度宗，这又是相权大于皇权的年代。新帝登基，文天祥被召回临安，担任礼部的郎官。任命书说道："从你的慷慨敢言，就已经看到你的气节了。"不久改任江西提刑，负责刑狱和治安。后来他莫名被御史弹劾，诬告他违反礼制，不守孝道。虽然一年多之后获得平反，但三十岁的他，沮丧之余，早已辞官，返乡隐居，下棋度日。

第二次被逐出朝廷：一二六七年，他被任命就职吏部，一段京官生涯之后，成了皇帝的临时秘书，一个月不到，他又受到御史弹劾。文天祥被免官返回原籍，再度隐居。时间长达两年。

第三次被逐出朝廷：一二六九年，江万里出任左丞相，马廷鸾任右丞相，马廷鸾是忠诚耿介之士，而江万里则是白鹭洲书院的创建者。文天祥受到他们的推荐，任命宁国府长官，不久调回临安改任中央军器监的长官，兼任尚书省的属官。不久改兼皇帝的讲官，负责起草诏书。文天祥利用定期与皇上面见的机会，委婉劝谏宋度宗不要沉溺酒色，不宜荒于政事。

其实，宋度宗的酒色怠政是有背景的：贾似道专权！贾似道自恃拥立有功，飞扬跋扈，权倾朝野。每次贾似道要迫使宋度宗赋予更多权力，他就以退为进说要辞官，不明就里的度宗便极力挽留。这次换文天祥草拟挽留贾似道的诏书。文天祥没有以往歌功颂德的文字，代以指出大臣应该以国家为重，不宜动辄称病请退。贾似道看到初稿，大为恼怒，改派他人重新草拟诏书。不久，文天祥又受到御史弹劾，又返乡隐居了。这时文天祥三十五岁，宋度宗三十一岁。

组立勤王部队

文天祥捧诏涕泣，散尽家产聚兵筹粮，

第四爻·六四　安节，亨。

上卦的三爻，论坎水的流与止，这是"节于人者"。

六四柔顺，而且得正。上承九五阳刚中正，所以说"安节"。六四也下应初九，六四宛如泽底的水，如果上溢就失节，如果就下则有节，而且六四承节于九五，节，在其上不在其身，所以六四"安"焉。六四的节制皆循成法而安行，非勉强以为节，六四随九五泽中之水而流止，故亨。以德义解释"安节"，是安于守节，也就是安心保持自己的节操。

话说蒙古王子忽必烈急急从鄂州战场北返，与弟弟阿里不哥争夺汗位。经过时断时续的四年内战，于一二六〇年，四十六岁的忽必烈自封为第五代大汗，虽然之后获得内战胜利，但因他违背蒙古大汗选举传统以及他的"行汉法"主张，没有获得西方的四大汗国普遍地承认，反而纷纷与他断绝来往，脱离了他的统制。但是雄图大略的忽必烈走上历史大舞台，已是势不可挡。

一二六三年，忽必烈下诏在燕京建立太庙。

一二六四年，七弟阿里不哥势穷力竭，归降忽必烈，忽必烈赦免了他和跟随的诸王，只是处死了他的众多谋臣。忽必烈将中都（燕京，今北京市），改名为大都（突厥语称汗八里，帝都之意）。

一二六五年，忽必烈祭祀太庙，为皇祖成吉思汗上庙号"元太祖"。

一二七一年，取《易经》"大哉乾元"之义，定国号为"大元"，又取《易经》"至哉坤元"之义，定年号为"至元"，忽必烈正式成为首任皇帝，并开始计划攻打南宋。

一二七三年，文天祥被任命为湖南路的提刑，负责刑狱。而左丞相江万里也被贬谪为湖南的安抚使，师生在湖南相聚，常常共议国事。可是，文天祥能做的事很少，一二七四年初，他申请回原籍服侍年迈的祖母，获准，同时知赣州。就在同年三月，元军经过长期围困的战术，已经攻破南宋的军事重镇襄阳与樊城。"襄樊之战"，南宋败北，战事急转直下，南宋前线崩坍，元军顺着汉水南下，直接威胁临安。江万里感慨国势日危，他将挽救大局的希望，寄托在文天祥身上。这时文天祥三十八岁，江万里七十六岁。

南宋朝廷又陷入一片恐慌，丞相贾似道"当然"束手无策。当襄阳被元军围困六年期间，襄阳军孤立无援，边关的文书接二连三地传来临安，清朝廷派兵增援，而贾似道以玩乐为首，国事为次，干脆不上朝廷。《宋史》载："襄阳围已急，似道日坐葛岭，起楼台亭榭，取官人娼尼有美色者为妾，淫乐其中。唯故博徒日至纵博，人无敢窥其第者……尝与群妾踞地斗蟋蟀，所狎客入，戏之曰：此军国大事耶？"然而，当襄阳被攻陷时，宋度宗终于知道南宋的丧钟已经敲响，顿时昏倒，但他不以为戒，纠集士兵组织有效反击，反而继续饮酒作乐。

同年，农历七月，盛年三十五岁的宋度宗"酒色过度而死"。年仅四岁的皇子赵㬎即位，他也是在贾似道扶持下登基，史称"宋恭帝"，改明年为德祐元年，由祖母谢太皇太后，母亲全太后垂帘听政，当然军国大权依然在贾似道之手。南宋走上灭亡之路。宋度宗去世后，忽必烈立刻发布《下江南檄》，派伯颜统帅元军讨伐南宋。

一二七五年，德祐元年正月，元军大举进攻，宋军的长江防线全线崩溃。在家乡的文天祥接到朝廷颁布的"哀痛诏"，同时收到任聘他为江西提刑的诏书，要他赶快召集勤王的军队到临安，保卫京城。

心情沉痛的文天祥"捧诏涕泣"，三天后，在赣州发布文书，聚兵筹粮。他散尽家产，捐出所有家资充当军饷，招募当地豪杰，组建了一支万余人的义军，开赴临安。朋友质疑他的做法，问道："现在元军兵分三路，已经攻破临安周遭城市，你这一万多乌合之众，如同驱群羊与猛虎相搏。"文天祥同意这个说法，但是他回答说："国家养士三百多年，一旦有急，征天下兵，却无一人一骑到京城，我万分悲痛，所以不自量力，以身赴难，希望天下忠义之士能够闻风而起，聚集众人力量，也许能保存社稷！"而实际情形是：当时成千上万的地方官，带兵勤王的只有文天祥、张世杰、李庭芝三人（陆秀夫当时在朝中）。

时穷节乃见！文天祥把自己的脑袋提在手上，共赴国难。这一年，他四十岁。

第五爻·九五　甘节，吉。往有尚。

> 九五是节卦的卦主，阳刚中正而居尊位。所谓"当位以节，中正以通"，是最美好的节，施节于不争之中，这是九五所乐见，所以"甘节"。九五泽中之水，将满未满，流水甘甜（止水则苦涩），于此进行节制，所以往适上六，阴阳相配，甘苦相济为吉。进一步说明，既无横溢之灾，也无干涸之患，所以得吉。于此节制既适中，又适时，宜其嘉尚而有功。

每个朝代在灭亡前，场景都非常类似。幼主寡母的朝廷，往往把最后一张牌交给十恶不赦的大臣，然后他因自身无能，很快便将国家置于万劫不复的境地。贾似道在谢太皇太后与朝野舆论的压力之下，召集了各路人马十三万、战船二千五百艘出征。在丁家洲（安徽铜陵）面对伯颜率领的元军铁骑，一触即溃，贾似道兵败后逃往扬州。接下来，奸臣贾似道陷入众叛亲离，沦为落水狗，免官贬谪到远方，在半路上被仇家所杀。

仅次于贾似道的大臣陈宜中接手掌权，纠集一群妒贤嫉能的官僚集团，继续排斥忠良。文天祥的部队被诬告抢劫扰民，被排挤，只能停滞在后方隆兴府（江西南昌）。气愤的文天祥上书，指出这支勤王军是激于义愤的百姓所组成的，渴望向元军进攻，如果让他们一直滞留后方，而不能前往击敌，必然挫伤士气。当然，胆小怕事的陈宜中，也陷入种种舆论责难，"宰相当出督而畏缩犹豫，第令集议而不行"，遂弃职而去。接手的第三位大臣是"状元宰相"留梦炎，他继续执行陈宜中的政策，把文天祥隔离在九江，硬是不让他前来保卫京城。后话，留梦炎投降元后，官至礼部尚书、翰林学士承旨。"留"姓少有，明朝时，姓留的考生必须要具结"非留梦炎后世"才能进场考试。这真是后世报啊！

之后的发展，就是决策者无心应战，一意与元军议和，拒绝忠义之士如文天祥、张世杰等人的建议。最后，他们妥协把文天祥调回临安，让他担任枢密院的枢密副使，架空他的军队。而左丞相留梦炎见大势已去，逃离临安，不久在衢州投降了元军。这些无耻小人的行径令人不耻。其中最为引人关注的是谈判双方的参与者。我们来看看元军统帅——四十一岁的伯颜，和南宋右丞相——四十一岁的文天祥，两位顶尖人物的角力互动：

一二七六年初，伯颜率领元军逼近临安，谢太皇太后选择投降，她任命文天祥为右丞相，第一个也是唯一的任务是谈判代表。文天祥明白"国事至此，予不得爱身"，自忖他可以用谈判争取时间，或许可以借着与元军谈判的机会，观察元朝内部情形，回来后再制订救国策略。文天祥与左丞相吴坚等人到了伯颜的统帅帐营。只有文天祥表现坚定，据理相争，没有卑躬屈膝，其他人都已经放弃争取议和内容，文天祥的针锋相对，让伯颜对这位南宋右丞相另眼相看。

伯颜，历史上的简介标语："灭掉南宋的蒙古人。"他父亲跟随忽必烈的弟弟旭烈兀征战欧洲，伯颜即是在欧洲长大的蒙古子弟，长期身处军旅又相貌堂堂。二十八岁时，父亲派他晋见忽必烈，忽必烈见他气宇轩昂虎虎有风，便说："这种人才不应该跟随藩王，还是留在我身边吧！"忽必烈亲自做媒，把丞相的妹妹嫁给他，次年，二十九岁伯颜晋升左丞相。攻占南宋是伯颜最大的功业，他独特的地方是十分重视"心理战"，无论是对同僚还是敌人，他总是注意从心理上摧垮对手。

因为文天祥不卑不亢的态度，伯颜为了防止他回临安后节外生枝，转向采取强硬的对抗，阻挠南宋的投降，便将他软禁营中，其他的谈判代表放回。第二天，这些代表带来了宋恭帝的降表。尽管如此，文天祥依然与伯颜面对面论争，虽南宋朝廷已经屈膝投降，但他坚持原则：讲和非乞和，谈判而不投降。而伯颜知道文天祥是南宋巍巍不倒的旗杆，如果能劝降，再利用他的声望来收拾两淮和江南尚未投降的地区，甚至福建、两广，将易如反掌。可以说这个算盘打得十分精明。

谈判时，文天祥与伯颜舌战不已。最后，伯颜被文天祥的强硬原则和语言逻辑震慑，感到讶然和恼怒，于是用生死来威胁文天祥。文天祥倒是干脆，凛然回答："我是南朝的状元宰相，所欠一死来报国耳，宋存与存，宋亡与亡，刀锯在前，鼎镬在后，非所惧也，何怖我？"

当天，文天祥与伯颜谈判时，吕文焕也在一旁。吕文焕原来是南宋襄阳城的守将，一二六八年"襄樊之战"开打时，他早已戍守襄阳，历经五年多。一二七三年，与襄阳隔着汉水的樊城，先被元军炮帅阿里海牙攻陷，屠戮樊城后，襄阳城孤立无援。忽必烈降诏谕吕文焕："尔等拒守孤城，于今五年，效力尔主，固其宜也。然势穷援绝，如数万生灵何？若能纳款，悉赦勿治，且加迁擢。"吕文焕不为所动，继续悍守。为何我有此段文字论述？在金庸小说《神雕侠侣》"侠之大者""生辰大礼""大战襄阳"章回，即多有描述郭靖、黄蓉、杨过等均力战于此的故事。虽是小说，但对此"襄樊之战"总多了许多历史关注和感伤。

蒙军炮帅阿里海牙移攻主城襄阳，调集所有巨炮轰击，所中无不摧陷，城中守军大乱，人心惶惶。阿里海牙遣使来劝降，不果，最后他亲自到城下，再次劝降吕文焕："君以孤城御我数年，今鸟飞路绝，帝实嘉能忠而主。信降，必尊官重赐以劝方来，终不仇汝置死所也。"吕文焕犹疑未决，阿里海牙折箭为誓担保，吕文焕最终出城投降，归顺元朝。

伯颜离席后，吕文焕想邀功，近身劝降，文天祥本来不理会吕文焕，听他开口了，文天祥把情绪转移过来，怒不可遏，痛骂他是逆臣乱贼，说道："国家不幸有今天，你是罪魁祸首！"吕文焕急急辩解自己固守多年，而朝廷不派救援。文天祥厉声斥责："力尽援绝，以死报国就可以了。偏偏你只顾自家生命和妻儿，愧对国家的托付，也毁坏自己的家族名声，使吕氏世代都成了千古罪人。"在一旁的吕文焕的侄儿加入辩论的阵营，挖苦道："丞相你曾上疏奏请皇上斩杀我这个叛逆，现在为什么不亲自动手呢？"文天祥大怒："你叔侄都投降了北朝，没有诛杀你全族，是朝廷刑罚的失当，现在竟然还有脸见人？我的确恨不得亲自动手！虽然以目前情势你们可以轻易杀了我，但我一点都不怕，杀了我反是成全我当大宋忠臣！"文天祥正气凛然、无所畏惧地说出这番话，旁人都不禁动容。还有人转述给伯颜听，伯颜称赞说："文丞相心直口快，男子心。""心直口快"的成语，即是出于此，形容性情直爽，有话就说。

一二七六年，元宵甫过，正月十八日，谢太皇太后抱着五岁的小皇帝宋恭帝赵㬎，出城向伯颜献上传国玉玺投降。一二七六年，二月初，伯颜让南宋前朝的要员组成"祈请使团"，捧着降表到大都拜见忽必烈，这是政治表演大戏。伯颜临时把文天祥加入随行名单，借此将他押送到北方。文天祥羞于此行，原本在出发前自尽，被劝止后，心思一转，如果途中有机会脱逃，复兴宋朝报效国家或有可为。果然在京口（今镇江）他等到一个契机，逃脱了元军的看守……

第六爻・上六　苦节，贞凶，悔亡。

得了机会脱身的文天祥，前后十五天，历经艰辛终于抵达真州（今江苏仪征，在南京与扬州之间），终于回到了尚未沦陷的国土，这一天正好是暮春三月的第一天。后来他写了《脱京口》一系列的诗：定计难、谋人难、踏路难、得船难、绐北难、定变难、出门难、出巷难、出隘难、候船难、上江难、得风难、望城难、上岸难和入城难，这"十五难"详细描述了他逃亡的危险过程，历经磨难的心路。我们随意选出《出门难》《出隘难》二首窥看当时文天祥的险境与危惧：

> 罗刹盈庭夜色寒，人家灯火半阑珊；
> 梦回跳出铁门限，世上一重人鬼关。
> 袖携匕首学衔枚，横渡城关马欲猜；
> 夜静天昏人影散，北军鼾睡正如雷。

文天祥逃脱了，兹事体大，元军使出"抓不到你，就抹黑你"的计谋。这个离间计果然奏效，当时扬州主帅李庭芝怀疑文天祥成了元军的奸细，派人到真州，暗中要求真州守将苗再成斩杀他，苗再成虽没动手杀人，但蒙骗文天祥出城，算是遗弃了他。倍感酸楚与愤慨的文天祥，只得继续南下逃亡，历经几次生死考验，他终于抵达通州（江苏东南部，长江出海口）。

在通州，他得知益王和广王已在永嘉（浙江温州）建立元帅府，赶紧寻船准备南下。益王和广王是宋度宗的两个异母兄弟，益王赵昰八岁，广王赵昺五岁。当元军围困临安，五岁宋恭帝与谢太皇太后被俘前夕，益王和广王已由国舅阳亮节护卫，南下出逃。他们在永嘉召集了陈宜中和张世杰，假托谢太皇太后的手诏，以益王为天下兵马大元帅，广王为副元帅，成立了元帅府，在东南沿海地区举起抗元大旗。文天祥速速渡海南下，在扬子江口的水天一色，写下经典的《扬子江》诗，表示他的抗元决心与对南宋的眷念：

> 几日随风北海游，回从扬子大江头。
> 臣心一片磁针石，不指南方不肯休。

四月初，赶到永嘉的文天祥得知二王已经转移到福州，便上书劝进益王即位。五月初，陈宜中、陆秀夫、张世杰拥立益王赵昰登基，成立流亡政府，史称宋端宗，陈宜中任左丞相，张世杰为右丞相负责军事，陆秀夫为副丞相。晚到的文天祥也被任命副丞相，负责召集和指挥各地义军。七月中，文天祥到南剑州（今福建南平）开府募兵，在汀州组织收复失地军事（汀州又名长汀，在福建西部，客家古城），之后，北上进攻江西，但多次以失败作收。

第二年正月，元军逼近汀州，危机再起，召回进攻江西的部队，全力巩固福建西部。两军对峙，元军统帅派降将来诱降，军心浮动，文天祥遂在阵前斩杀劝降者，才稳住局面。他在回信给劝降他的元军将领，"大宋养士三百年，现在却少有死节者"来明志。幸运地的是，元朝北部诸王发生叛乱，忽必烈放松了对南宋的钳制作战，局势缓和，文天祥率领义军再度进入江西，在他的故乡吉州得到许多响应，声势不小也收复了不少故土。

可惜，忽必烈很快平定内乱，再度挥军赫赫而来，义军是步兵又是临时组织，碰到元军铁骑一触即溃，文天祥用鲜血夺回的州县一一沦失。元军不断进逼，文天祥不断后撤，几次差点无法脱身，两位妹夫死于战斗之中。

然而，其他地区督府的军队也节节败退，在广州浅湾的流亡政府也遭受元军进攻，张世杰迎战失利，退撤到秀山（广州南珠江口），而陈宜中借机逃到占城（今越南），不知所踪。一二七八年四月，十岁的宋端宗病死在船上。陆秀夫等拥立广王接位，史称"宋帝昺"——南宋的末代皇帝。陆秀夫任左丞相，张世杰为右丞相。一个月后，退到广东的文天祥与新的流亡政府取得联系，他想率军加入流亡政府的军队，但张世杰惧于他的声望，只有推诿，对他只加官晋爵，但不让他入朝。不久，文天祥的母亲与长子相继病死，他遭受双重打击。

十一月，文天祥进驻潮州，收集了失散部队，汇集力量，可是不敌元军的水陆并击，在撤退之际被俘。他服用二两龙脑香自杀，但是失败。文天祥被囚禁在敌军船只上，随军而行。这时元军从潮阳入海，准备发动总攻击，目标是退守在崖山的张世杰。元军船队经过珠江口的零丁洋，文天祥心潮澎湃，写下《过零丁洋》的千古名诗：

> 辛苦遭逢起一经，干戈寥落四周星；
> 山河破碎风飘絮，身世浮沉雨打萍。
> 惶恐滩头说惶恐，零丁洋里叹零丁；
> 人生自古谁无死，留取丹心照汗青。

之后，身不由己的文天祥随着元军船舰，目睹了"崖山之战"中宋军惨败的过程。战局结束，陆秀夫背着八岁的皇帝跳海自尽，那一天是一二七九年，农历二月初六，其他宋军投海殉国自尽者不计其数，清理战场时，海上浮尸多达十几万人。张世杰率领残部退往一座海岛，途中遇到飓风，张世杰落海溺死，至此，南宋流亡政府彻底灭亡。

文天祥经过五个多月漫长北上押送行程，一二七九年十月一日，抵达元朝大都。之后三年多，文天祥成了大牢囚徒，期间不断有人来劝降，共有五个软硬兼施的阶段，我们借此理解文天祥之间的心路历程：

第一阶段，先上敬酒。首先来劝降的是南宋前左丞相留梦炎，劝降的话都还没开口，文天祥先是一阵唾骂。接着是"宋恭帝"出场了，此时他已经九岁了，被忽必烈封为"瀛国公"，当然他说不出什么大道理，文天祥向他行拜见皇帝之礼，劝降免谈，就请他回去了。

第二阶段，开始折磨！在土牢酷刑以摧毁他的意志，直到病倒后，狱卒才除去枷锁，留下铁链，但可以晒晒太阳。土牢在夏天时溽热如蒸笼，下雨又积水成灾，秽气四起，这样过了两年。他在《正气歌》序文所描述的即是这里的环境，"当此夏日，诸气萃然"：

> 雨潦四集，浮动床几，时则为水气；
> 涂泥半朝，蒸沤历澜，时则为土气；
> 乍晴暴热，风道四塞，时则为日气；
> 檐阴薪爨，助长炎虐，时则为火气；
> 仓腐寄顿，陈陈逼人，时则为米气；
> 骈肩杂沓，腥臊汗垢，时则为人气；
> 或圊溷、或毁尸、或腐鼠，恶气杂出，时则为秽气。

第三阶段，亲情攻势。他收到了女儿柳娘的家书，得知他的夫人欧阳氏和两位女儿都在大都的宫中软禁，只能身着道家服装，整日诵经。后来，他见到了已经降元的弟弟文璧。对亲人的思念与愧疚，是最磨人的，心头萦绕的尽是亲情。可是，文天祥挺过来了，还是没向元朝妥协。

第四阶段，有扮黑脸、白脸的蒙古权贵，以权势逼迫者，以厉声威赫者，以怀柔收买者。副丞相甚至威胁说："你的生死掌握在我的手中！"文天祥淡定回答说："天下事有兴有衰。国亡受戮，历代皆有。我为宋尽忠，只愿早死！"

最后，忽必烈登场。忽必烈一直佩服文天祥的忠义，想借此立下榜样，还想借重他的才能。一天，他问议事大臣："南方、北方宰相，谁是贤能？"群臣回答："北人无如耶律楚材，南人无如文天祥。"虽是如此，后来因为汉族官员与色目官员之间的一些矛盾，忽必烈必须摊牌了。六十九岁的忽必烈亲自对四十八岁的文天祥招降说："你在这里的日子久了，如能改心易虑，用效忠宋朝的忠心对朕，那朕可以在中书省给你一个位置。"这是要他担任宰相之职的意思。文天祥回答："我是大宋的宰相。国家灭亡了，我只求速死，不当久生。"忽必烈问他："你有什么希望？"文天祥平静地回答："但愿一死足矣！"

十二月初九，文天祥被押解到柴市刑场。他问差役说："哪边是南方？"向南方跪拜说："我的事情完结了，心中无愧了！"从容就义，那年他四十八岁。他的夫人在收尸时，发现他的衣带中藏置着遗书绝笔，那是《衣带赞》一首诗：

孔曰成仁，孟曰取义，唯其义尽，所以仁至。
读圣贤书，所学何事？而今而后，庶几无愧。

文天祥、耶律楚材

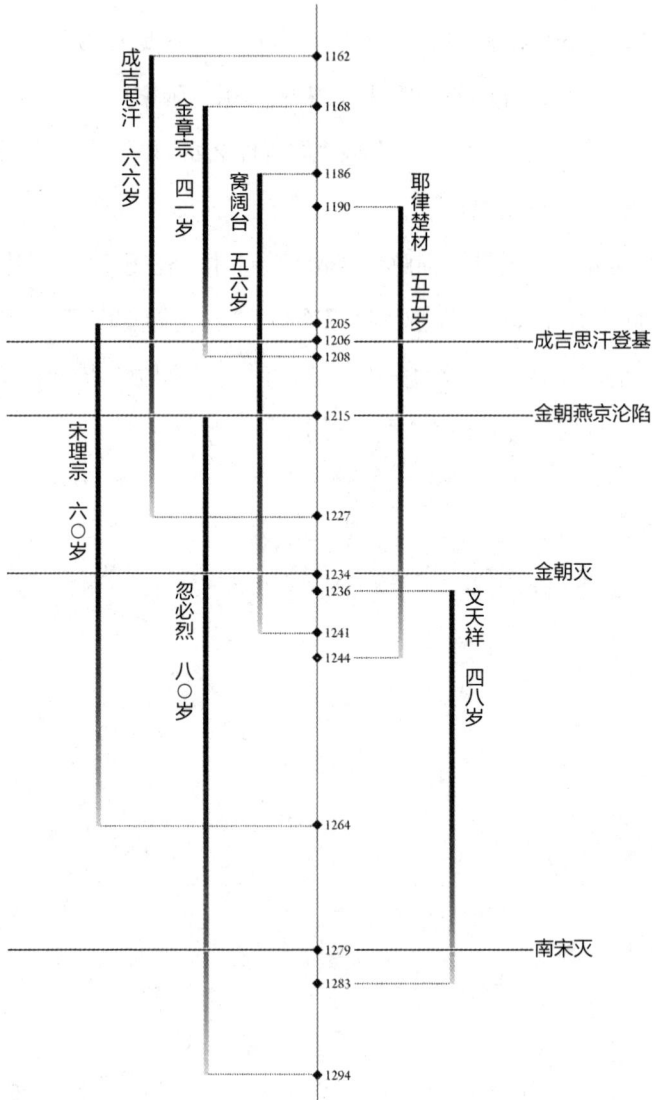

年份	人物	事件
1162	成吉思汗 六六岁	
1168	金章宗 四一岁	
1186	窝阔台 五六岁	
1190	耶律楚材 五五岁	
1205		
1206		成吉思汗登基
1208		
1215		金朝燕京沦陷
1227	宋理宗 六〇岁	
1234		金朝灭
1236	忽必烈 八〇岁	
1241		
1244	文天祥 四八岁	
1264		
1279		南宋灭
1283		
1294		

耶律楚材

陛下新即位，宜宥之。

坎
震
屯

上六　乘马班如，泣血涟如。

九五　屯其膏，小贞吉，大贞凶。

六四　乘马班如，求婚媾，往吉，无不利。

六三　既鹿无虞，惟入于林中，君子几不如舍，往吝。

六二　屯如邅如，乘马班如。匪寇婚媾，女子贞不字，
　　　十年乃字。

初九　盘桓。利居贞，利建侯。

花甲父亲抱着新生儿，以楚材晋用成语命名之

忽必烈成了大元王朝第五任大汗。一天，他问议事大臣："南方、北方宰相，谁是贤能？"群臣回答："北人无如耶律楚材，南人无如文天祥。"

本书上篇已经说了文天祥的《而今而后，庶几无愧！》伤心故事，这篇来介绍这位耶律楚材。有史家赞誉说："耶律楚材之于成吉思汗，恰如诸葛孔明之于刘备。"我以为他是超越民族，超越文化的了不起的旷世奇才，下面我们来认识这位大元名相波澜壮阔的一生。

耶律楚材，耶律是复姓，契丹人。出生于一一九〇年的燕京（今北京），那一年是大金王朝明昌元年，也是南宋的绍熙元年、西辽的天禧十三年、西夏的干佑廿一年。"耶律"是契丹大辽王朝的国姓，建国者是辽太祖耶律阿保机，算算辈分，耶律楚材是耶律阿保机的九世孙。然而，一一九〇年，辽国已灭亡六十八年了，即使父亲耶律履，也是在辽灭了后才出生的。简单交代一下他的出身背景：耶律楚材出生在契丹贵族的家庭，如今已是女真族大金王朝的子民，而且父亲耶律履是金国的重臣——宰相——尚书右丞，成为金国臣民的契丹人，耶律楚材已经是第三代了

耶律履，史书上说他精通六经与百家之书，也精于历算和书法绘画，尤其写得一手好文章，据史料记载他五岁时就写出"卧看青天行白云"的诗句。

耶律履的妻子杨氏，是汉人，她的父亲杨县是个大学者，没

有儿子，于是她继承了父亲的满腹经纶，是当时少有的女学者，史料说她"容貌端正，才学气量过人"，但是身长甚高，换算现在说法是超过一百八十公分，因此姻缘蹉跎，最终成了耶律履的第三任妻子。

小耶律楚材出生时，耶律履已经年近花甲。老来得子，让这位老父亲非常高兴，抱着小耶律楚材，但内心一股对大时代隐隐不安，深谙阴阳的耶律履为儿子卜过一卦。之后，他私下对亲戚们说，"金国大势已去，我六十得子，这个孩子是我们家族的千里马，将来必大有作为，但是将为异国所用"。这个小生命，耶律履意义深远地以成语"楚材晋用"来命名他。

关于"楚材晋用"在《春秋左氏传·襄公二十六年》有记载，是关于晋国与楚国的比较论："晋卿不如楚，其大夫则贤，皆卿材也。如杞梓、皮革，自楚往也。虽楚有材，晋实用之。"这个典故说，楚国人才济济，但是刑罚太过严厉，许多人才如析公、雍子、子灵、贲皇等人纷纷出逃亡命，而为晋国所用。文章里的"杞梓"：杞，音同"起"；梓，音同"紫"，杞、梓皆为良木，比喻有用的人才。楚材是有用的人才，但是将为晋国所用。

当时大金王朝立国已经超过七十年，小耶律楚材出生这一年，年轻的金章宗完颜璟二十二岁刚登基，政治尚算清明，但军事能力却日益衰落。重要的是，遥远的蒙古有一位二十九岁的青年，还是一个小部落的首领，虽然耶律履不知他的名字叫做"铁木真"——未来的成吉思汗，可是，他有预感，草原上不久将会形成一个强大的武装集团，改变这个世界。怀中这个小儿子，未来将会成为在异域建功立业之人。

父亲留给他的是典藏丰富的书斋，小耶律楚材潜身苦读

契丹族原本是在东蒙古潢水流域的游牧民族，唐朝时受唐的支配，但是在唐朝倾覆时，族里出现了一位耶律阿保机首领，建立了"辽"政权。不久"后唐"河东节度使石敬瑭，于九三六年反"后唐"自立，向契丹求援。契丹扶植其建立了"后晋"，辽的第二任皇帝耶律德光（耶律阿保机次子）与石敬瑭结为父子。石敬瑭成了历史上有名的"儿皇帝"，他按照契丹的要求把燕云十六州割让。往后中原数个朝代都没能将燕云十六州完全收复，割让燕云十六州，致使中原政权感受到北方强大的威吓，持续长达近二百年。

对于唐朝之后，以中原正统政权自居的"北宋"，收回燕云十六州就成了国家最重要的目标。虽然北宋、大辽两国有"澶渊之盟"的和平条约，但是北宋一有机会仍设法夺回燕云十六州。不管双方攻防如何，鹬蚌相争，渔翁得利，大辽背后的女真族逐渐抬头，建立了"大金"政权，大金与北宋连手灭了大辽，而北宋仍无力夺回燕云十六州。

于是，北宋与大金迅速交恶，双方交战不断。靖康元年（一一二六年），大金终攻陷了北宋首都汴京（开封），掳掠了宋钦

宗和太上皇宋徽宗，历史有名的"靖康耻"说的就是这个历史大事件。收复失土、救回两帝也成了南宋岳飞终生奋斗的目标。岳飞的故事《已三更，起来独自绕阶行》本书也细细谈过。

大金完全没想到他们会支配整个长江以北领域，一直以狩猎为主的女真族，建国仅仅十年，缺乏治国的行政人才，只能从刚刚灭国的大辽之中选用适当人选。契丹族是深度汉化的民族，加上南下中原建立王朝也有九十年了，不乏行政人才。于是耶律楚材的祖父耶律德元，就是在当时转而在金国为官，自此之后，耶律家族成为金国的达官显贵，长居燕京。当时的燕京是北方政治、经济、文化中心，这里既有丰富的多元文化，又有深厚的汉文化底蕴，这使得耶律家风以读书知礼、博雅多识闻名。

耶律楚材虚岁两岁时，父亲去世。耶律家道中落，父亲留给他的是典藏丰富的书斋。

母亲谨遵丈夫希望楚材学有所成的遗愿，带着小楚材离开了燕京，回到丈夫的老家锦州弘政（今辽宁锦州义县）生活，母亲在医巫闾山的悬崖上修了两间小屋，其中一间装满了她所带回书斋里的书籍。母子相依为命，她独自教育小楚材，"挑灯教子哦新句，冷淡生涯乐有余"。十二岁入闾山显州书院。在耶律楚材"志于学"的十五岁时，凡史籍、儒家经典、诗词歌赋，博览群书，也旁通天文、地理、律历、术数及释老、医卜之说。耶律楚材才思敏捷，下笔成文。除了母亲的教导，他也通过翻阅父亲留下的书籍眉批，感受父亲的思想教诲。

古人除了本名之外，还需要一个"字"，字的全称是"表字"，表字的出现，是与冠礼联系在一起，汉人十六岁，游牧民族十五岁，就要举行冠礼，表示他已成年，可以参加一切社会活动，可以成家生子。表字，有时是父母取的，有时是老师命名的，自己也可以取。一般来说，名与表字是互为表里、相互解释与补充，"古者，名以正体，字以表德"，如孔子的儿子名鲤字伯鱼，弟子冉耕字伯牛，鲤与鱼，耕与牛，互相解释，互相补充。韩愈，字退之也是如此。关于自己的"字"，耶律楚材有相当觉悟，最终给自己称之"晋卿"，卿是高官——既然将来是别国所用，不如做个被重用的大臣吧。

十五岁的耶律楚材长得非常高大，应该是母亲的遗传吧。母子又回到燕京，展开新的生活篇章。

十九岁的耶律楚材被任命为开州同知，在地方磨炼

回到燕京，他的学识让人惊艳。一二〇六年，就是金章宗泰和六年，耶律楚材十七岁，根据他的学识可以出仕了。按照金朝的制度，宰相之子享有赐补政府机关佐武官的特权，耶律楚材表态放弃这个特权，他要参加正规的进士科考。其实，北宋时也有此旧规，可是有自信的年轻人都以免试的官二代为耻，他们依然积极应试。

金章宗认为制度有必要保留不应轻易更改，于是特别下了一道敕令，让当时同样情形的十七位青年才俊，接受皇上当面考试，

询问了几个疑难案件的处理，其中耶律楚材回答得最好。他不仅进士及第，而且是首席，相当于状元。朝廷便正式任命他为某个政府部门的掾官，那是协助长官掌管文书，办理日常政治事务的官员。

十九岁时，当年三月他在母亲安排下结婚了。古人的婚姻对象多是父母之命、媒妁之言。耶律楚材娶的梁氏，婚前未曾谋面，她是耶律弁才上司的女儿。耶律弁才则是耶律楚材同父异母的哥哥，父亲耶律履前后共娶有三位妻子，第一位妻子萧氏未生子，第二位妻子郭氏生育了两位儿子，耶律弁才和耶律善才，与楚材相差约有二十岁。

不久，耶律楚材被任命为开州同知。同知的意思是知州的次官，而"开州"在北宋时期被称之"澶州"，当年的"澶渊之盟"就在此地签约。其位置位于燕京与汴京（开封）之间，距汴京近了些。耶律楚材与母亲、妻子一起赴任开州。

同一年，一二〇八年十一月，四十一岁的金章宗病逝。金章宗是金朝第六位皇帝，无后嗣，他的六个儿子都在三岁前夭折。所以由叔父卫绍王完颜永济继位，卫绍王为人优柔寡断，个性软弱，没有安邦治国之才。

卫绍王即位前一年，曾经担任使者前往净州（今内蒙古呼和浩特东北部）去接受蒙古的贡品，那一次成吉思汗亲自承担送贡品的任务。本来献供品者要向大金使者行使跪拜之礼，而铁木真这次自己前往就是为了拒绝此项行礼规定，但当他亲眼看到这位大金使者愚蠢的模样，还是让他大为惊讶的。而今，诏书说他登基为第七位金国皇帝，成吉思汗不由得说："我本以为中原的皇帝都如天人一般，想不到这样蠢材也能当，这份诏书不拜也罢！"

北方的蒙古国崛起，二十三岁耶律楚材被召回燕京

自此，成吉思汗开始频频向西夏发动进攻。西夏是位于甘肃党项族的政权，也是金国的藩国，成吉思汗屡屡掠夺西夏边界城市，根据成吉思汗的战略，要击败金国，势必要先切断金夏联盟，西夏笼罩在蒙古的威胁之下，如栗栗危卵。西夏多次向宗主国求援，可是，金国自顾不暇。

成吉思汗的铁骑包围了西夏的中兴府（今银川市），一阵猛攻，西夏王献上公主请和，承诺每年朝贡，也停止了与金国的藩臣关系，转而服从蒙古，并且附蒙伐金。我们回头说说成吉思汗铁木真的故事：

蒙古草原的铁木真的名字，约在耶律楚材四、五岁时逐渐被金国人所识。在草原的游牧集团之中，离金国最近的是塔塔尔部落，为了国防需求，金国以强硬的武力镇压塔塔尔，也要求塔塔尔拿出服从效忠的证明，铁木真的祖父俺巴孩汗就是被塔塔尔擒获并且送往了金国，在金国遇害，铁木真的父亲也速该汗也是被塔塔尔人毒死的。然而塔塔尔是"骄傲的草原民族"，当然也不甘长期为金国的走狗，他们屡屡在边境与金国发生纷争。

金国的反制是向其他部落发出檄文："凡是为金讨伐塔塔尔而提供援军的部落，都会得到金的报酬奖赏。"仇恨塔塔尔的铁木真与亡父的盟友克烈部落一起率兵讨伐塔塔尔部落，获得大胜。从此，"在乞颜部落有一位铁木真！"金国知道了铁木真的存在。当年铁木真三十三岁（孛儿只斤是他的姓氏）。

金对援军的奖赏：封克烈部落首领脱斡邻勒"汗王"，王是中原的称呼，汗是游牧民族首领的称呼。而铁木真呢？金国指挥统帅完颜襄同意铁木真可以掠夺塔塔尔部，这一次的掠夺让铁木真知道了什么是"财富"，原来这个世上有那么多金银财宝！而这些财物，不是任何游牧民族可以创造出来的，要想得到，只有通过战争。他领悟到，战争除了复仇、防御，还有其他的目的可以达到。

一二〇六年春天，四十五岁的铁木真在斡难河边建立了蒙古帝国，这时他已经征服蒙古高原各部落。国号"大蒙古国"，铁木真从此被呼喊"成吉思汗"！竖起九旄大白旗，踌躇满志。这一年，耶律楚材十七岁，刚在大金燕京科举中初试。

一二一〇年，成吉思汗与金朝断绝了朝贡关系（这个关系约有十五年之长）。

一二一一年二月，成吉思汗亲率九万铁骑入侵金朝，在"野狐岭会战"击败五十万金军。这是"蒙起金衰"的关键战役。

一二一二年，成吉思汗再次亲征，包围金国的西京大同府。金国武将胡沙虎率兵七千在定安之北迎战蒙古军，却临阵脱逃，其军遂溃败。胡沙虎回到燕京，反被升为副元帅，跋扈嚣张，成了国家的不稳定因素。金朝改换年号，从"大安"改为"崇庆"，希望这样能改变国运。然而，祸事不断，朝廷为了移防驻守东北的部队前来保卫燕京，结果部队首领耶律留哥趁此机会，剽掠了隆州、韩州等地，军队人数增加到十万余。他转向成吉思汗表示愿意归顺，遂与兴安岭进攻到辽东的蒙古军联合，成吉思汗军威更盛。

就在这样的战争背景下，在开州的耶律楚材被召回燕京。这一年，他二十三岁。

家人随金帝迁都汴京，耶律楚材留守燕京

耶律楚材一家从开州北上，在威州驻留了一段时间，成了威州刺史苏公弼的府上客。之所以提及这一段旅程小插曲，是因为苏公弼是苏东坡的四世孙，他的叔父与耶律楚材父亲是旧识，曾经共事于国史院，所以一直保持着亲密的交往。这段时间，由苏公弼的女儿苏贞婉负责张罗生活招待，优雅与气度，学识与谈吐，深深吸引了耶律楚材。后话，几年后耶律楚材娶了她为妾，一位是耶律阿保机后代，一位是苏东坡后代，一位是契丹贵族之后，一位是大文豪之后。

耶律楚材去开州赴任前，开始接触佛教，在燕京圣安寺收受了名僧"澄公禅师"教诲，另外也结识了清溪居士。清溪居士俗名为陈时可。耶律楚材因此也熟识了报国寺的"法仁禅师"，法仁

禅师的禅房有一间名叫"究药堂"小室，许多药材研究者常常造访，连一般官界人士也来登门造访，说是来"参师闻法"，其实多是仰慕他的学识。年轻的楚材也如同许多各地到燕京来的僧侣常常拜访法仁，谈论天下形势。

一二一三年五月，大金改元，这次从"崇庆"改为"至宁"，频频改元代表国事不宁，需要冲喜。而夏天耶律家中迎来新生命，这是耶律楚材夫人生的男孩儿，取名耶律铉，与两位兄长的儿子一样都取了金字旁：耶律镛、耶律钧。这时威州刺史苏公弼被任命为国子监司业，就是国立大学副校长，举家搬到燕京，居住近耶律家。

中秋刚过，胡沙虎反叛。事情由不善于用人、忠奸不分的第七任皇帝说起。完颜永济接替金章宗接位后，依然识人不明，五月，在众臣反对声中，重用了胡沙虎为右副元帅，把武卫军数千人交给他指挥，屯中都城北。武卫军，就是国家禁卫队，属于精英部队。胡沙虎在八月廿五日清晨兵分三路，进袭三个城门，大叫："大军已到北关，战争开始了。"城兵慌乱中，烧了东华门，杀进城来，突入皇宫，禁锢皇帝，自称"监国都元帅"，不久派人杀了皇帝，迎立完颜珣为新皇帝，史称金宣宗。这位第八任皇帝以胡沙虎为太师、尚书令兼都元帅，封"泽王"，同时改元"贞祐"。而掌握实权不过五十天的胡沙虎被镇州防御使尤虎高琪杀了，手提胡沙虎的首级去向金宣宗待罪，金宣宗不敢问罪，任命他为左副元帅，不久晋升平章政事，这是宰相职。

此时，耶律楚材任职秘秘书省丞，与军事政变无关。

同时，成吉思汗的蒙古军兵分三路，绕过开燕京，深入大金领土。西路军则由成吉思汗三个儿子朮赤、察合台、窝阔台三人率领，被称之"太子军"，到达黄河北岸，再向西行一路烧杀掳掠；东路军则是成吉思汗弟弟合撒儿攻打辽西诸州。中路军由成吉思汗与末子拖雷进军山东，之后将军事交给他信任的木华黎，他自己回到燕京北部大口的宗司令部。

燕京局势紧迫。贞祐二年一二一四年，金宣宗为了躲避蒙古南下威胁，把首都迁往"南京"，就是北宋的汴京（开封）。耶律楚材全家族跟着南迁，母亲、妻子梁氏、幼儿耶律铸，还有两位哥哥的家庭，只有他被右丞相完颜承晖留了下来，耶律楚材成为五品的左右司郎中。在南迁前，家里决定迎娶苏贞婉，两人作伴留驻燕京。

在留守的燕京没什么事可做，楚材除了读书，常去拜访法仁禅师和万松禅师学佛，请教天文学，禅师鼓励他学习蒙古语。不久，蒙古兵开始围困燕京。一二一五年，五月燕京城到底在断粮六十天后，完颜承晖服毒殉城，金兵投降了。

《易经·屯卦》，称之"云雷屯"，说的是天地初创的苦难时期，君子应当以天下为己任，肩负策划、建立、经营"秩序"的责任。从此卦，我们来理解耶律楚材"苍生使命的艰辛"，如何在蒙古政权谋得立锥之地，进而弭变蒙古人的屠城嗜杀的习性，为苍生留下希望。

从《易经·屯卦》看二十九岁的耶律楚材，如何以仁爱之心为民谋命

坎
震

上六　乘马班如，泣血涟如。

九五　屯其膏，小贞吉，大贞凶。

六四　乘马班如，求婚媾，往吉，无不利。

六三　既鹿无虞，惟入于林中，君子几不如舍，往吝。

六二　屯如邅如，乘马班如。匪寇婚媾，女子贞不字，十年乃字。

初九　盘桓。利居贞，利建侯。

屯，读音是谆谆教诲的"谆"，这个字从"屮"，篆书"屯"是会意字，是取小草刚从破土萌生，象征"萌芽，充满生的艰难"。《屯》卦，即是取为"初生"之义。朱熹引《说文》解释《屯》卦："屯，六画卦之名也，难也，物始生而未通之意。故其为字，象草屮穿地始出而未申也。其卦以震遇坎，乾坤始交而遇险陷，故其名为屯。"意思是说屯的难处，在于物体刚出生而尚未茁壮，这是一种"凡事起头难"的"难"。

《屯》卦，上卦"坎"为水，代表下雨前的乌云；下卦"震"为雷。上下卦呈现乌云下雷声交动，将雨而未雨的情景，比喻为事物"初生"时颇为艰难。全卦阐明事物初创时的艰难，但也勉励要掌握"草创"之际发展规律，进取之。

第一爻·初九　盘桓。利居贞，利建侯。

> 盘桓，"盘"就是大石，"桓"就是树名，两字合成"大石压住草木"，有盘旋难进的意思。初九，在屯之初，出险条件未备，虽以刚居阳，有主动的企图，但也只能进进退退，盘桓流连。初九，此时应该"居贞"静待，内心守正，谦卑自处，以贵下贱。但是，要获得"时至而动，动乃有功"的前提，就是要在此刻：对内充实实力，对外广纳贤才。

燕京沦陷了，耶律楚材无路可逃，静待命运的安排，他到报国寺的时间更长了，甚至自号"湛然居士"。湛然，有水流清澈、思想清醒的意思，也有淡泊安然之意。

根据《新元史》记载："五月，金丞相完颜承晖仰药死。中都（燕京）官率父老开门请降。明安（石抹明安，是蒙古军指挥官）谕之曰：'负固（肩负固守城池要地）不服（没有早早投降），非汝等罪，守者之责也'悉宥之，仍赈以粟，众皆感悦。"石抹明安接受建议，蒙古军没有屠城，从城南拉进满载谷物的货车，绵延数里，这些谷物本来是金国御史中丞李英在清州强制征收，本来就是要运来燕京解救饥民的，半途在霸州被石抹明安袭击被夺。如今"赈以粟"的官员成了蒙古司令官。

虽然已经迁都，燕京仍是金国的最大城市。攻下燕京依然是大事一件，但成吉思汗并没来亲自考察，他依然停驻"渔儿泊"发出指令：设置燕京路总管大兴府，石抹明安为"中都留守"兼蒙汉兵马都元帅,"留守"就是最高行政长官。

同时派了三位蒙古要员到燕京接受战利帑藏（皇帝密藏的财宝），燕京负责上交的是金国的完颜合达,他是蒙古人所认识的,之前就是他担任岐国公主陪嫁护卫长。几个月前,蒙古大军包围燕京,金宣宗与大臣商议后决定向蒙古表达和亲的意愿,成吉思汗也接受了这个请求,便派使者进城挑选新娘。当时金朝皇帝的女儿里,未嫁的一共有七人,其中岐国公主（先帝卫绍王的女儿）虽非漂亮出众,但最为秀慧,宫中的人都昵称为"小姐姐"。

公主出嫁时,陪嫁的有护驾大将十人、军队百人、童男童女五百人、采绣之衣三千套、御马三千匹,另有不少金银珠宝,公主的母亲钦圣夫人也一同随行到蒙古。当队伍到了蒙古国的时候,蒙古人尊她为"公主皇后"。成吉思汗也因为她是高贵公主的关系,对她相当厚待,在洹水西边为她建筑专属她的斡儿朵（Horde,大帐）,成了成吉思汗第四斡儿朵之首。

夺取燕京第二年,成吉思汗离开了"渔儿泊"居地,不是前往燕京,而是回到故乡蒙古草原怯绿连河、斡旋河地区。他将东方交给木华黎征伐与管理,自己则望向西方,现在的成吉思汗盯住蛮部的残党。在塔塔尔、克烈、乃蛮这草原三大势力中,乃蛮位于最西边,而且拥有其他蒙古族所没有的"文字"——畏兀儿文字。不仅对文字,对于有文化知识的人,成吉思汗也有些许隐藏的敬意与惧意。他又离开故乡,将本营向西移动八百公里,到了土兀剌河畔。

十年前，成吉思汗击溃乃蛮部，乃蛮部太阳汗阵亡，但他的一个儿子屈出律逃往西辽，接受西辽国王庇护并且成了驸马，之后与乃蛮残部及花剌子模的苏丹人合作，捉拿了西辽国王并自称"古儿汗"，最后更进而征服了喀什噶尔与于阗（丝路上的古国），发展成一股不可轻视的势力。

乃蛮的王族是基督教徒，他们信奉的教派在中国称之景教。西辽则是佛教国，至于花剌子模则是伊斯兰教。花剌子模，语言解释为"太阳土地"的意思，则是一个位于今日中亚西部地区的古代大国，位于阿姆河下游、咸海南岸，今日乌兹别克及土库曼两国的土地上。

一二一七年八月，木华黎被封为东方国王，诏书："太行以北，朕自经略；太行以南，卿其勉之。"成吉思汗主要专心进行西征的准备。成吉思汗派遣了以"哲别"为司令官的讨伐军，朝西征伐。哲别是蒙古语的"箭头"，有神箭手的意思，这位司令官的威名，在金庸小说《射雕英雄传》中，郭靖从他习得射箭的技能，可百步穿杨。哲别率两万骑兵攻打屈出律消灭西辽，为成吉思汗的大西征"热身"准备，我称之"小西征"。

困居在燕京的耶律楚材关注蒙古的动态，在儒学、佛学中耳濡目染，几位禅师也积极协助他，创造与成吉思汗见面的机会。

　　屯是难。邅是"难行不进"。屯邅，是命运坎坷，不顺利的意思。"班"的意思同"盘"，是团团转，盘旋难进的样子。匪字同"非"；婚媾就是婚姻。"字"就是嫁、许婚；另一说是"怀孕生子"，据《说文》："字，乳也"。

　　六二以柔居阴，故称"女子"。六二、上六皆以阴居阴位，而且"乘"阳，六二乘驾在初九之上、上六也乘驾九五，所以有柔弱不进"乘马班如"之象、"班如邅如"之咎。但是六二得中得位，故有女子之贞。可是，六二虽应于九五，但五在险中，不能"字"之。此爻说明：屯难之极，必至于十年才能返回常道，之后"得正应乃字"，必须以中正之心，耐心等待时机到来，所以有"利居贞"之义。

　　成吉思汗明白女真灭了辽国建立大金，金朝境内的契丹人都有一种复仇心理。听说在燕京有一位契丹族王子耶律楚材，才华横溢、满腹经纶。成吉思汗得讯大喜，一二一八年他召见耶律楚材，到漠北来见他。燕京沦陷已有两年多，楚材与妻子苏贞婉过着隐居生活。三月既望，就是三月十六日，夫妻俩出发了，"……予始发永安，过居庸，历武川，出云中之右，抵天山之北，涉大碛，逾沙漠……达行所在……"他俩跟着随行的蒙古骑队急行，疯狂赶路万里，前后一百天。

　　六月二十日抵达，大汗帐外，车帐如云，将士如林，马牛被野，兵甲耀天，烟火相望，连营万里。成吉思汗立即召见他，见楚材身长八尺，美髯宏声，大喜。说："辽、金世仇，朕为汝雪之。"听说你是契丹王室的末裔，契丹是女真灭的，我灭了金，也就是为你报了父祖之仇。耶律楚材停了半晌，回答说："臣父祖尝委质事之，既为之臣，敢仇君耶！"请恕臣冒昧直言，臣的父祖献身侍金，一朝为人臣者，又怎么会对主君复仇呢？那样岂非是不忠不义，欺君罔上的小人佞臣？

成吉思汗欣赏耶律楚材的耿直，话题转到耶律楚材的胡须："好一副美须！今后，我就叫你吾图撒合里吧！"成吉思汗把他留在身边担任谋士，而"吾图撒合里"就是蒙古语的"长须者"。耶律楚材写下：

圣主得中原，明诏求王佐；
胡然北海游，不得南阳卧。

"不得南阳卧"说的是二十七岁的诸葛孔明，在刘备三顾茅庐后，不再是卧床之龙了，他起身开始擘画天下三分。这一年，耶律楚材二十九岁，年纪相仿。他内心十分清楚，必须让眼前这位世界征服者了解佛法的慈悲、儒教的礼乐、文明的规则。减少性情激烈的成吉思汗在征伐之中的屠城，降低人类的浩劫。这是他一生的志向。后话，当大元亡国后，负责编写《元史·国朝名臣序颂》

的宋濂（明代开国文臣之首），有一段赞美耶律楚材这位出身少数民族的政治家的言辞，道出了他逝世后之所以能在中国历史得到如此美誉，备受世人缅怀与景仰的原因。颂词如下：

惟楚有材，晋实用之。达人先知，曰千里马。
堂堂中书，执政之枢。相我太宗，拓开鸿基。
拱立龙庭，上陈帝谟。三灵协和，万象昭苏。
舒吾阳和，脱彼鬶屠，人文襄开，民献争趋。
于变时雍，上登黄虞。厥功何如，请试鼎彝。

一二一九年夏天六月，成吉思汗亲率蒙古大军西征花剌子模，中亚的回回国，谋臣耶律楚材奉命同行。祭旗当天，雪深三尺。草原六月降雪已是稀奇，积雪三尺更是异常。人心浮动："征途是否不吉利？"成吉思汗问楚材："吾图撒合里，这到底意味着什么？""玄冥之气，见于盛夏，克敌之征也。"意思是盛夏呈阴，乃是胜利之兆，是大吉啊！

蒙古大军在额尔济斯河集结后，旗鼓大鸣，堂堂向西出发。耶律楚材以天文官随军，身份是成吉思汗的侍从。

第三爻 · 六三　既鹿无虞，惟入于林中，君子几不如舍，往吝。

"既"是从，从后面跟上来，有挨近了去追赶的意思；"鹿"是禽，鸟兽的总称；"舍"是舍弃；"吝"是穷；"虞"是古代的猎官，管理山林的官，贵族去打猎，虞人负责当向导。"既鹿无虞"是说打猎追逐野鹿，却没有猎官做向导。"惟入于林中"是说没人领路，很容易盲目钻进深山老林之中。"几"就是几微，指事情未发生前所显示的细微征兆。

六三以阴居阳，质柔而才弱，不足以济"屯"。失中而用刚，则是躁动，犹如"既鹿无虞"陷入林莽之中。君子"见事之几微"，不若舍鹿回返，勿逐。如果坚持追赶下去，徒取鄙吝而已。

大金王朝迁都南逃之时，已是风中残烛，摇摇欲坠。就在此时，一件偶发事件改变了成吉思汗预定的历史进程，即位于蒙古帝国西边的花刺子模（波斯古国，信奉伊斯兰教），激怒了成吉思汗，进而舍东征西，也让腐朽的大金延长了二十年残命。

事情是这样的：本来对于素来富有、强盛的花刺子模国，成吉思汗并无觊觎之心，而且准备与最高统治者摩诃末可汗友好建交，曾说过"摩诃末可汗你统治日落地方，我统治日升地方"，言明以贸易和文化交流，互通有无。他派出一支庞大商队到花刺子模进行商业交流，成员共有四百五十人，用五百只骆驼驮着金、银、丝绸、驼毛织品、海狸皮、貂皮等贵重商品。如果这支商队受到平等贸易待遇，那么东方西方的交往，就是和平共荣的开始，而非刀刃相向掠夺。

然而，不幸的是，这支大商队到了花剌子模国的边城讹答剌之际，城市长官海儿汗贪图财物，杀戮了这群商人，占有了他们的财宝。这些财物有许多属于成吉思汗与许多蒙古贵族，当唯一幸免于难的商人逃回，叙述被无情劫财残忍屠杀的过程，成吉思汗大为震惊，立即派出使节团要求摩诃末可汗调查真相，摩诃末可汗对成吉思汗的惩凶要求置若罔闻，还授意杀害了蒙古正使节，并将两名副使的胡子烧光赶回。成吉思汗无法忍受这种侮辱与损失，决定要以铁与血复仇。

号称六十万的蒙古大军抵达讹答剌城后，兵分四路：成吉思汗与幼子拖雷率领一军直取伊斯兰教的文化中心不花剌城，完全切断了花剌子模新都撒马尔罕（今乌兹主要城市）和旧都乌尔根奇（今土库曼尼亚城市）之间的交通。其长子术赤率领一军进攻毡的、养吉干诸城。二子察合台与三子窝阔台则留下来围攻讹答剌城。第四路则由其他大将率领，进攻别纳客忒城。各个战线双方攻防惨烈，但蒙古军最终都以剽悍武力和先进武器攻城略地，而凡是激烈抵抗的城邑，都以残暴屠城作收，仅留下大量的工匠当作劳动俘虏。这里要交代的是：游牧民族不擅长制造物品，基本上连轮子都不做，因此他们非常重视善于制造物品的人，"有人会做，那么何必自己做？"就是他们的哲学。

一二二〇年五月，蒙古四路大军在首都撒马尔罕城下会师，合围撒马尔罕。经过六天的苦战，摩诃末可汗逃出，撒马尔罕城破，蒙古军以屠城作收。不久"庚辰冬，大雷"。隆冬的一天，下了一天冰雹，接着雷声轰响一整夜。蒙古人畏惧雷鸣，成吉思汗征询一些谋士，最后再度找来耶律楚材问这是什么征兆。

耶律楚材主要负责协助耶律阿海，而耶律阿海被成吉思汗任命"太师"，其弟耶律秃花则被任命"太傅"。阿海随成吉思汗西征，秃花则跟随木华黎征东，兄弟俩都是成吉思汗信任的大臣。耶律楚材回答成吉思汗问话，说："回回国主当死于野。"花剌子模国王的生命正渐渐消逝，这次的雷鸣，是天示其象。果然五天后，成吉思汗收到速不台的亲笔信："花剌子模国王摩诃末可汗，死于里海的一座小岛上。"

《元史》记载："夏人常八斤，以善造弓见知于帝，因每自矜曰：'国家方用武，耶律儒者何用。'楚材曰：'治弓尚须用弓匠，为天下者岂可不用治天下匠耶？'帝闻之甚喜，日见亲用。"成吉思汗帐前有位叫做常八的制弓巧匠，所制的弓常得成吉思汗夸奖，他骄傲地对耶律楚材说："国家正当用兵之际，像你这样儒生有什么用？"楚材回答："治弓尚且聘请弓匠，治天下哪能不用治天下的人呢？儒，正是此匠！"成吉思汗觉得很有道理，就更加倚重他。

耶律楚材终于完全得到成吉思汗尊重与信任，他有更宽广的天空可以翱翔了。

> 六四虽以阴居阴位，当位得正，又上承九五刚中之君，有舍己而从人之象。但是其才不足以济屯，欲行又止，所以有"班马之退"，形容马不前进来回盘旋的样子。六四又正应在初九，以阴求初九之阳，阴阳正应，男女相悦，婚姻好合，像是一件好"婚媾"，这里比喻六四求其正应初九之助，共辅九五。这是吉祥，无不利也。

《元史》记载：一二二三年八月，"壬午八月，长星见西方，楚材曰：'女真将易主矣。'"第二年，金宣宗果然死掉了。"帝每征讨，必命楚材卜，帝亦自灼羊胛，以相符应。"八月有长长的彗星划过天际，楚材预言，在开封的金宣宗即将殒命！

"术赤、察合台、窝阔台、拖雷。"成吉思汗呼喊着四位儿子的名字："这位吾图撒合里是上天赐给我们家族的人！"这四位王子全为大皇后孛儿帖所生。

在阿姆河（今乌兹别克境内）出现了一角兽。消息传来，成吉思汗立即叫来楚材询问。楚材回话："停止战争，返回故乡。"《元史》记载："甲申，帝至东印度，驻铁门关，有一角兽，形如鹿而马尾，其色绿。"楚材解释道："此瑞兽也，其名甪端。"甪端，读音是路端，传说也是宝檀华菩萨的坐骑，这是古人的神兽文化。楚材又说：

"甪端，能言四方语，好生恶杀，此天降符以告陛下。陛下天之元子，天下之人，皆陛下之子，愿承天心，以全民命。"楚材的意思是：大汗放下武器，顺应天意，东归吧！

成吉思汗听后，立即宣布停止西征，开始准备回归。成吉思汗在撒马尔罕城过了年，一二二四年春天，将长子术赤留在钦察草原，踏上归国之途。成吉思汗历经七年的西征结束了。

成吉思汗对领地做了安排：最西的钦察草原分给长子术赤（钦察是突厥语，就是黑海、里海的北滨），南到阿拉尔海、希尔·达利亚河，西到"蒙古铁骑的马蹄能够到达的任何地方"。术赤在父亲东归之后不久就死于钦察草原。次子察合台得到了西辽的旧领地，那是包括今天新疆在内的中亚地区。三子窝阔台得到了旧乃蛮部的领地，和阿尔泰以西称之"准噶利亚"的土地。

末子拖雷没有得到领地，根据蒙古继承习惯，父亲死后，其领地归于末子。在蒙古，末子地位很高，兄长们各自独立后，只有末子留在父母身边。

关于大汗的继承规定，蒙古有"忽里勒台大会"规定，这是皇室与部落的军政会议，策划及分析军事行动以外，还会指派领袖及其帝位与头衔，成吉思汗这个头衔就是一二〇六年大会给予铁木真的。成吉思汗不免忧心他的继承人，根据《元朝秘史》描述，他曾私下问过耶律楚材："吾图撒合里，你预言了哲别会带着白鼻马回来。那么，更远的事情，你看得到吗？我死后，谁将继承汗位？""是！""你要依照你所看见的说，不可掺入自己的意见。""是。我依照我所见禀报。三王子窝阔台将继承汗位。"耶律楚材平静地说。

六十六岁的成吉思汗于一二二七年七月去世。这一年，耶律楚材三十八岁。

第五爻·九五　屯其膏，小贞吉，大贞凶。

> 膏，膏泽、油脂，引申为恩惠、恩泽。屯，在此是"屯积"的"屯"，有团聚不散的意思。上卦为坎，坎为云，水气聚结为云，还未变成雨向下施布。九五虽以阳刚得位，但是身陷坎险之中，虽有六二的正应，但六二阴柔非济难之材，得力有限。整个爻辞意谓处在屯难之时，君王膏泽未施及臣民，群众依然蒙昧不孚，此时不能急于大事变革，先从小事着手，而且应修德任贤，以道驯致，渐而正之，如此可以得吉。否则，好高骛远，刚猛足以偾事，将会招灾惹祸。

成吉思汗的大葬结束后，末子拖雷担任监国，根据蒙古习惯他继承了父亲的蒙古草原。如果依据传统拖雷极有可能在"忽里勒台大会"被推举为继位大汗，可是父亲的遗言是老三窝阔台，而四个兄弟各有实力，接班潜藏的危机重重。

先说拖雷，他的妻子是克烈部的人，虔诚的基督徒。但她没让四个儿子——蒙哥、忽必烈、旭烈兀、阿里不哥接受洗礼，她担心他们如果是基督徒的话，会衍生问题影响未来即位，拖雷对继承大汗有所期待。而耶律楚材与拖雷心志契合，在拖雷两年的监国——临时首脑——楚材尽心辅佐。所有的人都在等待"忽里勒台大会"的召开……

一二二九年八月，大会在怯绿连河畔举行了。成吉思汗长子术赤已死，目前是他的儿子拔都成了钦察的主人，而之前术赤与察合台有过严重的争执，两家一直维持平衡，双方承诺不继承大汗位，所以，竞争者剩下老三与末子，老三窝阔台有父亲的遗言优势，末子有蒙古的传统优势和监国经验。双方的背后近臣都势在必得，情势诡谲。如果处理不当，大家都知道蒙古帝国有分崩瓦解的危机。

楚材的立场：现在拥立窝阔台，但下一代大汗要出于拖雷家。因此他必须使拖雷一族受到所有人的拥戴，提高下一次的候选优势，耶律楚材建议拖雷献上蒙古草原给三哥窝阔台——新的大汗，那么拖雷的自我牺牲就永远不会被族人们遗忘，以后每次忽里勒台大会，拖雷的行为都会得到赞美。再说，如果下一代大汗出自拖雷家族，蒙古草原自然物归原主。这一年，蒙哥二十二岁，忽必烈十五岁。

大会进行了四十多天，场面不是争来争去，而是让来让去。耶律楚材跟拖雷建议道："此宗社大计，宜早定。"拖雷说："事犹未集，择别日可乎？"楚材回话："过，无吉日矣。"最后由成吉思汗的弟弟合赤温作为一族的长老，与察合台一起决定还是遵从遗命，由窝阔台继承汗位。而拖雷被尊称"也可那颜"，这是"大官人"的意思。

窝阔台史称"元太宗"，他以耶律楚材为中书令，就是宰相。

新任的大汗确认了，楚材即刻着手建立蒙古国的典章制度，蒙古国虽有贵贱尊卑之分，但不像中原王朝有严格的君臣之别，耶律楚材为了让登基大典显得威严庄重，也让所有宗亲都能恭敬顺从，为大汗以后处理国政的基石游刃有余。他事先对亲王察合台说："王虽兄，位则臣也，礼当拜。王拜，则莫敢不拜。"察合台采纳了楚材的建议，率领黄金家族和其他大族行礼如仪。事后，察合台拉着楚材的手说："真社稷臣也！"

天下初定，窝阔台为了树立威望，打算杀鸡儆猴，对没有按时前来朝拜的王公大臣处以死刑，同时剪除异己。楚材知道了赶紧进言："陛下新即位，宜宥之。"窝阔台也听进去了。

"中原甫定，民多误触禁网，而国法无赦令。"楚材上奏说："天下得之马上，不可以马上治。"他深知统治中原非用中原制度不可，而熟知汉法统治之道的多为汉儒，于是他大力保护汉儒，并引荐他们入仕。他还处理一些紧急事项，写成《便宜一十八事》上奏，内容有官吏设置、赋役征收、财政管理、刑法执行等等。窝阔台一一同意，可是他不赞成耶律楚材所说的"官场盛行的送礼风气，危害不小，希望下令禁止"不赞成，说道："彼自愿馈献者，宜听之。"楚材力争道："这是蛀政害民的开头，怎能听任不管呢？"窝阔台说："凡卿所奏，无不从者，卿不能从朕一事耶？"你能不能听从我一件事？后来，窝阔台还是依从了楚材的建议。

第六爻・上六　乘马班如，泣血涟如。

> 涟，哭泣流泪。上六柔过于中，处屯之极，坎之终，无应
> 援，无长久之道。上六乘马欲行，困阻之甚，所以说"泣血涟
> 如"。此爻，比喻上六出险心切，而悲痛之深。

金宣宗在一二二四年去世，接位者是二十七岁的完
颜绪，史称金哀宗。他鼓励农业生产，停止对南宋的战
争，与西夏和好，国内政治也力图振作。可是，蒙古帝
国气势正盛，一二二七年成吉思汗在西征返国途中"顺
便"把西夏灭了，大金成了政治孤岛。这位算是积极任
事的完颜绪在位共十年。

成吉思汗去世后第二年，一二二八年，大金的将军
完颜陈和尚在大昌原击败了蒙古军，这是双方多年交战
以来，大金难能可贵的首胜。金哀宗大喜，封他为"定
远大将军""平凉府判官"。可惜，元太宗窝阔台登基后，
对大金的战争力度立即加剧，大金的处境岌岌可危。

大金总帅都点检完颜重喜在陕州布下大军，十一万
步兵和五千骑兵试图阻挡蒙古军的南下。但是，潼关的
金兵溃灭，向东败退，陕州的主力军也轻易地被击败，
完颜重喜投降但被斩杀于窝阔台马下。窝阔台的主力军
经潼关，破了陕州防军，渡过黄河继续向东追赶败退的
金军。

另一方面，拖雷的部队穿越南宋国土，从汉中进入四川，再顺着嘉陵江南下，拖雷的策略是由南向北攻击大金，与窝阔台部队形成南北夹击之势。历史走到了"三峰山之战"关键战役：一二三二年初，完颜合达与完颜陈和尚部队聚于邓州，听说汴京危急，两将率所部骑兵二万、步兵十三万，合计十五万大军北援。蒙古拖雷只分兵三千人跟踪，专在金军吃饭和宿营时挑战，弄得金军不得休息，疲惫不堪。金军走到钧州三峰山之际，所带的粮食已于三天前吃完。拖雷的三万兵马和窝阔台的大军均赶到三峰山拦截。此时气温骤降，金军不堪天寒地冻，但两路蒙古军对此没有不适应，他们本来就习惯低温天气，围住金军轮番进攻。"围城必阙"，蒙古军故意让开一条通往钧州的路，金军仓皇逃命，蒙古军尾随大败金军，金军最后的主力在此役溃败。完颜陈和尚被俘，拒绝投降，被砍断脚，割开嘴，喷血大骂不屈而死。蒙军主将佩服他的忠义，以酒洒地祝祷："好男子，他日再生，当令我得之。"

而在汴京的大金朝廷忙着改年号，说现在的"正大"不祥，如果去掉"正"字头的"一"，那就成了"止"。不能止，要进，建议立刻更改年号为"开兴"，有开启国运、兴隆昌盛的意思。刚改了年号不久，当年四月又说"开兴"也不好，"用自己的力量打开国运"太慢了，现在需要天助，必须请求天赐隆运才行，所以改称"天兴"年号！这是一二三二年的事，离大金亡国只剩不到两年的时间。

汴京仗着蒙古军不擅长攻城战，加上金军拥有"震天雷"武器反击，那是一个装满火药的大壶，对于挖地道攻城的蒙古军杀伤力甚大。此时，窝阔台与拖雷已经离开战场，北上避暑去了，蒙古作战指挥官改为五十七岁的速不台，他因勇猛善战被成吉思汗封为"四狗"之一。而耶律楚材本来随着窝阔台到了北方草原，不久，窝阔台对他说："吾图撒合里，你立即返回南方，助速不台一臂之力！"

蒙古军包围汴京，攻城不利，损失惨重，窝阔台派出"国信使"前去议和，讲和虽是策略，但是对大金也是争取生息休养的机会。蒙古国信使尚未进城议事前，被大金强硬派的将领杀了。窝阔台盛怒道："金杀了持虎符的人，完颜宁甲速（金哀宗）也没有半句道歉的表示！"

速不台的反应是："屠城！"他积极实施"断兵粮"战略，阻断大金的三支外环军队，强势围城断粮。耶律楚材原本希望汴京能以苍生为念，没想到大金把自己推向万劫不复的深渊。耶律楚材知道汴京沦陷只是时间的问题，他便急急踏上北上之途，向窝阔台恳请"给一张速不台的诏书，禁止屠城的诏书"，他的这一请求获得了元太宗的理解，得到的回复是："居住汴京的姓完颜的男人，统统诛杀！姓完颜的女人统统收押！除了完颜姓氏之外，对其他人的诛杀，必须等待敕许！"

汴京开城的日子，越来越近了。

金哀宗不愿做亡国之君，便把皇位传给统帅完颜丞麟，自己在幽兰轩上吊自尽，完颜丞麟"率群臣入哭，谥曰哀宗"，"哭奠未毕，城溃"。完颜丞麟（史称金末帝）就在登基的同日，死于乱军中，大金亡国。

历史虽然不会重复，但是有时雷同的场景令人触目惊心。当年金人破北宋，俘宋徽宗、钦宗二帝，在青城受宋人之降；如今蒙古军破金，也在青城受金人之降，历史的悲剧在同一个地方重演。时间相差一百零七年。

当时的大诗人元好问被蒙古军押解出京时，他的《癸巳四月二十九日出京》一诗中，其中最后两句成了时代定音锤：

> 塞外初捐宴赐金，当时南牧已駸駸；
> 只知灞上真儿戏，谁谓神州遂陆沉。
> 华表鹤来应有语，铜盘人去亦何心；
> 兴亡谁识天公意，留着青城阅古今。